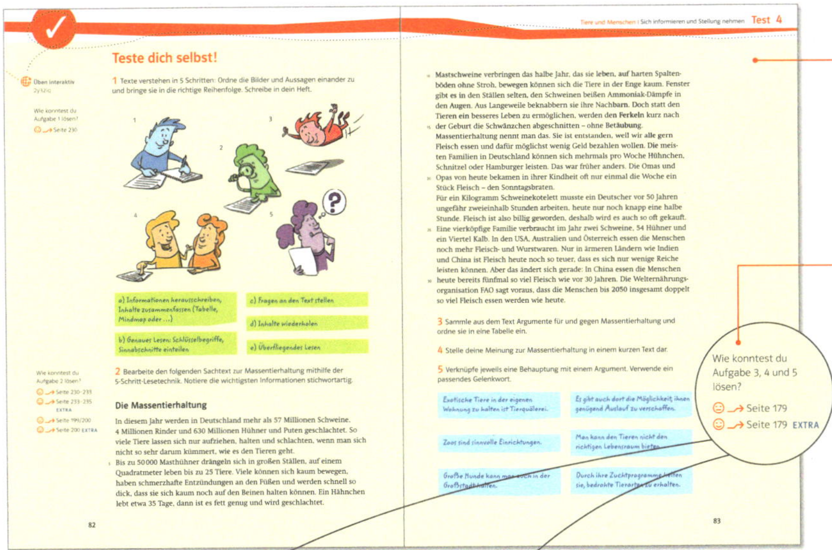

Teste-dich-selbst-Seiten

… diese Seiten findet ihr am Ende jedes Kapitels. Hier könnt ihr testen, was ihr im Kapitel gelernt habt. Mithilfe der Lösungen im Anhang könnt ihr eure Ergebnisse überprüfen.

… die Verweise mit den Smileys zeigen euch, wo ihr in den Trainingsstationen weiterüben könnt.

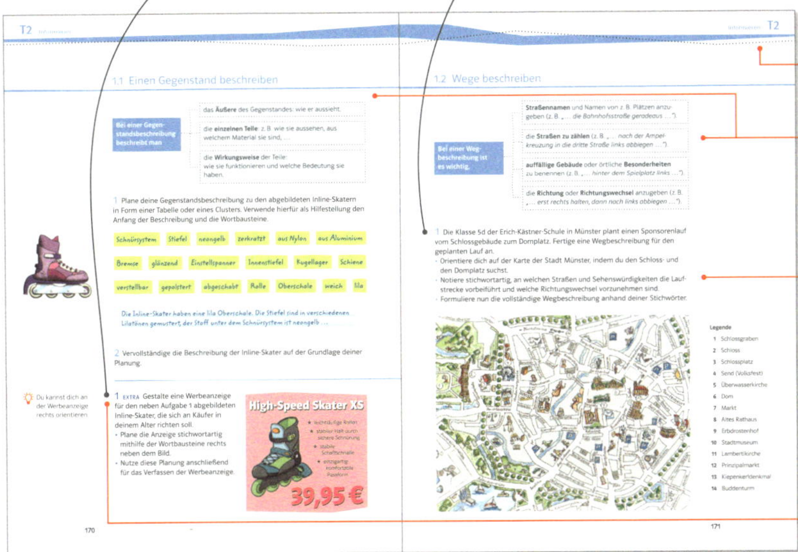

Trainingsstationen

… erkennt ihr an dem blauen Balken.

… Schaubilder zu Beginn jeder Einheit wiederholen das Merkwissen aus den Kapiteln in anderer Form.

… konntet ihr die Aufgaben im Kapitel oder auf der Teste-dich-selbst-Seite noch nicht so gut lösen, macht die hellblauen Aufgaben.

… konntet ihr die Aufgaben im Kapitel oder auf der Teste-dich-selbst-Seite gut lösen, macht die dunkelblauen Extra-Aufgaben.

Üben interaktiv
sp789u

Auf einigen Seiten im Buch findet ihr deutsch.punkt-Codes.
Diese führen euch zu Hörtexten, weiteren Informationen und Materialien im Internet.
Gebt dazu den Code einfach in das Suchfeld auf www.klett.de ein.

○ Diese Aufgaben wendet ihr bei gelernten und bereits geübtem Wissen an. Dabei gebt ihr bekannte Begriffe und Sachverhalte wieder.

◒ Diese Aufgaben bearbeitet ihr selbstständig, indem ihr euer Wissen auf neue Themen und Fragestellungen übertragt.

● Diese Aufgaben bieten euch komplexere Themen. Ihr erarbeitet dafür selbstständig Lösungen, Begründungen, Folgerungen und Wertungen.

deutsch.punkt 1

Differenzierende Ausgabe für die 5. Klasse

Herausgegeben von
Corinna Franke
Jutta Kraushaar

Erarbeitet von
Birgit Agethen
Corinna Franke
Jutta Kraushaar
Hans Lammersen
Christian Porth
Diana Post

Ernst Klett Verlag
Stuttgart · Leipzig

1. Auflage 1 7 6 5 4 3 | 18 17 16 15 14

Alle Drucke dieser Auflage sind unverändert und können im Unterricht nebeneinander verwendet werden.
Die letzte Zahl bezeichnet das Jahr des Druckes.

Herausgeberinnen: Corinna Franke, Jutta Kraushaar
Autorinnen und Autoren: Birgit Agethen, Corinna Franke, Jutta Kraushaar, Hans Lammersen, Christian Porth, Diana Post

Redaktion: Anne-Sophie Aurich, Wiebke Behrbohm
Herstellung: Yvonne Matthes

Gestaltung: Jens-Peter Becker, normaldesign, Schwäbisch Gmünd
Umschlaggestaltung: Jens-Peter Becker, normaldesign, Schwäbisch Gmünd
Illustrationen: Andrea Büdinger, München; Francois Davot, Troyes; Andrea Dölling, Augsburg; double-u, Bad Soden; Heinrich Drescher, Münster; Thorsten Egkert, Berlin; Cornelia Haas, Münster; Krause Büro, Leipzig; Daniela Kropf, Leipzig; Cornelia Kurtz, Boppard; Katrina Lange, Berlin; Elsie Lennox, London; Karin Mall, Berlin; Michael Mantel, Lüneburg; Helga Merkle, Albershausen; David Norman, Meerbusch; Sven Palmowski, Barcelona; Carolin Ina Schröter, Berlin; Jan Suski, Berlin; Inge Voets, Berlin; Katja Wehner, Leipzig; Dorothee Wolters, Köln
Satz: Kristin Drechsler, Leipzig
Aufnahme der Hörtexte: Buchfunk Verlag GbR, Leipzig
Reproduktion: Druckmedienzentrum Gotha GmbH, Gotha
Druck: Offizin Andersen Nexö, Leipzig

Printed in Germany
ISBN 978-3-12-313811-9

9 783123 138119

1

Unsere neue Schule

Sich kennenlernen, Gespräche führen, Briefe schreiben

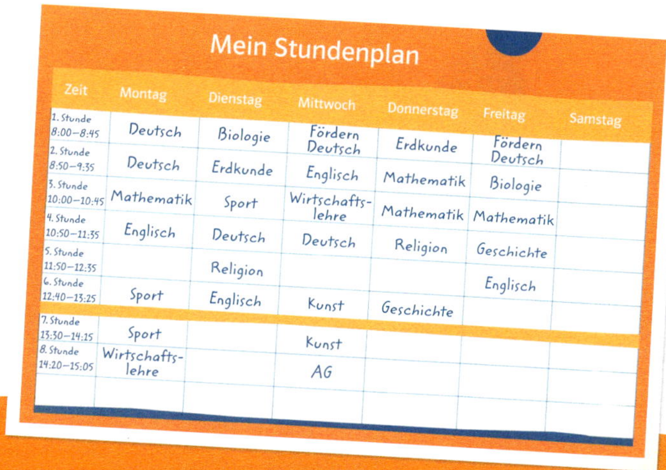

Mein Stundenplan

Zeit	Montag	Dienstag	Mittwoch	Donnerstag	Freitag	Samstag
1. Stunde 8:00–8:45	Deutsch	Biologie	Fördern Deutsch	Erdkunde	Fördern Deutsch	
2. Stunde 8:50–9:35	Deutsch	Erdkunde	Englisch	Mathematik	Biologie	
3. Stunde 10:00–10:45	Mathematik	Sport	Wirtschafts-lehre	Mathematik	Mathematik	
4. Stunde 10:50–11:35	Englisch	Deutsch	Deutsch	Religion	Geschichte	
5. Stunde 11:50–12:35		Religion			Englisch	
6. Stunde 12:40–13:25	Sport	Englisch	Kunst	Geschichte		
7. Stunde 13:30–14:15	Sport		Kunst			
8. Stunde 14:20–15:05	Wirtschafts-lehre		AG			

1 Beschreibt, was auf den Bildern zu sehen ist.

2 Tauscht euch darüber aus, welche Veränderungen zur Grundschule die Kinder auf den Bildern erleben könnten.

3 Führt eine Umfrage in eurer Klasse durch. Nehmt euch drei unterschiedlich farbige Zettel, auf denen ihr die Antworten zu den folgenden Fragen notiert.

<u>Veränderungen</u>
Was hat sich für mich durch den Schulwechsel verändert?
Z. B.: Für mich hat sich verändert, dass ich jetzt einen längeren Schulweg habe.

<u>Wünsche</u>
Was wünsche ich mir in der neuen Schule?
Z. B.: Ich wünsche mir, dass ich schnell neue Freunde finde.

<u>Ängste</u>
Wovor habe ich Angst?
Z. B.: Ein wenig Angst habe ich davor, dass ich schlechte Noten bekomme.

4 Sammelt die Zettel mit euren Antworten aus Aufgabe 3 ein, mischt sie und teilt sie wieder aus, sodass jeder einen Zettel zu Veränderungen, Wünschen und Ängsten hat. Lest euch die Antworten nacheinander vor.

5 Erstellt zu den Themen drei Plakate, auf denen ihr eure Antworten sammelt.
- Hängt die Plakate in eurer Klasse auf.
- Besprecht in einigen Wochen, wie ihr nun über die Veränderungen, Wünsche und Ängste an der neuen Schule denkt.

Jetzt lernt ihr, ...

... über Erlebnisse am ersten Schultag zu erzählen.

... euch selbst vorzustellen und andere kennenzulernen.

... Gesprächsregeln für den Unterricht aufzustellen.

... persönliche Briefe und E-Mails zu schreiben.

... offizielle Briefe und E-Mails zu verfassen.

T1 Sprechen und Zuhören Seite 163

Michel und Pippi in der Schule

Von einem Schultag erzählen

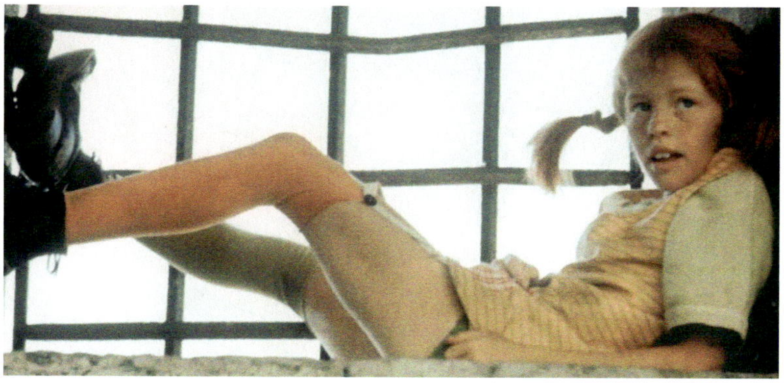

Vielleicht kennt ihr auch Filme über die beiden Figuren?

1 Seht euch die Bilder an und erzählt, was ihr über die beiden Figuren wisst.

2 Stellt Vermutungen an, was die beiden an ihrem ersten Schultag erlebt haben könnten.

Hörverstehen x3gw9y

Astrid Lindgren

Michel aus Lönneberga

[…] Am 25. August kam Michel in die Schule. Wenn die Lönnebergaer gedacht hatten, dass er sich dort in der Erde verkriechen würde, dann waren sie auf dem Holzweg. Die Lehrerin ahnte wohl als Erste, dass dort in der Bank dicht am Fenster ein angehender Gemeinderatspräsident saß. Höre und staune: Michel wurde der Beste in der Klasse! Lesen konnte er schon, als er hinkam, ein bisschen schreiben übrigens auch, und rechnen lernte er schneller als alle anderen. Natürlich machte er Unfug, aber nicht mehr, als die Lehrerin aushalten konnte. Na ja, einmal geschah es, dass er sie mitten auf den Mund küsste. Darüber redeten sie in Lönneberga auch noch lange. Es passierte so: Michel stand vorn an der Tafel und hatte wirklich schwere Zahlen zusammengerechnet, und als das klar war, sagte die Lehrerin: „Gut, Michel, du kannst dich wieder setzen!“

Das tat er auch. Im Vorbeigehen beugte er sich aber über die Lehrerin, die am Katheder[1] saß, und gab ihr einen richtigen Kuss mitten auf den Mund. So etwas hatte sie noch nie erlebt und sie wurde rot und stotterte: „Michel, warum … warum … hast du das getan?“

„Das tat ich wohl in meiner Güte[2]“, sagte Michel und es wurde nachher so gut wie ein Sprichwort in Lönneberga. […]

In der Pause danach kam einer der großen Jungen und wollte Michel damit aufziehen. „Du küsst also die Lehrerin“, sagte er und grinste höhnisch.

„Ja“, sagte Michel, „willst du, dass ich es noch einmal tue?“

Aber das tat er nicht. Es geschah nur einmal und nie wieder. […]

1 Lehrertisch
2 Freundlichkeit

Astrid Lindgren

Pippi geht in die Schule

Hörverstehen r6s3en

[…] Pippi warf sich auf eine leere Bank, ohne dass sie jemand dazu aufgefordert hatte. Aber die Lehrerin kümmerte sich nicht um ihre lässige Art. Sie sagte nur ganz freundlich:
„Willkommen in der Schule, kleine Pippi. Ich hoffe, dass es dir gefällt und dass du recht viel lernst. […] Wenn du mir jetzt erst einmal deinen vollständigen Namen sagen willst, dann schreibe ich dich in das Klassenbuch ein."
„Ich heiße Pippilotta Viktualia Rollgardina Pfefferminz Efraimstochter Langstrumpf, Tochter von Kapitän Efraim Langstrumpf, früher der Schrecken der Meere, jetzt Negerkönig. Pippi ist eigentlich nur mein Kosename, denn Papa meinte, Pippilotta wäre zu lang."
„Aha", sagte die Lehrerin. „Dann wollen wir dich also auch Pippi nennen. Aber was meinst du, wollen wir jetzt nicht mal sehen, was du weißt? Du bist ja ein großes Mädchen und kannst sicher schon eine Menge. Wir wollen mit Rechnen anfangen. Na, Pippi, kannst du mir sagen, wie viel 7 und 5 ist?"
Pippi sah die Lehrerin erstaunt und ärgerlich an. Dann sagte sie: „Ja, wenn du das nicht selbst weißt, denk ja nicht, dass ich es dir sage."
Alle Kinder starrten Pippi entsetzt an. Und die Lehrerin erklärte ihr, dass man in der Schule solche Antworten nicht geben dürfe. Man dürfe die Lehrerin auch nicht mit „du" anreden, sondern man müsse „Fräulein" und „Sie" sagen.
„Ich bitte sehr um Verzeihung", sagte Pippi bedauernd. „Das wusste ich nicht. Ich will es nicht wieder tun."
„Nein, das will ich hoffen", sagte die Lehrerin. „Und jetzt will ich dir sagen: 7 und 5 ist 12."
„Sieh mal an", sagte Pippi, „du wusstest es ja. Warum fragst du dann? Ach, ich Schaf, jetzt sag ich wieder ‚du' zu dir. Verzeihung", sagte sie und kniff sich selbst ordentlich ins Ohr. […]

3 Bildet zwei gleich große Gruppen. Eine Gruppe wählt die Erzählung von Pippi Langstrumpf, die andere Gruppe die Erzählung von Michel aus Lönneberga. Geht so vor:
- Lest den Text mehrmals aufmerksam durch.
- Macht euch Stichwörter zum Inhalt der Geschichte, z. B. was ihr über die Hauptfigur erfahrt und wie diese sich in der Schule verhält.
- Überlegt, ob ihr euch auch so verhalten würdet.

→ **T6** Einzel-, Partner- und Gruppenarbeit Seite 244

4 Tauscht euch mit einem Mitschüler aus der anderen Gruppe aus. Erzählt euch mithilfe der Notizen von Pippis und von Michels Schulerlebnissen.

5 Erzählt, wie eure ersten Schultage waren. Habt ihr auch lustige oder unerwartete Situationen erlebt?

Wir lernen uns kennen

Steckbriefe anfertigen und Interviews durchführen

Namenskette
Setzt euch in einen Kreis. Ein Schüler nennt seinen Namen und sein Hobby und macht eine dafür typische Bewegung, z. B. sagt er: „Ich heiße Tim und spiele gern Handball." Dazu macht er eine Wurfbewegung. Der Schüler neben ihm wiederholt nun den Namen und die Bewegung seines Vorgängers, nennt dann seinen eigenen Namen und macht eine typische Bewegung zu seinem Hobby usw.

Alle, die ...
Bildet einen Kreis. Einer von euch steht in der Mitte und macht Vorgaben wie z. B. „Alle Personen, die grüne Augen haben" oder „Alle Personen, die Geschwister haben". Schüler mit diesen Eigenschaften tauschen nun untereinander die Plätze. Dabei versucht die Person in der Mitte, einen der Plätze für sich zu ergattern. Dabei bleibt wieder ein Spieler in der Mitte stehen. Er gibt eine neue Eigenschaft vor und versucht, wieder einen Platz zu bekommen usw.

Speeddating
Stellt euch in einem innen- und einem außenliegenden Kreis gegenüber auf. Es müssen sich immer zwei Personen gegenüberstehen, sodass jeder von euch einen Partner hat. Dann nennt der Spielleiter ein Thema, z. B. Familie, ein ungewöhnliches Erlebnis, das Lieblingsessen, Wünsche, der letzte Urlaub. Nachdem sich beide Gesprächspartner mit Namen vorgestellt haben, erzählt jeder etwas über das vorgegebene Thema. Nach kurzer Zeit gibt der Lehrer ein Signal und die Innenstehenden gehen nach links zur nächsten Person. Für die nächste Erzählrunde wird ein neues Thema vorgegeben.

1 Mit diesen Spielen lernt ihr euch besser kennen. Probiert sie in eurer Klasse aus.

2 Fertigt, um euch gegenseitig kennenzulernen, kleine Steckbriefe an.
- Sammelt gemeinsam weitere Stichwörter, zu denen ihr in einem Steckbrief Informationen geben möchtet.
- Überlegt euch eine sinnvolle Reihenfolge.
- Schreibt nun mithilfe der gesammelten Informationen euren eigenen Steckbrief. Lasst zunächst euren Namen und euer Foto weg.

Steckbrief

Name: ...	*Haarfarbe: ...*
Geburtstag: ...	*Augenfarbe: ...*
Wohnort: ...	*Lieblingsessen: ...*

3 Tauscht eure Steckbriefe aus und lest sie euch gegenseitig vor. Findet heraus, wen aus eurer Klasse die Steckbriefe beschreiben.

4 Schreibt zum Schluss euren Namen dazu, klebt euer Foto auf und hängt die Steckbriefe im Klassenzimmer auf.

5 Seht euch die Fragen an. Sammelt gemeinsam weitere Fragen, die ihr eurem Interviewpartner/eurer Interviewpartnerin stellen möchtet, z. B. zur Familie, zu Hobbys oder Lieblingsfilmen.

T6 Ein Interview führen Seite 245

Interviewfragen Name: ...

Worauf freust du dich besonders in dieser Schule?
...
Treibst du Sport? Und wenn ja, welchen?
...
Wie heißt dein Lieblingsbuch? Worum geht es darin?
...
Was ist dein Lieblingsessen?
...
Was machst du nach der Schule?
...

6 Führt nun ein Partnerinterview durch. Nutzt dazu die Arbeitstechnik.

Arbeitstechnik

Partnerinterview

Ein Interview ist ein Gespräch, bei dem eine Person zu einem bestimmten Thema befragt wird. Diese Person antwortet dann dem Interviewer auf seine Fragen.

1. Schritt: Vorbereitung
Überlegt euch Fragen, die ihr beantwortet bekommen möchtet, und schreibt sie auf. Notiert die Fragen dazu in einer sinnvollen Reihenfolge.

2. Schritt: Durchführung
Führt nun das Interview mit eurem Partner durch und stellt die vorbereiteten Fragen. Macht euch zu jeder Antwort Stichwörter.

3. Schritt: Präsentation
Stellt euch gegenseitig mithilfe eurer Notizen der Klasse vor. Versucht dabei, euren Mitschülern ein lebendiges Bild von eurem Interviewpartner zu geben.

7 EXTRA Erstellt einen Steckbrief für eure ganze Klasse, in welchen ihr wichtige Informationen wie z. B. Schulname, Klassengröße, Alter und Nationalitäten aufnehmt.

Klassengespräche führen

Gesprächsregeln aufstellen

T1 Sprechen und Zuhören Seite 158–160

Hörverstehen a7f657

Elisabeth Zöller

Der Klassen-King

Steffen Kuhlmann, der Neue, bringt die ganze Klasse durch sein angeberisches Verhalten durcheinander. Im Unterricht fällt er besonders mit seinen frechen Sprüchen auf, weswegen er von allen „Coolman" genannt wird.

[…] Im Unterricht von Frau Hampel ist es immer das Gleiche.
Entweder kommt von ihm der coole Spruch: „Ey, langweilig" oder „Kenn ich schon". Oder er redet einfach drauflos. Das ist genauso schlimm.
Frau Hampel fragt jemanden aus der Klasse, Coolman antwortet. Da kommt keiner dazwischen. Sich melden hat überhaupt keinen Sinn mehr. Coolman redet einfach drauflos, ob er gefragt wurde oder nicht.
Heute bittet Frau Hampel ihn, doch darauf zu warten, dass sie ihn drannimmt.
„Seh ich nicht ein", meint er.
Frau Hampel sagt zu ihm. „Du wartest jetzt, bis ich dich drannehme."
Coolman grinst.
Frau Hampel stellt die nächste Frage. Coolman antwortet.
Frau Hampel holt tief Luft und erklärt, dass wir dreißig sind in der Klasse und dass alle ein Recht haben dranzukommen.
„Einunddreißig", verbessert Coolman sie grinsend.
Sie stellt die nächste Frage. Er antwortet wieder.
Frau Hampel bittet Coolman sehr bestimmt, fünf Minuten nichts zu sagen.
„Okay", sagt er, „lasse ich mich drauf ein." Er nimmt seine Uhr und legt sie vor sich auf die Bank. Alle gucken wieder zu ihm hin und dann sagt er: „Morgen bringe ich mir eine Eieruhr mit, die klingelt, wenn die fünf Minuten um sind."
Nach genau fünf Minuten beantwortet er wieder eine Frage, die Frau Hampel an jemand anderen gestellt hat. So eine Sauerei!
Frau Hampel gibt auf, Coolman redet, wann er will. […]

1 Wie verhält sich Coolman im Unterricht? Beschreibt und sucht passende Textstellen heraus.

2 Das Gespräch in der Klasse kommt nicht zustande. Diskutiert in der Klasse, wodurch Coolman seine Mitschüler und Klassenlehrerin stört und welche Regeln er dabei nicht einhält.

3 Welche Regeln müsst ihr beachten, wenn ihr miteinander redet und diskutiert?
- Überlegt euch gemeinsam Gesprächsregeln für eure Klasse.
- Verwendet dazu die Arbeitstechnik und durchlauft die einzelnen Phasen.

Arbeitstechnik

Ich – Du – Wir (think – pair – share)

1. Phase: Ich
Jeder denkt für sich über den Arbeitsauftrag (z. B. Gesprächsregeln) nach. Schreibt eure Ideen und Ergebnisse auf, damit ihr sie euren Mitschülern in den folgenden Gesprächsphasen vortragen könnt.

2. Phase: Du
Tauscht euch mit einem Partner über eure Ergebnisse aus. Vergleicht, welche Ergebnisse ihr gleichhabt und welche ihr ergänzen könnt.

3. Phase: Wir
Stellt eure Ergebnisse nun einem anderen Paar vor. Tauscht euch aus und bereitet eine kleine Präsentation mit euren Ergebnissen für die Klasse vor.

4 Stellt die in den Gruppen gesammelten Gesprächsregeln in der Klasse vor. Stimmt dann gemeinsam ab, welche der Gesprächsregeln eingehalten werden sollen.

5 Schreibt eure Gesprächsregeln auf ein Plakat und hängt es in der Klasse auf.

→ **T6** Ein Lernplakat erstellen Seite 247

6 Überlegt, was bei Verstößen gegen eure Klassenregeln passieren soll.

7 EXTRA In der Erzählung „Der Klassen-King" hält sich Coolman nicht an die Gesprächsregeln. Schreibt ein Gespräch, in dem seine Mitschüler versuchen, ihm die wichtigsten Regeln zu erklären.

T2 Schreiben
Seite 175/176

Über unsere neue Schule schreiben

Persönliche Briefe und E-Mails verfassen

1 Gebt in eigenen Worten wieder, worüber Lena in ihrem Brief und Nico in seiner E-Mail berichten.

Liebe Oma,

jetzt bin ich schon seit zwei Wochen an der Geschwister-Scholl-Schule und fühle mich dort ganz wohl. Am Anfang fiel es mir noch schwer, mich in dem großen Schulgebäude zurechtzufinden. Im Vergleich zu unserer Grundschule ist die neue Schule mit den vielen Klassenräumen, der großen Mensa und dem riesigen Schulhof richtig unübersichtlich. Manchmal wünsche ich mir meine kleine Grundschule zurück.
Besonders mag ich meinen neuen Klassenlehrer, Herrn Meyer. Er ist wirklich sehr nett und hat uns in der ersten Zeit bei allen möglichen Fragen und Schwierigkeiten geholfen. Er unterrichtet die Fächer Mathe und Sport, die jetzt meine Lieblingsfächer sind.
Jetzt muss ich noch meine Hausaufgaben machen. Die sind nämlich viel mehr geworden.

Bis bald!
Deine Lena

E-Mail

Von: nico2.@arcor.de
An: leonseiffert@gmx.de
Betreff: Neue Schule

Senden

Hi Leon,
alles klar bei dir? Ich bin ganz schön müde, weil ich jetzt jeden Morgen um 6.00 Uhr aufstehen muss, damit ich pünktlich zur neuen Schule komme. Zur Geschwister-Scholl-Schule muss ich ja mit dem Bus nach Essen fahren. Vor Kurzem hätte ich fast verpennt! Soweit ich das bis jetzt sagen kann, scheinen meine Mitschüler alle ganz o.k. zu sein. In den ersten Wochen haben wir Steckbriefe geschrieben und viele Spiele gemacht, damit wir uns besser kennenlernen. Lass' uns bald mal treffen. Dann können wir uns alles erzählen. Ich will auch wissen, wie es an deiner neuen Schule so ist. Melde dich mal.
Tschüss!!!
Nico

2 Überlegt, warum es sich bei dem Brief und der E-Mail um sogenannte persönliche Texte handelt.

3 EXTRA Besprecht, wem ihr noch einen Brief schreiben könntet, in dem ihr von eurer neuen Schule berichtet.

4 Vergleicht den Aufbau der beiden Briefe miteinander. Ordnet dafür die folgenden Begriffe den richtigen Abschnitten der Briefe zu.

Unterschrift | Brieftext | Ort und Datum | Grußformel | Anrede

5 Übertragt die Tabelle in euer Heft und sammelt weitere Anreden und Grußformeln für einen persönlichen Brief.

Anrede	Grußformel
Hallo Oma,	Tschüss!
Lieber Leon, …	Bis bald!
…	…

6 Plant einen Brief an einen Grundschulfreund/eine Grundschulfreundin, in dem ihr über die erste Zeit an eurer neuen Schule berichtet. Notiert zunächst stichwortartig, wovon ihr berichten könntet, z. B. von eurem Schulweg, der länger ist als der vorherige, vom neuen Schulgebäude oder vom neuen Klassenlehrer.

7 Schreibt nun mithilfe eurer Stichwörter einen persönlichen Brief.

Formulierungshilfen für euren Brieftext

- Wie geht es dir? Mir …
- Was hast du in der letzten Zeit erlebt? Bei mir …
- In den letzten Wochen habe ich …
- Meine neue Klasse besteht aus …
- Meine neuen Mitschüler sind …
- Mir gefällt besonders …
- Ich fühle mich … Wir waren heute …
- Das Schulgebäude ist …
- Im Vergleich zur Grundschule ist …

8 EXTRA Beschriftet einen Briefumschlag an einen Freund oder eine Freundin wie im Beispiel.

Merke

Aufbau eines persönlichen Briefes

- Rand von 2–3 cm lassen
- zwischen Orts- und Datumsangabe ein Komma setzen
- nach der Anrede ein Komma setzen und dann klein weiterschreiben
- Anrede, Grußformel und Unterschrift erhalten eine eigene Zeile
- Anredepronomen *du/ihr* können groß- oder kleingeschrieben werden; auf die durchgängige Verwendung einer Schreibweise achten (*du, deine* oder *Du, Deine*)

T2 Schreiben
Seite 177/178

Material
2cr7s8

Wir planen einen Wandertag

Offizielle Briefe verfassen

1 Hier ist etwas durcheinandergeraten. Setzt die folgenden Briefteile in der richtigen Reihenfolge zusammen und schreibt den Brief in euer Heft.

a) PS: Bitte senden Sie alle Informationen an meine Schule, z. Hd. Herrn Meyer.

b) Hannah Müller
Klasse 5a – Geschwister-Scholl-Schule
Hauptstr. 35
45127 Essen

c) Sehr geehrte Damen und Herren,

d) Mit freundlichen Grüßen

f) Neanderthalmuseum
Talstr. 30
40822 Mettmann

g) Hannah Müller

h) Essen, 04.10.2012

i) **Anfrage für einen Wandertag in Ihrem Museum**

e) da wir im September im Rahmen eines Wandertages mit 30 Schülerinnen und Schülern der Klasse 5a Ihr Museum besuchen möchten, bitten wir um nähere Informationen zu Ihrer Einrichtung. Gern würden wir uns mithilfe von Broschüren über Öffnungszeiten, Eintrittspreise und mögliche Aktivitäten informieren.
Außerdem möchten wir gern in Erfahrung bringen, ob es möglich ist, eine Führung durch Ihr Museum zu buchen. Vielleicht gibt es aber auch einen Rallyebogen, mit dem das Museum selbstständig erkundet werden kann.
Für Ihre Bemühungen bedanke ich mich im Voraus!

2 Ordnet die folgenden Erklärungen für einen offiziellen Brief den Briefteilen aus Aufgabe 1 zu. Schreibt so: 1. → b).

Surftipp
6fw33p

1. Absender:
- oben links
- Vor- und Nachname
- Straße und Hausnummer
- Postleitzahl und Ort

2. Empfänger/Adressat:
- oben links, unter Absender
- Vor- und Nachname oder Name der Einrichtung
- Straße und Hausnummer
- Postleitzahl und Ort

3. Ort, Datum:
- rechts eingerückt neben dem Absender

4. Betreffzeile:
- drei Zeilen Abstand
- linke Seite
- endet ohne Punkt
- das Anliegen ist stichwortartig, kurz und knapp dargestellt

5. Anrede:
- zwei Zeilen Abstand
- linke Seite

6. Brieftext:
- eine Zeile Abstand

7. Grußformel:
- eine Zeile Abstand

8. Unterschrift:
- drei Zeilen Abstand darunter

9. PS (lat. postscriptum = Nachschrift):
- nur bei Bedarf
- zusätzliche Anmerkung

Merke

In einem offiziellen Brief spricht man den Empfänger in der Höflichkeitsform *Sie* an. Die **Anredepronomen** *Sie, Ihr, Ihnen, Ihre, Ihren* und *Ihrem* müssen **großgeschrieben** werden.

*Unsere Klasse möchte **Ihr** Museum besuchen.*
*Schicken **Sie** uns bitte Informationsmaterial zu.*

3 Stellt den Antwortbrief des Neanderthalmuseums wieder her.
- Schreibt den Brief dazu in euer Heft.
- Ergänzt die fehlenden Briefteile und Anredepronomen.

Achtet auf die Großschreibung der Anredepronomen.

___

Mettmann, 08.10.12

Anfrage Informationen zum Museumsbesuch

Sehr geehrter Herr Meyer,
anbei senden wir ___ die angeforderten Informationen in Form einer Broschüre zu und hoffen, ___ bald im Neanderthalmuseum begrüßen zu dürfen. Selbstverständlich bieten wir täglich Führungen durch das Museum an, die ___ für ___ Klasse buchen können. Bitte nehmen ___ die Buchung frühzeitig vor, damit wir ___ Terminwunsch gerecht werden können. Wir freuen uns auf ___ Besuch.

___

4 EXTRA Vergleicht diesen offiziellen Brief mit dem von euch geschriebenen persönlichen Brief an einen Grundschulfreund/eine Grundschulfreundin von Seite 19. Übernehmt dafür die folgende Tabelle in euer Heft und tragt Gemeinsamkeiten und Unterschiede zu Absender, Adressat, Form, Inhalt und Sprache ein.

Gemeinsamkeiten	Unterschiede
Ort und Datum	Anrede (Du – Sie)
...	...

Wir planen einen Klassenausflug

Anfragen per E-Mail formulieren

T2 Schreiben
Seite 177/178

E-Mail

Von: pascal.werner@g-s-schule.de
An: info@sportmuseum.de
Betreff: Unser Besuch im Sportmuseum

Senden

Hallo Frau Wirt,
wir wollen ihr Museum besuchen. Ich hab gehört, dass es ganz spannend bei ihnen ist. Die Klasse will die Basketballkörbe auf dem Dach nutzen und vielleicht vorher eine kleine Führung durch das Museum machen. Das darf aber nicht zu langweilig werden. Außerdem habe ich noch ein paar Fragen:
Haben sie solche Audioguides?
Bekommen wir Klassenrabatt?
Wann können wir zu ihnen kommen?
Haben sie Mitarbeiter für eine Führung?
Sie können mir ja zurückschreiben, was so alles geht.

Bis dann!
Pascal Werner – Klasse 5a Geschwister-Scholl-Schule

1 Lest Pascals E-Mail und besprecht, was er erfahren möchte.

Denkt an die Großschreibung der Anredepronomen in offiziellen Texten.

2 Was haltet ihr von Pascals E-Mail?
- Seht euch die Anfrage für einen Besuch im Sportmuseum in Köln im Hinblick auf die Form, den Inhalt, die Rechtschreibung und die verwendete Sprache an.
- Ergänzt die folgenden Verbesserungsvorschläge.

Form:

Anrede:
Sehr geehrte Frau Wirt,
...

Inhalt:

sinnvolle Reihenfolge beachten:
a) Wandertag am 29.10.12 mit 30 Schülern der Klasse 5a der Geschwister-Scholl-Schule
b) Informationen einholen zu Kosten, ...

Sprache:

höfliche/sachliche Formulierungen verwenden, z. B.: Im Rahmen unseres Wandertages möchten wir ... Wir würden gerne in Erfahrung bringen, ob ...

3 Verfasst mithilfe der gesammelten Verbesserungsvorschläge eine neue E-Mail an das Sportmuseum in Köln.

Römisch-Germanisches Museum
Roncalliplatz 4
50667 Köln
E-Mail: roemisch-germanisches-museum@stadt-koeln.de

AQUALAND Freizeitbad
Merianstraße 1
50765 Köln
E-Mail: info@aqualand.de

Schokoladenmuseum Köln
Am Schokoladenmuseum 1a
50678 Köln
E-Mail: service@schokoladenmuseum.de

4 Holt zu einer der abgebildeten Einrichtungen Informationen für einen Wandertag in Form einer offiziellen Anfrage ein. Geht wie folgt vor:
- Sucht euch eine Einrichtung aus, die ihr besuchen möchtet.
- Plant die Anfrage stichwortartig. Sammelt, welche Informationen ihr erfragen wollt.
- Verfasst dann gemeinsam eine E-Mail.

Formulierungshilfen für eine Anfrage

- Da wir im … im Rahmen eines Wandertages Ihr Museum besuchen möchten, bitten wir um …
- Es wäre schön, wenn Sie uns …
- Könnten Sie uns auch Auskunft geben über …
- Außerdem würden wir gern in Erfahrung bringen, ob es möglich ist …
- Wäre es möglich, …
- Weiterhin ist zu klären, ob …
- Für Ihre Bemühungen bedanke ich mich im Voraus!

5 Tragt eure Texte in einer Kleingruppe vor und überprüft den Inhalt, die Form und die Sprache.

6 Überarbeitet eure E-Mail mithilfe der Verbesserungsvorschläge eurer Mitschüler.

Merke

Aufbau offizieller Briefe und E-Mails

- Sender
- Empfänger
- (Ort, Datum)
- Betreffzeile
- Anrede
- Text
- Grußformel
- Unterschrift
- eventuell PS

Teste dich selbst!

Üben interaktiv
sp789u

Wie konntest du Aufgabe 1 lösen?
☹ → Seite 159/160
☺ → Seite 160 **EXTRA**

1 Benenne fünf Gesprächsregeln für die Klasse.

2 Erstelle einen Steckbrief von Bastian Schweinsteiger.
- Suche die fehlenden Oberbegriffe zu den Angaben über Bastian Schweinsteiger.
- Ordne die Informationen in einer sinnvollen Reihenfolge an.
- Schreibe den Steckbrief in dein Heft. Achte hierbei auf eine angemessene Form.

Hobbys | Gewicht | Geburtsdatum | Homepage | Name
Sternzeichen | Nationalität | Geburtsort | Größe

Steckbrief

...	www.bastianschweinsteiger.de
...	Kolbermoor
...	Deutsch
...	Bastian Schweinsteiger
...	77 kg
...	Löwe
...	1,81 m
...	Musik, Freunde treffen, Xbox spielen
...	1. August 1984

Wie konntest du Aufgabe 3 lösen?
☹ → Seite 175/176
☺ → Seite 176 **EXTRA**

3 Zeichne die Vorlage des persönlichen Briefes ab. Ordne am Rand folgende Begriffe für die einzelnen Textbausteine zu.

Unterschrift | Brieftext | Grußformel | Anrede | Ort und Datum

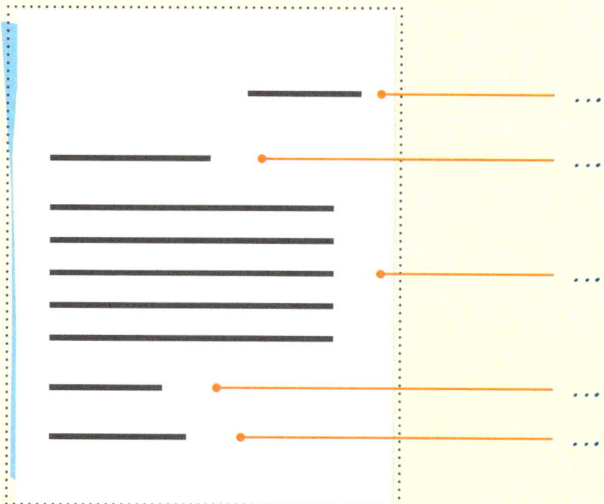

4 Übernimm die Tabelle und sortiere die folgenden Angaben jeweils der richtigen Briefform zu.

	persönlicher Brief	offizieller Brief
Begriffserklärung	…	…
Adressat		
Briefsorte	…	…
Anredepronomen	…	…
Anrede- und Grußformel	…	…

- sachliche Mitteilung von privat an öffentliche Einrichtungen
- persönliche Mitteilung von Privatperson an privat
- Freundschafts-, Liebes- und Urlaubsbrief
- Leserbrief, Beschwerdebrief, Anfrage
- alle Anredepronomen (z. B. Sie, Ihr) werden großgeschrieben
- Bis bald
- Oma und Opa, Tante und Onkel, Eltern, Freunde
- Sehr geehrte Damen und Herren
- Anredepronomen können klein (du, deine) oder großgeschrieben (Du, Deine) werden
- Museen, Firmen, Jugendherbergen
- Hallo Mama
- Mit freundlichen Grüßen

5 Schreibe die beiden Brieftexte ab und setze jeweils die richtigen Anredepronomen ein.

Koblenz, den 25.09.12

Liebe Schülerinnen und Schüler,

wir laden ___ zu unserer Zirkusveranstaltung am 17.10.12 um 19.00 Uhr in die Turnhalle unserer Schule ein. Wir würden uns freuen, wenn ___ zahlreich erscheint, denn es wird ___ ein tolles Programm geboten. ___ werdet Akrobaten, Jongleure und wilde Tiere erleben.

Liebe Grüße
___ Klasse 5c

Koblenz, den 25.09.12

Liebe Eltern,

am 17.10.12 um 19.00 Uhr möchten wir ___ eine Zirkusvorstellung in der Turnhalle unserer Schule vorführen. Wir würden uns freuen, wenn ___ zahlreich erscheinen, denn es wird ___ ein tolles Programm geboten. ___ werden Akrobaten, Jongleure und wilde Tiere erleben.

Liebe Grüße
___ Klasse 5c

Wie konntest du Aufgabe 4 und 5 lösen?

☺ → Seite 174–177
☺ → Seite 176, 178 EXTRA

6 Deine Klasse plant einen Ausflug ins Freibad. Schreibe eine E-Mail an das Freibad und erfrage, ob es Verpflegungsmöglichkeiten, eine Badeaufsicht und Liegeplätze im Schatten gibt und wie die Öffnungszeiten bei schlechtem Wetter sind.

Wie konntest du Aufgabe 6 lösen?

☺ → Seite 177
☺ → Seite 178 EXTRA

2

Abenteuer, Abenteuer!

Mündlich und schriftlich erzählen

1 Seht euch die Bilder an. Kennt ihr die abgebildeten Personen? Tauscht euch in der Klasse aus, ob ihr schon einmal von ihren Abenteuern gehört oder gelesen habt.

2 Entschlüsselt die folgenden Begriffe, indem ihr die Buchstaben in die richtige Reihenfolge bringt. Die Bilder helfen euch weiter.

uebAnteer | vtekiDtee | brasucZehreül

heüHrn | glegMu | harFdra | serFgnal

zangieFchree | riPat | hedäcnMdenba

3 Ihr habt sicherlich auch schon einmal etwas Spannendes erlebt. Erzählt davon in eurer Klasse.

4 Kennt ihr spannende Abenteuerbücher? Erzählt euren Mitschülern davon.

Jetzt lernt ihr, ...

... Geschichten spannend zu erzählen.

... schriftliches und mündliches Erzählen zu unterscheiden.

... einen Erzählplan zu erstellen.

... durch Gedanken, Gefühle und Sinneswahrnehmungen Spannung zu erzeugen.

... Geschichten durch Adjektive, Verben, Satzanfänge und wörtliche Rede lebendiger zu gestalten.

... Geschichten in Schreibkonferenzen zu überarbeiten.

Spannende Ferien

Geschichten anschaulich erzählen

→ **T1** Sprechen und Zuhören Seite 163

1 Neven hat seine Ferien in einem Abenteuercamp verbracht und dort viele aufregende Dinge erlebt. Bei der Abreise hat er seinen Koffer mit der Abenteuerausrüstung vergessen. Beschreibt die Gegenstände in Nevens Koffer.

2 Wählt drei Gegenstände aus und erzählt, was Neven damit im Abenteuercamp erlebt haben könnte. Wenn ihr keine Idee habt, hilft euch vielleicht, was er seinen Eltern am Telefon erzählt hat.

„... und dann bin ich mitten in der Nacht wach geworden. Da war so ein seltsames Geräusch. Ich habe gelauscht und ganz langsam nach meiner Taschenlampe gegriffen ..."

„... Heute waren Bastian und ich im Wald. Wir hatten einen Plan und extra ein Seil dafür eingepackt ..."

„... wollten wir tauchen gehen. Das Wetter war toll und wir hatten grad die Taucherausrüstung ausgepackt, ..."

3 Um eine Geschichte für die Zuhörer so spannend und anschaulich wie möglich zu machen, gilt es, einige Regeln zu beachten.
- Seht euch dazu die folgenden Bilder an.
- Benennt die Hinweise, die ein guter Erzähler bei seinem Vortrag beachten sollte.

4 Sammelt weitere Hinweise, die für einen guten Erzähler wichtig sind.

5 Formuliert aus euren gesammelten Hinweisen Regeln für einen guten Erzähler. Schreibt sie in euer Heft.

6 EXTRA Nennt drei Gegenstände, die ihr in ein Abenteuercamp mitnehmen würdet. Erzählt, welche Abenteuer man damit erleben könnte. Beachtet dabei die Regeln für gutes Erzählen.

Einen Vortrag kann man gut vor dem Spiegel üben. So kann man seinen Gesichtsausdruck (Mimik) und seine Körpersprache (Gestik) selbst kontrollieren.

Hannes und der Mann im Aquarium

Geschichten geordnet erzählen 1

T1 Sprechen und Zuhören
Seite 163/164

1 Lest den Text oder hört ihn euch an. Erzählt im Anschluss, welches Abenteuer Hannes erlebt.

Hörverstehen
d3d7h9

Guus Kuijer

Das Unterseeboot

Hannes sitzt vor dem Aquarium seines großen Bruders und starrt auf die Fische. […] Was würden die Fische wohl für'n Gesicht machen, wenn jetzt plötzlich ein Unterseeboot vorbeikäme!
Da, hinter der großen Pflanze müßte es rauskommen. Luftblasen steigen auf, und das Boot brummt leise. Die Fische erschrecken. Sie schießen nach allen Seiten auseinander. Langsam gleitet das Unterseeboot in die Mitte des Aquariums. Es senkt sich langsam, bis es auf Sand liegt.
Eine Luke geht auf. Dann kommt eine kleine Leiter heraus. Auf der Leiter klettert ein kleiner Taucher nach draußen. Er hat einen richtigen Taucheranzug, mit Flaschen auf dem Rücken. Die Fische sehen verdutzt[1] zu.
Der kleine Taucher hat etwas bei sich. Ein langes, dünnes Futteral[2]. Er öffnet es und zieht etwas heraus. Was ist das bloß? Eine Fahne an einem Stock.
Der kleine Taucher steckt die Fahne gerade in den Sand. Die Fahne bewegt sich im strömenden Wasser. Dann klettert der kleine Taucher wieder die Leiter hinauf. Er zieht den Lukendeckel hinter sich zu. Das Unterseeboot hebt sich langsam vom Boden. Man hört es summen. Sand wirbelt auf. Und da fährt es, es dreht um und fährt weg. Verschwindet hinter der großen Pflanze.
Die Fahne bleibt einsam zurück.
Hannes seufzt. Das war mal ein Abenteuer!
Seine Mutter kommt herein. „He, Hannes! Bist du schon da? Wie war's in der Schule?"
„Och", sagt Hannes. Er zuckt mit den Schultern. Seine Mutter legt ihm die Hand auf die Schulter. „Na los – was hast du?"
„Wir mussten 'nen Aufsatz machen", sagt Hannes. „Aber ich wusste nichts." […]

1 überrascht
2 eine Hülle

2 Die Mutter reagiert mit Kopfschütteln auf Hannes' Äußerung, ihm sei nichts eingefallen. Erklärt, warum sie so erstaunt ist.

T6 Einen Spickzettel anfertigen
Seite 242

Arbeitstechnik

Spickzettel

Beim freien Vortragen einer Geschichte kann ein Spickzettel helfen. Er ist eine **Gedankenstütze** und enthält **die wichtigsten Informationen**. Sie bilden den „roten Faden" des Vortrags.
Die Informationen sollten **stichwortartig** auf einem Zettel oder einer Karteikarte stehen. Sie können durch Bilder und Symbole ergänzt werden.
Ein Spickzettel sollte möglichst kurz sein.

3 Erstellt für einen mündlichen Vortrag einen Spickzettel zu der Geschichte „Das Unterseeboot“.
- Ergänzt dazu das folgende Beispiel in eurem Heft.
- Verwendet höchstens 20 Wörter.

Spickzettel „Das Unterseeboot“

Wer? ...

Wann? nach der Schule

Wo? 

Was? ...

4 Setzt euch in Gruppen zusammen. Jede Gruppe bestimmt einen Erzähler/eine Erzählerin, der/die die Geschichte mithilfe seines/ihres Spickzettels erzählt. Die anderen Gruppenmitglieder sind Zuhörer, die den Erzähler/die Erzählerin beobachten und ihm/ihr später eine Rückmeldung geben. Nutzt dazu die Checkliste.

Die Zuhörer können die Arbeit auch aufteilen: Sprecht euch ab, wer welchen Punkt der Checkliste beobachtet.

Checkliste

Name des Erzählers/der Erzählerin: ...

	☺	😐	☹
Inhalt der Geschichte			
• W-Fragen sind beantwortet			
• verständlicher Inhalt			
• sinnvolle Reihenfolge			
Vortrag			
• langsames Redetempo			
• lautes und deutliches Sprechen			
• Einhalten von Pausen			
• Blickkontakt mit den Zuhörern			
• Einsatz von Mimik und Gestik			

5 Stellt die Geschichte „Das Unterseeboot“ in einem Comic dar.

6 EXTRA Wie könnte die Geschichte von Hannes weitergehen? Schreibt eine Fortsetzung.

→ T2 Schreiben Seite 180/181

7 EXTRA Erstellt zu einer euch bekannten Geschichte einen Spickzettel und erzählt diese dann einem Partner/einer Partnerin.

Ein finsterer Turm und viel Mut

Geschichten geordnet erzählen 2

T2 Schreiben Seite 180/181

1 Lest den Auszug aus der Geschichte und stellt Vermutungen an, wie sie weitergehen könnte.

Evelyne Stein-Fischer

[…] Jennifer ist wirklich ein außergewöhnliches Mädchen. Sie gehört zur Turmbande und sie ist viel mutiger und stärker […]. Sie war schon viermal bei Einbruch der Dunkelheit in der Turmruine auf dem Hügel, von der sich die Einwohner im Dorf schaurige Geschichten erzählen. Und sie sagt David, dem Anführer der Turmbande, den die meisten fürchten, laut ihre Meinung ins Gesicht. Aber auch die anderen Kinder in der Bande sind mutig und stark: Ivan, Mike, Nele, Adrian, und Fabian. Sie gehören alle dazu und jeder von ihnen hat bereits die Mutprobe bestanden. […] Nur Patrick nicht. […]

Wenn ihr die richtige Reihenfolge gefunden habt, ergeben die Buchstaben auf den Karten den Titel der Geschichte.

2 Ordnet die folgenden Geschichtenteile so, dass sie einen Sinn ergeben.

[…] Dann preschen sie von allen Seiten hinter der großen Kastanie hervor. […]
„Ihr seid gemein“, murmelt er.
[…] „Immerhin, ich bin auf dem Hügel gewesen. Und sogar drinnen im Turm. Tief unten. Wie ausgemacht. Ich bin kein Feigling, merkt euch das! Ich habs versucht und ich hab euch vertraut. Aber auf eine solche Bande pfeif ich!“, ruft Patrick. Dreht sich um, geht geradewegs an ihnen vorbei und verschwindet im Stiegenhaus[1]. […] **OBE**

[…] Jetzt wollen ihn die Kinder in der Dämmerung mit auf den Turm nehmen und sehen, ob er sich wohl traut, allein durch das Loch in der alten Mauer zu robben und in den Turmkeller hinabzusteigen.
Dass muss jeder, der zur Bande gehören will. Und als Beweis, dass er wirklich ganz unten war, soll er einen faustgroßen roten Stein mitbringen. Nur dort, an der tiefsten Stelle, in einer abbröckelnden[2] Mauerecke, liegen sie: die Mutprobesteine. […] **DI**

1 Treppenhaus
2 abfallen

[…] „Also, was ist??“, fragt David schon von weitem. […] „Gut!“, Patrick bewegt sich auf die Öffnung zu, dreht sich noch einmal nach den anderen um. Sie beobachten, wie er hindurchschlüpft, passen auf, dass er nicht gleich wieder herausschlüpft. Der Anführer bewegt sich langsam auf das Mauerloch zu, beugt sich tief hinein, befiehlt Patrick, ihren Spruch zu rufen: *Schlangen und Schlaxonen[3] in der Tiefe wohnen.* […]
Da rennen sie alle auf ein stummes Zeichen von David davon, galoppieren lachend und prustend den steinigen Hügel hinab. […]

EM

3 Fantasietiere

[…] Endlich ist er draußen. […]
„Ich hab den Stein nicht!“, ruft er in den Hügel hinein. „Es tut mir leid, ich habs nicht geschafft. Wo steckt ihr alle?“ […]
Mit einem Schlag merkt Patrick, dass die Stille rings um ihn fast so gespenstisch ist wie vorhin sein Schrei in der Tiefe. Da ist kein Mensch weit und breit, […]

PR

[…] Sie wissen nicht, dass indessen die Angst Patrick mit einer riesigen Zange gepackt hat. Genau jetzt, als ihm der modrige, feuchte Geruch in dem schwarzen Raum in die Nase steigt und er weiß, dass er sich dem Schacht nähert. Die Angstzange drückt alles in Patrick zu, drückt ihm sogar den Atem weg. Patrick tastet sich mit unsicheren Händen an den nassen, rissigen Wänden entlang, greift etwas Glitschiges, schreit. […]
Patrick stolpert in Panik zurück, eilt auf allen vieren die abgeschlagenen Stufen der Turmtreppe hinauf, fällt, fühlt etwas Warmes, Feuchtes sein Schienbein hinunterrinnen. […]
Er fällt auf das Gesicht, rappelt sich hoch. Wo ist bloß der Ausgang, wo? […]

UT

3 Lest die zusammengesetzte Geschichte noch einmal in der richtigen Reihenfolge. Entscheidet, welche Teile den Anfang, den Hauptteil und das Ende der Geschichte bilden. Begründet eure Einteilung.

Vergesst den Textauszug am Anfang nicht.

4 *„Die Angst hat Patrick mit einer riesigen Zange gepackt.“*
Sucht im Text nach weiteren Textstellen, die Patricks Gefühle beschreiben. Schreibt die Zeilenangaben heraus.

5 Begründet, ob Patrick die Mutprobe bestanden hat.

6 EXTRA Am Abend denkt Jennifer über Patrick, ihr Verhalten und die Situation nach. Sie schreibt ihre Gedanken und Gefühle in ihr Tagebuch.
Überlegt, was sie schreiben könnte und verfasst den Tagebucheintrag.

○ Aufgabe 1, 2 ◒ Aufgabe 3 ● Aufgabe 4, 5, 6 EXTRA

T2 Schreiben
Seite 180/181

T3 Umgang mit literarischen Texten
Seite 189–191

Schritt für Schritt zur Spannung

Den Aufbau einer Geschichte nachvollziehen

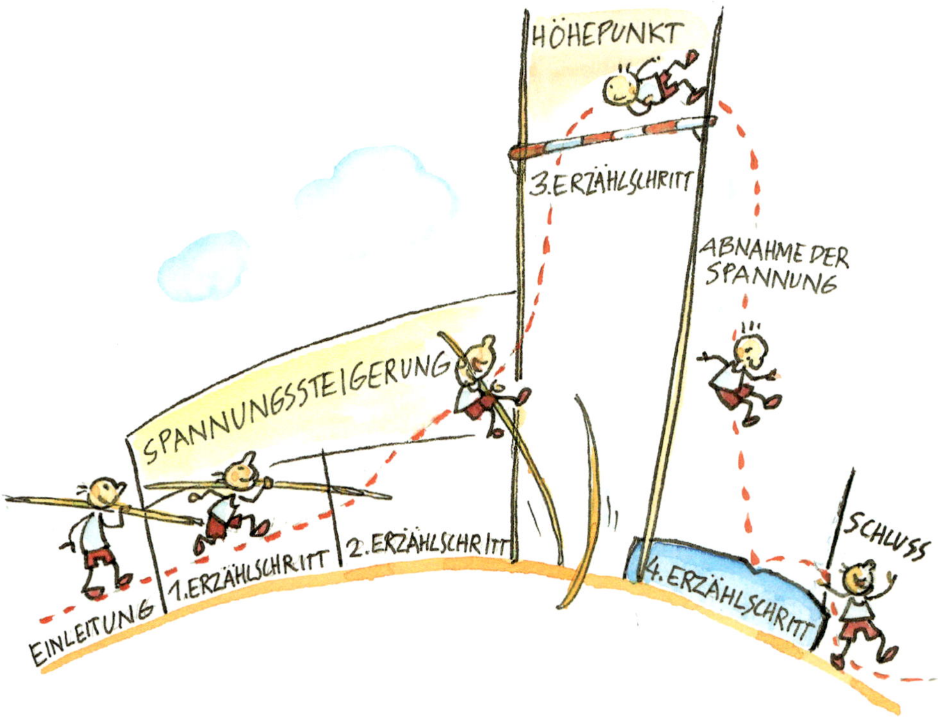

1 Beschreibt, was ihr auf dem Bild seht. Erklärt, welcher Zusammenhang zwischen dem Bild und dem Aufbau einer Erzählung besteht.

2 Zeichnet den „Erzählspannungsbogen“ in eurem Heft nach.

Merke

Geschichten sind oft nach dem gleichen Muster aufgebaut und bestehen aus **Einleitung**, **Hauptteil** und **Schluss**.

Einleitung

Die Einleitung führt den Leser in die Geschichte ein und soll neugierig machen. Sie enthält folgende Punkte:

Wer? Welche Personen spielen in der Geschichte mit?

Wann? Zu welcher Zeit spielt die Geschichte?

Wo? An welchem Ort spielt die Geschichte?

Was? Was ist der Ausgangspunkt der Handlung?

3 Seht euch den Teil der Geschichte von Seite 32/33 an, den ihr der Einleitung zugeordnet habt.
- Überprüft, ob alle W-Fragen beantwortet werden.
- Notiert sie in eurem Heft und beantwortet sie.

Merke

Hauptteil

Die Geschichte wird Schritt für Schritt aufgebaut und sollte geordnet erzählt werden. Die einzelnen Schritte nennt man **Erzählschritte**. Die Geschichte wird nach und nach spannender, bis der **Höhepunkt** erreicht ist. Dann nimmt die Spannung langsam ab.

4 Teilt den Teil der Geschichte von Seite 32/33, den ihr dem Hauptteil zugeordnet habt, in einzelne Erzählschritte ein.
- Übernehmt dazu die folgende Tabelle in euer Heft.
- Fasst jeden Absatz in einem Satz zusammen.

Erzählschritte	Was passiert?
Erzählschritt 1	Patrick schlüpfte durch die Öffnung und erhielt vom Anführer David den Auftrag, den Bandenspruch zu rufen.
Erzählschritt 2	...
Erzählschritt 3	...
Erzählschritt 4	...

Merke

Schluss

Mit dem Schluss „verabschiedet" man sich von der Geschichte.
Er sollte **möglichst kurz** sein und alles auflösen, sodass **keine wichtigen Fragen offenbleiben**.

5 Schreibt in einem Satz auf, wie die Geschichte ausgeht.

6 EXTRA Versucht, mithilfe von Stichwörtern die Geschichte von Seite 32/33 nachzuerzählen. Berücksichtigt dabei die Merkmale guten Erzählens (Seite 29) und nutzt einen Spickzettel (Seite 30/31).

○ Aufgabe 2 ◒ Aufgabe 1, 3, 5, 6 EXTRA ● Aufgabe 4

Auf Schatzsuche gehen

Eine Geschichte nach Bildern erzählen

→ **T2** Schreiben
Seite 182–184

1 Seht euch die Bilder an. Beschreibt, was ihr darauf seht.

2 Tauscht euch darüber aus, welches Bild oder welche Bilder zur Einleitung der Geschichte gehören.

3 Lest euch die beiden Einleitungen durch. Welche gefällt euch besser? Begründet.

A

Carlotta, Mina und Bastian spielten auf dem vollen Dachboden im Haus von Carlottas Eltern. Als Carlotta gerade ein altes Buch zur Seite legen wollte, fiel ein zerknittertes Blatt Papier heraus. Ihre Freunde sahen sie erwartungsvoll an, während sie es aufmerksam betrachtete. „Ihr werdet es nicht glauben", sagte Carlotta voller Stolz, „aber ich habe gerade eine Schatzkarte gefunden."

B

Carlotta saß auf dem Dachboden ihrer Eltern. Mina und Bastian waren auch da. In ihrer Hand hielt sie eine Karte.

4 Schreibt nun eine eigene Einleitung. Lasst jeweils eine Zeile in eurem Heft frei, damit ihr den Text später verbessern könnt.

Denkt an die W-Fragen.

Die Sonne schien hell, während Carlotta, Mina und Bastian auf dem

Dachboden herumstöberten …

…

…

5 Seht euch die Bilder auf der linken Seite noch einmal an. Macht euch Notizen zu den einzelnen Erzählschritten:
- Was ist auf den Bildern zu sehen?
- Was denken und fühlen die Personen (Körperhaltung, Gesichtsausdruck)?
- Was geschah vorher?
- Was geschieht zwischen den Bildern?

Folgende Stichwörter können euch beim Planen der Erzählung helfen

Erzählschritt 1: Carlotta ist Anführerin – steckte Freunde mit ihrer Aufregung an

Erzählschritt 2: betrachteten Schatzkarte genauer – fanden Höhle – Freude

Erzählschritt 3: kleine Öffnung – Carlotta kroch mutig hinein

Erzählschritt 4: Spinnweben, niedrige Höhlendecke – Angst – fanden Schatztruhe – Schatten an der Wand

Erzählschritt 5: …

6 Schreibt den Hauptteil der Geschichte. Nutzt dazu eure Notizen zu den Erzählschritten. Lasst auch hier jeweils eine Zeile in eurem Heft frei.

7 Das letzte Bild zeigt nur ein Fragezeichen. Ihr habt bestimmt eine Idee, wie die Geschichte ausgehen könnte. Erzählt in der Klasse.

8 Überlegt euch einen passenden Titel für die Bildergeschichte, der nicht zu viel verrät.

In dunklen, kalten Gemäuern …

Sinneswahrnehmungen beschreiben

1 Lest den Text und beschreibt die Situation, in der sich Samuel befindet.

Hörverstehen
x647ea

Guillaume Prévost

Das Buch der Zeit. Die steinerne Pforte

[…] Samuel spürte plötzlich eiskalten Boden unter seinen Händen und Füßen. Er krümmte sich vor Übelkeit, aber diesmal hatte er die Krämpfe besser unter Kontrolle. Dafür war es um ihn herum rabenschwarz, absolut stockfinster. War das Nachtlicht im Keller ausgegangen? Er kroch auf gut Glück ein Stück vorwärts und stieß auf einen massiven Tisch, an den er sich überhaupt nicht erinnern konnte. Jedenfalls nicht aus dem Buchladen …

Er stand auf und streckte suchend die Arme aus. Zwei Schritte vor ihm ertastete er eine Wand, eine glatte Oberfläche, genauso kalt wie der Boden. Kalter Angstschweiß stand ihm auf der Stirn. Und wenn er eingeschlossen war? Wenn der Stein ihn an einen Ort gebracht hatte, von dem er nicht mehr wegkam? Oder war er vielleicht blind geworden? Diese Art Zeitreise musste furchtbare Auswirkungen auf seinen Körper haben!

Panik erfasste ihn, und er fing an, wie ein Tier im Käfig umherzulaufen. Der Raum war nicht besonders groß, ungefähr vier mal vier Meter. Eine Tür fand er nicht. Er saß wie eine Maus in der Falle! Ein paar Mal sprang er hoch in die Luft, jedoch ohne an eine Decke zu stoßen.

War also nur noch oben ein Entkommen möglich? Er stieg auf den großen Steinblock, den er für einen Tisch gehalten hatte, und stellte sich auf die Zehenspitzen. Etwas Weiches hing frei im Raum. Er streckte sich, griff mit den Fingern danach und zog einmal kräftig. Ein Seil. Besser gesagt, eine Strickleiter. […]

2 Benennt die fünf Sinne und ordnet ihnen die folgenden Beispiele zu. Schreibt in euer Heft.

1 […] Dafür war es um ihn herum rabenschwarz, […]

2 […] Samuel spürte plötzlich eiskalten Boden unter seinen Händen und Füßen. […]

3 Modriger Geruch stieg ihm in die Nase.

4 Er schmeckte den aufgewirbelten Staub auf seiner Zunge.

5 Das Rauschen des Windes war durch die Wandritzen zu hören.

3 Ergänzt weitere Beispiele für Sinneswahrnehmungen aus der Geschichte. Notiert sie stichwortartig in eurem Heft.

4 EXTRA Versetzt euch in Samuels Situation. Was könnte er mit seinen fünf Sinnen noch im Keller wahrnehmen? Schreibt weitere Beispiele auf.

5 Überarbeitet den Hauptteil eurer Geschichte von Seite 37. Fügt dazu mindestens drei Beispiele ein, die beschreiben, was die Hauptfigur mit ihren Sinnen wahrnehmen könnte, z. B.:

...
Carlotta kroch mutig in die Höhle und versuchte etwas zu erkennen.
Carlotta kroch mutig in die Höhle. Um sie herum war alles schwarz. Nur ein paar Spinnweben konnte sie dank der Taschenlampe erspähen.
Sie spitzte ihre Ohren, bevor sie die anderen aufforderte, ihr zu folgen.
Sie spitzte ihre Ohren. Wassertropfen klatschten auf den Boden. Sonst war nichts zu hören. Sie forderte die anderen auf, ihr in die Höhle zu folgen.
...

Formulierungshilfen für die Beschreibung von Sinneswahrnehmungen

- Außer riesigen Bäumen und dicken Büschen konnten sie nichts erkennen.
- Sie spürten ein Kribbeln im Bauch, als sie ...
- Sie hörten das Knacken der Äste, als sie ...
- Beim Anblick der Höhle pochte ihr Herz ganz schnell.
- Spitze Steine bohrten sich in ihre Finger, als sie ...
- In der Höhle rochen sie ...
- An der Felswand tanzte ein riesiger Schatten.

Spannung bis es knistert

Geschichten lebendig gestalten

1 Seht euch das Bild an. Beschreibt, was die beiden Mädchen wohl fühlen. Schreibt dazu die Sätze in euer Heft und vervollständigt sie.

a) Carlotta spielt ___ mit ihren Zöpfen.

b) Sie sieht ___ aus.

c) Mina sieht von der anderen Seite ___ zu ihr herüber.

d) Sie streckt die Arme nach Carlotta aus und lächelt sie ___ an.

T4 Adjektive
Seite 209/210

2 Schreibt den folgenden Text ab und ergänzt das jeweils passende Adjektiv.

Carlotta wagte sich einen ___ (klein, groß) Schritt vor. Sie blickte sich ___ (vorsichtig, schnell, verzweifelt) um. Ihr Herz klopfte ___ (langsam, schnell, wild). Sie sah ihre Freundin ___ (vorsichtig, fragend, leise) an. Dann blickte sie hinunter und sah den ___ (stürmisch, reißend, wild) Fluss, der auf sie ganz ___ (unheimlich, beruhigend, gefährlich) wirkte. Eine ___ (groß, riesig, leicht) Panik machte sich in ihr breit …

3 Setzt den Text fort und verwendet in jedem Satz mindestens ein Adjektiv.

Formulierungshilfen

glücklich, wütend, freundlich, grausam, zaghaft, mutig, außergewöhnlich, fantastisch, traurig, hilflos, irritiert, verwirrt, blass, verschüchtert

4 Schreibt den folgenden Text ab und ergänzt passende Satzanfänge.

___ hatte Mina Mitleid. ___ kannte sie das Gefühl der Angst. ___ erinnerte sie sich wieder an zahlreiche Situationen, in denen auch sie nur wenig Mut gehabt hatte. ___ fühlte sie sich ganz schlecht. ___ überlegte sie wieder. ___ kam sie zu dem Schluss, dass ihre Freundin ihr nicht böse sein würde.

Formulierungshilfen

In diesem Moment, Anschließend, Danach, Kurze Zeit später, Plötzlich, Nachdem, Bald darauf, Nun, Sofort, Dann, Auf einmal, Schließlich, Endlich

5 Verbessert den folgenden Text, indem ihr die Satzanfänge abwechslungsreicher gestaltet. Schreibt in euer Heft.

→ **Kapitel 8** Seite 144/145

Carlotta tastete sich zaghaft einen kleinen Schritt vor. Carlotta schossen zahlreiche Gedanken durch den Kopf. Carlotta bekam riesengroße Angst. Carlotta trat einen Schritt zurück. Carlotta wagte sich wieder einen winzigen Schritt vor. Carlotta nahm ihren Mut zusammen, lief mehrere Schritte zurück und rannte blitzschnell auf das Ende des gefährlichen Felsens zu.

6 Überarbeitet den folgenden Text, indem ihr treffendere Verben verwendet.

Nach ihrem mutigen Sprung ging sie freudestrahlend auf Mina zu. Sie hatte es geschafft. Das wollten die beiden Mädchen nun unbedingt ihren Freunden erzählen. Deshalb gingen Mina und Carlotta langsam den Fels hinunter und gingen schnell Richtung Heimat. Unterwegs ging ihnen jedoch die Puste aus, sodass Mina bettelte, etwas langsamer zu gehen. Außerdem konnten sie sich viel besser unterhalten, wenn sie langsam gingen …

Formulierungshilfen zum Wortfeld „gehen"

laufen, rasen, schleichen, flitzen, schlendern, trödeln, stolpern, wandern

Merke

Eine Geschichte wird durch den Einsatz unterschiedlicher Satzanfänge, zutreffender Verben und abwechslungsreicher Adjektive lebendiger und spannender.

7 Prüft, ob eure Geschichte von Seite 37 abwechslungsreiche Adjektive, treffende Verben und unterschiedliche Satzanfänge enthält.

○ Aufgabe 1 ◒ Aufgabe 2, 3, 6 ● Aufgabe 4, 5, 7

„Das war knapp!“, sagte sie.

→ **T2** Schreiben
Seite 184/185

Die wörtliche Rede verwenden

1 Schreibt auf, was Carlotta, Mina, Bastian und Neven gesagt haben könnten. Verwendet Aussage-, Frage- und Aufforderungssätze.

Carlotta sagte: „...“
Mina meinte: „...“
Bastian fragte: „...“
Mina rief: „...“

2 Schreibt eure Sätze aus Aufgabe 1 noch einmal auf. Setzt die Redebegleitsätze nun **hinter** die wörtliche Rede.

Merke

Die wörtliche Rede

Die wörtliche Rede gibt direkt wieder, was jemand im Text sagt. Sie steht in Anführungszeichen.
Sätze, die darauf hinweisen, dass die wörtliche Rede folgt, nennt man Redebegleitsätze.

Redebegleitsätze vor der wörtlichen Rede
Redebegleitsatz – wörtliche Rede
Carlotta sagte: *„Ihr werdet nicht glauben, was wir erlebt haben.“* (Aussagesatz)
Carlotta fragte: *„Sollen wir euch von unserem Abenteuer erzählen?“* (Fragesatz)
Mina äußerte: *„Es war unglaublich spannend!“* (Aufforderungssatz)

Redebegleitsätze nach der wörtlichen Rede
wörtliche Rede – Redebegleitsatz
„Ihr werdet nicht glauben, was wir erlebt haben“, ***sagte Carlotta.***
„Sollen wir euch von unserem Abenteuer erzählen?“, ***fragte Carlotta.***
„Es war unglaublich spannend!“, ***äußerte Mina.***

3 Übertragt den folgenden Text in euer Heft.
- Ergänzt die Satzzeichen der wörtlichen Rede.
- Unterstreicht die Redebegleitsätze.

Am Abend erzählte Carlotta auch ihren Eltern von ihrem Erlebnis. Sie sagte Ich bin so stolz, dass ich meine Angst überwunden habe. Ihre Mutter zögerte Ich weiß nicht, ob ich das so toll finden soll. Die Situation war doch bestimmt sehr gefährlich. Fragend schaute sie Carlotta an. Sie ergänzte Hast du dir einmal überlegt, was alles hätte passieren können? Jetzt freu dich doch für mich rief Carlotta. Carlottas Vater grinste. Das ist meine Tochter dachte er, genauso abenteuerlustig wie ihr Vater …

4 Sammelt weitere Bezeichnungen für das Verb „sprechen", um Wiederholungen bei den Verben der Redebegleitsätze zu vermeiden, z. B.: *sagen, erzählen.*

5 Kontrolliert eure Texte mit eurem Tischnachbarn/eurer Tischnachbarin.
- Überprüft die Zeichensetzung bei der wörtlichen Rede.
- Kontrolliert, ob abwechslungsreiche Verben aus dem Wortfeld „sprechen" verwendet wurden.

6 EXTRA Setzt das Gespräch zwischen Carlotta und ihren Eltern fort. Schreibt die Fortsetzung in euer Heft.

→ T2 Schreiben Seite 181

7 Überarbeitet und korrigiert den folgenden Text. Formuliert ihn abwechslungsreicher und schreibt ihn fehlerfrei in euer Heft.

Carlottas Abenteuer war das Gesprächsthema des Abends. „Sie hätte abstürzen und in dem reißenden Fluss ertrinken können. Ein schrecklicher Gedanke. Bastian verzog das Gesicht. Ich wäre auf gar keinen Fall gesprungen. Ich hätte es ihr auch nicht zugetraut" sagte Bastian. „Wieso!", fragte Neven überrascht. Carlotta ist sonst immer so mutig: Denk doch nur an unsere Höhlenerkundung sagte er. Bastian nickte zustimmend. „Hast du vergessen, dass Carlotta Höhenangst hat? Kaum vorstellbar, welche Angst sie gehabt haben muss sagte er. Deshalb hätte ich nie im Leben geglaubt, dass sie springt." Neven sagte: "Zum Glück war Mina dabei. Sie hätte nie zugelassen, dass sich Carlotta in Gefahr begibt."

8 EXTRA Überarbeitet noch einmal eure Geschichten von Seite 37. Überlegt, an welchen Stellen ihr die wörtliche Rede verwenden könnt.

T2 Schreiben
Seite 181

T6 Lern- und
Arbeitstechniken
Seite 248/249

Alle Sinne geschärft!

Texte in Schreibkonferenzen überarbeiten

1 Überprüft eure Geschichten von Seite 37 in Schreibkonferenzen.
Geht folgendermaßen vor:
- Lest die Arbeitstechnik und klärt offene Fragen.
- Seht euch die Beispielüberarbeitung an.

Arbeitstechnik

Die Schreibkonferenz

1. Vier bis fünf Schülerinnen und Schüler sitzen in einer Gruppe zusammen.
2. Alle Gruppenmitglieder werden zu Experten für ein bestimmtes Merkmal der Geschichte ernannt (Expertenkarten).
3. Die Gruppenmitglieder tauschen ihre Geschichten untereinander aus.
4. Jedes Mitglied liest den ihm zugeteilten Text und achtet vor allem auf den Bereich, in dem er Experte ist.
5. Jeder schreibt an den Rand, was seiner Meinung nach gut gelungen ist, wo Fragen sind oder etwas verbessert werden kann.
6. Dann werden die Geschichten weitergegeben, bis jede von jedem Experten beurteilt wurde.
7. Alle Gruppenmitglieder lesen ihre Rückmeldungen und fragen bei Unklarheiten nach.
8. Zum Schluss überarbeiten alle ihre Geschichten.

Das Abenteuer	Die Überschrift ist langweilig!
Im Sommer waren Mina und Carlotta im Zeltlager. Sie machten eine Nachtwanderung. Dabei passierte etwas, worauf Mina gar keine Lust hatte.	
Mina rannte wie immer sehr langsam. Sie entdeckte ein Kaninchen und rannte mit ihrer Taschenlampe	besser: lief
hinterher. Sie fiel in eine Grube und verlor ihre Gruppe. Mina schrie, doch niemand hörte sie. Sie	Schreibe nicht immer „Sie“. z. B. Dann, Plötzlich, …
hatte Angst. Sie schrie: "Hilfe! Ich bin in eine Grube gefallen.“ Sie lauschte. | Sie weinte. Sie sah sich um.	wörtliche Rede: „Hilfe! …“ | Was hörte sie? z. B. Heulen der Wölfe
Was ist der Höhepunkt? | Am Ende wurde doch alles gut. Mina wurde gerettet.	| Was passierte dann? Warum wurde am Ende doch alles gut?

Material
48m6p9

Expertenkarte Aufbau

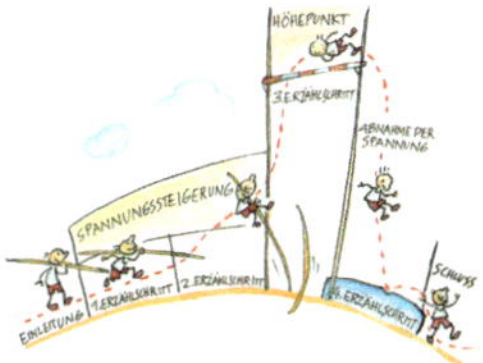

- Einleitung:
  Werden die W-Fragen beantwortet?
- Hauptteil:
  Wird durch unterschiedliche Erzählschritte Spannung erzeugt?
- Schluss:
  Werden alle Fragen geklärt?

Expertenkarte Sinneswahrnehmungen

- Wie sieht etwas aus?
- Wie riecht etwas?
- Was kann man hören?
- Wie fühlt sich etwas an?
- Wie schmeckt etwas?

Expertenkarte wörtliche Rede

- Kommt wörtliche Rede vor?
- Werden abwechslungsreiche Verben verwendet?
  Z. B. sprechen: flüstern, murmeln, sagen, antworten, äußern, rufen, meinen, schreien, …
- Stimmt die Zeichensetzung?
  „…“, sagte er.
  Sie fragte: „…?“

Expertenkarte abwechslungsreiche Wortwahl

- Werden Adjektive verwendet?
  Z. B. ängstlich, nervös, nett, einsam, abenteuerlich, fantastisch, …
- Werden treffende Verben verwendet?
  Z. B. fluchen, erobern, zelten, organisieren, …
- Werden unterschiedliche Satzanfänge gewählt?
  Z. B. Auf einmal, Plötzlich, Dann, Schließlich, Endlich, Nach einiger Zeit, …

2 Überarbeitet eure Geschichten mithilfe der Bemerkungen eurer Gruppenmitglieder.

3 EXTRA Veranstaltet einen Geschichtenwettbewerb und lest euch eure überarbeiteten Geschichten vor.

Teste dich selbst!

Üben interaktiv
g249nv

Wie konntest du Aufgabe 1 und 2 lösen?

😐 → Seite 189–191
🙂 → Seite 191 EXTRA

1 Benenne die drei Bestandteile einer Geschichte.

2 Erkläre, welche wichtigen W-Fragen in einer Einleitung beantwortet werden müssen.

3 Zähle die fünf Sinne auf.

4 Bestimme, welche der fünf Sinneswahrnehmungen jeweils in den folgenden Sätzen beschrieben werden.

a) Das metallische Aroma von Blut breitete sich in seinem Mund aus.

b) In der Ferne ertönte das Heulen der Wölfe.

c) Am Ende des Tunnels erkannte er ein schwaches Licht.

d) Angstschweiß lief ihm den Rücken herunter.

e) Ein Hauch von verbranntem Holz lag in der Luft.

f) Der Boden unter seinen Füßen wurde weich und er sank ein Stück ein.

Aufgabe 3–5: Achte bei deinen Texten immer auf eine abwechslungsreiche Wortwahl, damit dem Leser nicht langweilig wird.

5 Der folgende Ausschnitt aus einer Geschichte wirkt sehr langweilig. Begründe, warum. Überarbeite anschließend die Textstelle.

… Neven schaute sich um. Wo war er bloß? Neven sah nichts als Bäume. Neven schossen tausend Gedanken durch den Kopf. Neven war verzweifelt. Wieder rief Neven um Hilfe. Stille. Dann sah Neven in der Ferne Lichter. Neven hörte Stimmen. Neven war erleichtert. …

6 Schreibe die richtigen Antworten in dein Heft.

a) Mithilfe der wörtlichen Rede können Gedanken und Gefühle von Personen beschrieben werden.
b) Die Anführungszeichen werden bei der wörtlichen Rede immer oben gesetzt.
c) Die Anführungszeichen der wörtlichen Rede stehen vorn unten und hinten oben.
d) Steht der Redebegleitsatz hinter der wörtlichen Rede, wird beim Aussagesatz ein Punkt gesetzt.
e) Steht der Redebegleitsatz hinter der wörtlichen Rede, wird beim Aussagesatz kein Satzzeichen gesetzt.

7 In dem folgenden Text fehlen die Satzzeichen der wörtlichen Rede. Schreibe den Text ab und ergänze sie.

Du wirst nicht glauben, was ich gerade beobachtet habe rief Bastian aufgeregt. Sein Freund Neven sah ihn überrascht an. Was ist denn passiert fragte er neugierig. Bastian holte tief Luft. Ich wollte mir gerade ein Eis kaufen, als ich eine schwarz gekleidete Person in der Nähe des Juwelierladens sah. Bastian atmete tief durch. Erst dachte ich mir nichts dabei. Doch nach ein paar Minuten hörte ich Schreie. Der Ladenbesitzer stand auf der Straße und der schwarz gekleidete Mann sprang in ein vorbeifahrendes Auto und flüchtete, fuhr Bastian fort. …

Wie konntest du Aufgabe 6 und 7 lösen?
😐 → Seite 184/185
🙂 → Seite 185 EXTRA

8 Lies dir die folgende Einleitung durch und überlege, wie die Geschichte weitergehen könnte.
- Notiere deine Ideen zunächst stichwortartig.
- Schreibe dann eine Fortsetzung (Hauptteil und Schluss) zu der Geschichte.

Es war schon fast Mitternacht, als Bastian aus dem Schlaf hochschreckte. Sein Freund Neven schlief noch tief und fest. Die beiden Jungen hatten beschlossen, im Zelt auf der Wiese vor dem Haus von Nevens Eltern zu übernachten. Bastian war begeistert gewesen, als ihn sein Freund Neven gefragt hatte.
Doch von dieser Begeisterung war jetzt nichts mehr zu spüren. Denn draußen vor dem Zelt hörte er merkwürdige Geräusche …

Wie konntest du Aufgabe 8 lösen?
😐 → Seite 180/181
🙂 → Seite 181 EXTRA

3

Als Märchenforscher unterwegs

Märchen untersuchen

Hallo, ich bin Leo, der Märchenforscher. Ich lade euch auf meine Forschungsreise in den Märchenwald ein. Bevor es losgeht, solltet ihr euer Wissen über Märchen testen. Aber keine Panik: Wer jetzt noch kein Experte ist, wird es am Ende unserer Reise sein.

1 Wer erzählt euch Märchen? Was sind eure Lieblingsmärchen? Und welche mögt ihr gar nicht? Tauscht euch in der Klasse aus.

2 Seht euch das Bild auf der rechten Seite an. Welche Märchen erkennt ihr? Sammelt sie an der Tafel.

3 Märchenrätsel: Welche Märchen verbergen sich hinter den sieben Beschreibungen?

1 Ein fleißiges Mädchen hilft einer alten Dame beim Bettenmachen und wird mit Gold belohnt.

2 Ein kleines Männlein spinnt für eine arme Müllerstochter Stroh zu Gold.

3 Eine kleine Ziege versteckt sich im Uhrenkasten vor dem hungrigen Wolf.

4 Ein Mädchen mit langem schwarzen Haar und schneeweißer Haut lebt bei sieben Zwergen und ist die Schönste im ganzen Land.

5 Ein Junge und ein Mädchen verlaufen sich im Wald und finden dort ein Haus aus Kuchen, in dem eine Hexe lebt.

6 Ein armes Mädchen, das in der Küche putzen und schlafen muss, hat einen Wunsch frei und tanzt mit dem Prinzen. Als sie wegläuft, verliert sie ihren Schuh.

7 Eine Prinzessin sticht sich beim Spinnen am Spinnrad in den Finger und fällt in einen 100 Jahre langen Schlaf.

4 Überlegt euch eigene Märchenrätsel dieser Art. Schreibt sie auf Karteikarten und veranstaltet eine Raterunde.

Jetzt lernt ihr, …

… den Inhalt und die Form von Märchen zu untersuchen.

… wer die Brüder Grimm waren und warum sie Märchen gesammelt haben.

… Ähnlichkeiten von deutschen und ausländischen Märchen zu erkennen.

… Gemeinsamkeiten und Unterschiede von Märchen und Sagen herauszuarbeiten.

T2 Schreiben Seite 186

T3 Umgang mit literarischen Texten Seite 191

Die Reise ins Märchenland beginnt

Märchenanfang und -ende untersuchen

Hier im Wald ist es nicht ungefährlich. Deshalb solltet ihr einen Partner/eine Partnerin mitnehmen, auf den/die ihr euch verlassen könnt. Ach ja: Besorgt euch als Hilfe ganz viele Märchenbücher und ein Forscherheft, in das ihr eure Ergebnisse schreiben könnt.

1 Sucht euch einen Partner, mit dem ihr einige der Forscheraufgaben löst.

2 Nehmt euer Forscherheft und schreibt auf,
- mit wem ihr die Reise macht und
- was euch bei der Zusammenarbeit wichtig ist.

Vergleicht eure Einträge.

Datum: ...

Mein Expeditionspartner: ...
Mir ist wichtig: Geduld, Zuverlässigkeit, ...
Darauf konnten wir uns einigen: ...

3 Besprecht mit eurem Partner, welche Märchenbücher ihr kennt und wer welche Bücher mitbringen kann.

4 Lest euch die folgenden Märchenanfänge (grün) und Märchenenden (blau) durch.

1 Ein König hatte eine Tochter, die war über alle Maßen schön, aber dabei so stolz und übermütig, dass ihr kein Freier gut genug war. Sie wies einen nach dem andern ab und trieb noch dazu ihren Spott mit ihnen. [...]

2 Es war einmal ein armer Müller, der hatte eine schöne Tochter. Nun traf es sich, dass er mit dem König sprach und zu ihm sagte: „Ich habe eine Tochter, die kann Stroh zu Gold spinnen." [...]

3 Eine arme Witwe lebte einsam in einem Hüttchen, davor war ein Garten mit zwei Rosenbäumchen, davon trug das eine weiße, das andere rote Rosen; und sie hatte zwei Kinder, die glichen den beiden Rosenbäumchen [...]

4 Vor einem großen Walde wohnte ein armer Holzhacker mit seiner Frau und seinen zwei Kindern; [...]

A […] Die zwei Rosenbäumchen aber nahm sie mit, und sie standen vor ihrem Fenster und trugen jedes Jahr die schönsten Rosen, weiß und rot.

B […] Da kamen die Kammerfrauen und taten ihr die prächtigsten Kleider an, und ihr Vater kam und der ganze Hof und wünschten ihr Glück zu ihrer Vermählung mit dem König […], und die rechte Freude fing jetzt erst an.

C […] Da hatten alle Sorgen ein Ende, und sie lebten in lauter Freude zusammen.

D […] „Das hat dir der Teufel gesagt, das hat dir der Teufel gesagt", schrie das Männlein und stieß mit dem rechten Fuß vor Zorn so tief in die Erde, dass es bis an den Leib hineinfuhr, dann packte es in seiner Wut den linken Fuß mit beiden Händen und riss sich selbst mitten entzwei.

5 Findet mit eurem Partner heraus, zu welchen Märchen die Anfänge 1 bis 4 gehören.

6 Welcher Märchenanfang (1 bis 4) gehört zu welchem Märchenende (A bis D)? Ordnet die Texte einander zu, z. B.: 1 → B.

7 Sucht in euren Märchenbüchern nach mindestens drei weiteren Märchenanfängen und Märchenenden.
- Schreibt sie in euer Forscherheft.
- Lasst euren Partner die richtigen Paare einander zuordnen.

8 Schreibt in euer Forscherheft, wie Märchen häufig beginnen und wie sie enden. Nutzt dazu die **Forschernotiz 1**.

Die Märchentitel sind etwas durcheinandergeraten:
- trablessorD ginöK
- nehczlitslepmuR
- tornesoR dnu nehcßieweenhcS
- leterG dnu lesnäH

Forschernotiz 1: Märchenanfang und -ende

- Märchen beginnen häufig mit den Worten „…".
- Auch folgende Formulierungen sind typisch für Märchen: „…" oder „…" können vorkommen.
- Märchen enden häufig mit „…".
- Am Ende werden die Guten …, die Bösen werden …

Material 8ud7mx

9 Vergleicht eure **Forschernotiz 1** mit eurem Partner.
- Markiert Gemeinsamkeiten und Unterschiede.
- Macht euch auf Fehler aufmerksam und verbessert sie.

„Jorinde und Joringel“

Ein Märchen lesen

Hörverstehen
4xj74i

Brüder Grimm

Jorinde und Joringel

A Es war einmal ein altes Schloss mitten in einem großen dicken Wald, darinnen wohnte eine alte Frau ganz allein, das war eine Erzzauberin[1]. Am Tage machte sie sich zur Katze oder zur Nachteule, des Abends aber wurde sie wieder ordentlich wie ein Mensch gestaltet[2]. Sie konnte das Wild und die Vögel herbeilocken, und dann schlachtete sie, kochte und briet es. Wenn jemand auf hundert Schritte dem Schloss nahe kam, so musste er stillestehen und konnte sich nicht von der Stelle bewegen, bis sie ihn lossprach; wenn aber eine keusche[3] Jungfrau in diesen Kreis kam, so verwandelte sie dieselbe in einen Vogel und sperrte sie dann in einen Korb ein und trug den Korb in eine Kammer des Schlosses. Sie hatte wohl siebentausend solcher Körbe mit so raren[4] Vögeln im Schlosse.

B Nun war einmal eine Jungfrau, die hieß Jorinde; sie war schöner als alle anderen Mädchen. Die und dann ein gar[5] schöner Jüngling namens Joringel hatten sich zusammen versprochen. Sie waren in den Brauttagen, und sie hatten ihr größtes Vergnügen eins am andern. Damit sie nun einsmalen[6] vertraut zusammen reden könnten, gingen sie in den Wald spazieren. „Hüte dich“, sagte Joringel, „dass du nicht so nahe ans Schloss kommst.“ […]

A Jorinde weinte zuweilen, setzte sich hin im Sonnenschein und klagte: Joringel klagte auch. Sie waren so bestürzt, als wenn sie hätten sterben sollen; sie sahen sich um, waren irre[7] und wussten nicht, wohin sie nach Hause gehen sollten. Noch halb stand die Sonne über dem Berg, und halb war sie unter. Joringel sah durchs Gebüsch und sah die alte Mauer des Schlosses nah bei sich; er erschrak und wurde todbang. Jorinde sang:

„Mein Vöglein mit dem Ringlein rot singt
Leide, Leide, Leide:
es singt dem Täubelein seinen Tod,
singt Leide, Lei – zicküth, zicküth, zicküth.“

B Joringel sah nach Jorinde. Jorinde war in eine Nachtigall verwandelt, die sang „zicküth, zicküth“. Eine Nachteule mit glühenden Augen flog dreimal um sie herum und schrie dreimal „schu, hu, hu, hu“. Joringel konnte sich nicht regen – er stand da wie ein Stein, konnte nicht weinen, nicht reden, nicht Hand noch Fuß regen. Nun war die Sonne unter; die Eule flog in einen Strauch, und gleich darauf kam eine alte krumme Frau aus diesem hervor, gelb und mager: große rote Augen, krumme Nase, die mit der Spitze ans Kinn reichte. Sie murmelte, fing die Nachtigall und trug sie auf der Hand fort. Joringel konnte nichts sagen, nicht von der Stelle kommen; die Nachtigall war fort. Endlich kam das Weib wieder und sagte mit dumpfer Stimme:

1 oberste Zauberin
2 aussehen wie ein Mensch
3 tugendhaft
4 selten
5 sehr
6 einmal
7 verwirrt

„Grüß dich, Zachiel,
wenn's Möndel ins Körbel scheint,
bind lose Zachiel,
zu guter Stund."

Da wurde Joringel los. Er fiel vor dem Weib auf die Knie und bat, sie möchte ihm seine Jorinde wiedergeben, aber sie sagte, er sollte sie nie wiederhaben, und ging fort. Er rief, er weinte, er jammerte, aber alles umsonst. „Uu, was soll mir geschehen?"

A Joringel ging fort und kam endlich in ein fremdes Dorf; da hütete er die Schafe lange Zeit. Oft ging er rund um das Schloss herum, aber nicht zu nahe dabei. Endlich träumte er einmal des Nachts, er fände eine blutrote Blume, in deren Mitte eine schöne große Perle war. Die Blume brach er ab, ging damit zum Schlosse: Alles, was er mit der Blume berührte, ward von der Zauberei frei; auch träumte er, er hätte seine Jorinde dadurch wiederbekommen. Des Morgens, als er erwachte, fing er an, durch Berg und Tal zu suchen, ob er eine solche Blume fände; er suchte bis an den neunten Tag, da fand er die blutrote Blume am Morgen früh. In der Mitte war ein großer Tautropfen, so groß wie die schönste Perle. Diese Blume trug er Tag und Nacht bis zum Schloss.

B Wie er auf hundert Schritt nahe bis zum Schloss kam, da ward er nicht fest, sondern ging fort bis ans Tor. Joringel freute sich hoch, berührte die Pforte mit der Blume, und sie sprang auf. Er ging hinein, durch den Hof, horchte, wo er die vielen Vögel vernähme[8]; endlich hörte er's. Er ging und fand den Saal, darauf war die Zauberin und fütterte die Vögel in den siebentausend Körben. Wie sie den Joringel sah, ward sie bös, sehr bös, schalt[9], spie[10] Gift und Galle gegen ihn aus, aber sie konnte auf zwei Schritte nicht an ihn kommen. Er kehrte sich nicht an sie und ging, besah die Körbe mit den Vögeln; da waren aber viele hundert Nachtigallen, wie sollte er nun seine Jorinde wiederfinden? Indem er so zusah, merkte er, dass die Alte heimlich ein Körbchen mit einem Vogel wegnahm und damit nach der Türe ging. Flugs[11] sprang er hinzu, berührte das Körbchen mit der Blume und auch das alte Weib – nun konnte sie nichts mehr zaubern, und Jorinde stand da, hatte ihn um den Hals gefasst, so schön, wie sie ehemals war. Da machte er auch alle die andern Vögel wieder zu Jungfrauen, und da ging er mit seiner Jorinde nach Hause, und sie lebten lange vergnügt zusammen.

8 hören könnte
9 schimpfte
10 spuckte
11 schnell

1 Lest mit eurem Partner das Märchen von „Jorinde und Joringel" im Tandem.
- Schüler A liest den ersten Abschnitt Schüler B vor.
- Schüler B erzählt diesen Abschnitt mit eigenen Worten nach.
- Beim nächsten Abschnitt werden die Rollen getauscht.

→ T6 Tandemlesen Seite 248

2 Tauscht euch über den Inhalt des Märchens aus.

Von Schlössern, Zauberinnen und Helden

Merkmale eines Märchens erkennen

→ **T3** Umgang mit literarischen Texten Seite 191–193

1 Seht euch die Skizze zum Aufbau eines Märchens an: Besprecht mit eurem Partner, ob dieser Aufbau auf das Märchen „Jorinde und Joringel" (Seite 52/53) zutrifft.

Anfangssituation, z. B.
- Held bekommt eine Aufgabe
- Jemand tut etwas Böses

Der Weg des Helden, z. B.
- Jemand hilft ihm
- Er muss eine Prüfung bestehen
- Er bekommt ein Zaubermittel
- Zauberkräfte wirken

Ende, z. B.
- Das Böse wird bestraft
- Das Gute wird belohnt

2 EXTRA Übernehmt den Aufbau in euer Forscherheft und vervollständigt ihn entsprechend des Märchens „Jorinde und Joringel".

Märchen sind oft nicht nur ähnlich aufgebaut, sondern haben auch viele gemeinsame Merkmale. Mal sehen, welche wir noch bei „Jorinde und Joringel" finden.

3 Notiert in eurem Forscherheft alle Zeit-, Orts- und Personenangaben aus „Jorinde und Joringel". Vergleicht eure Ergebnisse mit denen eures Partners und ergänzt sie.

Zeitangaben	Ortsangaben	Personenangaben
Es war einmal	Ein altes Schloss	Jorinde
Am Tage	...	...

4 EXTRA Lest noch einmal die Märchenanfänge auf Seite 50/51 und übertragt die jeweiligen Zeit-, Orts- und Personenangaben in die Tabelle aus Aufgabe 3.

5 Vergleicht die Zeit-, Orts- und Personenangaben aus Aufgabe 3 mit der Zeitungsmeldung.
- Besprecht, was euch auffällt.
- Überprüft euer Ergebnis an mindestens einem weiteren Märchen.
- Schreibt das Ergebnis in euer Forscherheft. Nutzt dazu die **Forschernotiz 2** auf Seite 55.

Vorsicht Wolf!

Weißer Wolf in Wohnsiedlung gesichtet

Lausitz (Sachsen) ▪ Am Morgen des 24.2.2012 beobachteten Anwohner der Neißesiedlung wie ein ausgewachsener weißer Wolf ...

Forschernotiz 2: Zeit-, Orts- und Personenangaben

- In Märchen sind Orts- und Zeitangaben …
- Märchenfiguren heißen z. B. … oder …
- Die Namen geben oftmals nur an, welche … eine Figur hat.

6 Jorinde ist jung und schön, die Zauberin ist alt und hässlich.
- Sucht Märchen, in denen Gegensätze eine Rolle spielen und schreibt diese heraus.
- Formuliert dann mit eurem Partner eine **3. Forschernotiz** zu typischen Gegensätzen in Märchen.

7 Joringel erhält im Traum die Aufgabe, eine Zauberblume zur Befreiung Jorindes zu suchen. Das gelingt ihm. Ist Joringel ein Held? Schreibt eure Meinung dazu in euer Forscherheft.

8 Sucht im Märchen „Jorinde und Joringel" alle Sätze heraus, in denen Zahlen vorkommen. Schreibt die Sätze in euer Forscherheft.
- Überprüft, welche Zahlen in anderen Märchen vorkommen.
- Formuliert dann eine **4. Forschernotiz** zu typischen Märchenzahlen in eurem Heft.

9 In dem Märchen „Jorinde und Joringel" geht es nicht immer mit rechten Dingen zu. Schreibt heraus, was im wirklichen Leben nicht passieren kann.

10 Vergleicht die beiden folgenden Ausschnitte.
- Überlegt, worin sich die Texte unterscheiden.
- Formuliert anschließend in einer **5. Forschernotiz** in welcher Zeitform Märchen geschrieben sind.

→ T4 Grammatik
Seite 210/211

[…] Joringel sah nach Jorinde. Jorinde war in eine Nachtigall verwandelt, die sang „zicküth, zicküth". Eine Nachteule mit glühenden Augen flog dreimal um sie herum und schrie dreimal „schu, hu, hu, hu". […]

[…] Joringel sieht nach Jorinde. Jorinde ist in eine Nachtigall verwandelt, die singt „zicküth, zicküth". Eine Nachteule mit glühenden Augen fliegt dreimal um sie herum und schreit dreimal „schu, hu, hu, hu". […]

11 EXTRA Seht euch noch einmal alle fünf **Forschernotizen** an und überprüft sie an eurem Lieblingsmärchen.

12 EXTRA Erstellt zu euren **Forschernotizen** Lernplakate. Hängt sie in der Klasse auf.

→ T6 Ein Lernplakat erstellen
Seite 247

Märchen aus anderen Ländern

Gemeinsamkeiten und Unterschiede entdecken

Wir verlassen nun diesen Teil des Waldes und sehen uns in fremden Teilen um. Seid nicht allzu erstaunt, wenn ihr das Gefühl habt, dass euch alles bekannt vorkommt.

Aus der Türkei:

Einmal gab es viele Diener Allahs[1]. In einem Land lebte nun ein Waisenmädchen[2]. An dem Tage, da sein Mütterlein der Erde anvertraut wurde, befiel nun seine Brust ein Feuer, sein Gesicht wurde aschfahl. Konnte von da an diese Waise noch lachen? Wenn sie wenigstens einen richtigen Vater gehabt hätte. Noch bevor die Erde über dem Grab seiner Frau trocken geworden war, überließ er sie der Stiefmutter. Die Stiefmutter aber hatte kein Herz. Ihre eigene Tochter ließ sie keine Arbeit verrichten, aber dieser Unglücklichen ließ sie weder Ruhe noch Zeit. […]

Aus Frankreich:

Vor Zeiten war einmal ein Edelmann[3], der sich zum zweiten Male verheiratete, und zwar mit der stolzesten und hochmütigsten Frau von der Welt. Sie brachte zwei Töchter in die Ehe mit, die ganz ihrer würdig und ihr in allen Dingen ähnlich waren, denn der Apfel fällt bekanntlich nicht weit vom Stamm. Der Edelmann seinerseits hatte ebenfalls eine Tochter, das sanfteste, gutmütigste Geschöpf, das man sich vorstellen kann, das rechte Ebenbild[4] der seligen Mutter, die die Güte selbst gewesen. Warum besagter Edelmann nach einer so guten Frau eine so böse geheiratet, ist unbekannt. […]
Die Stiefmutter war kaum ins Haus gekommen, als sie ihre bösen Launen schon an der vorgefundenen Stieftochter ausließ, da neben dieser die schlechten Eigenschaften ihrer rechten Töchter desto greller[5] abstachen. […]

1 Name für Gott im Islam
2 Kind ohne Eltern
3 ein Adliger
4 jemandem sehr ähnlich sehen
5 deutlicher

Aus England:

Es waren einmal ein König und eine Königin, viele hat es schon gegeben, aber solche haben wir wenige gesehen, und weniger werden wir sehen. Jedoch die Königin starb und ließ ein munteres, hübsches Mädchen zurück, dem sie auf ihrem Sterbebett sagte:
„Mein Kind, wenn ich nicht mehr bin, so wird ein kleines, rotes Kälbchen zu dir kommen, und wenn immer du etwas wünschest, so sag es ihm, und es wird dir den Wunsch erfüllen."
Nun, nach einiger Zeit heiratete der König wieder. Es war ein böses Weib, das selbst drei hässliche Töchter hatte. Sie hassten des Königs Tochter, da sie so hübsch und gut war. Daher nahmen sie ihr alle feinen Kleider weg und gaben ihr nur einen aus Binsen[6] geflochtenen Kittel. […]

Aus Deutschland:

Einem reichen Manne, dem wurde seine Frau krank, und als sie fühlte, dass ihr Ende herankam, rief sie ihr einziges Töchterlein zu sich ans Bett und sprach: „Liebes Kind, bleib fromm und gut, so wird dir der liebe Gott immer beistehen, und ich will vom Himmel auf dich herabblicken und will um dich sein." Darauf tat sie die Augen zu und verschied. Das Mädchen ging jeden Tag hinaus zu dem Grabe der Mutter und weinte und blieb fromm und gut. Als der Winter kam, deckte der Schnee ein weißes Tüchlein auf das Grab, und als die Sonne im Frühjahr es wieder herabgezogen hatte, nahm sich der Mann eine andere Frau.
Die Frau hatte zwei Töchter mit ins Haus gebracht, die schön und weiß von Angesicht waren, aber garstig und schwarz von Herzen. Da ging eine schlimme Zeit für das arme Stiefkind an. „Soll die dumme Gans bei uns in der Stube sitzen!", sprachen sie. „Wer Brot essen will, muss es verdienen: hinaus mit der Küchenmagd." Sie nahmen ihm seine schönen Kleider weg, zogen ihm einen grauen alten Kittel an und gaben ihm hölzerne Schuhe. „Seht einmal die stolze Prinzessin, wie sie geputzt ist!", riefen sie, lachten und führten es in die Küche. Da musste es von Morgen bis Abend schwere Arbeit tun, früh vor Tag aufstehn, Wasser tragen, Feuer anmachen, kochen und waschen. […]

6 Gräserart

1 Lest euch die vier Märchenanfänge durch.

2 Um welches bekannte Märchen handelt es sich?

3 Vergleicht die vier Märchenanfänge miteinander.

4 Wie erklärt ihr euch die Ähnlichkeit?

Vergleicht:
- Anfangssatz
- Ausgangssituation
- Held/Heldin
- Gegenspieler
- Verhalten des/der Gegenspieler

○ Aufgabe 1, 2 ◒ Aufgabe 3 ● Aufgabe 4

T2 Schreiben
Seite 186/187

„Und wenn sie nicht gestorben sind, …“

Eigene Märchen schreiben

1 Plant euer eigenes Märchen.

- Wählt A, B oder C.
- Schreibt die Handlung eures Märchens in Stichwörtern auf.
- Ergänzt diese mit den Planungshilfen auf der rechten Seite.

A

B

ein König – Stiefsöhne – ein Prinz – heilendes Medikament – ein Riese – drei Feen

C

eine verzauberte Prinzessin – Duft einer Rose – armer Bauernjunge – eine Hexe – drei sprechende Elfen

Planungshilfen für euer Märchen

- plant Figuren mit gegensätzlichen Eigenschaften
- bestimmt den Helden
- gestaltet die Ausgangssituation
- überlegt eine Prüfung oder ein Abenteuer für den Helden
- plant magische Elemente für den Weg des Helden
- plant ein gutes Ende
- legt eine Strafe für den Gegenspieler am Märchenende fest
- baut typische Märchenzahlen ein
- formuliert einen typischen Einleitungs- und Schlusssatz
- findet einen passenden Titel

2 Schreibt euer Märchen nun in euer Forscherheft. Achtet von Beginn an auf die richtige Zeitform.

T3 Umgang mit literarischen Texten Seite 191

3 Kontrolliert das Märchen eures Partners mithilfe der folgenden Checkliste.

Material v9en3i

Checkliste	Ja	Nein	Verbesserungsvorschläge
Kommen gute und böse Personen vor?			
Sind Ort und Zeit unbestimmt?			
Wirken magische Kräfte? Kommen zauberhafte Wesen oder Gegenstände vor?			
Spielen magische Zahlen eine Rolle?			
Löst die Märchenfigur eine Aufgabe und wird sie dafür belohnt?			
Wird das Böse besiegt? Nimmt das Märchen ein gutes Ende?			
Hat das Märchen einen passenden Titel?			
Stimmt die Erzählzeit (Vergangenheit/Präteritum)?			
Gliedert sich das Märchen klar in Einleitung, Hauptteil und Schluss?			
Gibt es typische Formulierungen für Anfang und Ende?			

4 Verbessert eure Märchen mithilfe der Vorschläge eures Partners.

Nachdem wir viele Teile des Märchenwaldes kennengelernt haben, seid nun ihr der Held. Habt ihr die Prüfung, selbst ein Märchen zu schreiben, bestanden?

5 EXTRA Erzählt eure selbstgeschriebenen Märchen in der Klasse.

Aufgabe 1, 2, 3, 4, 5 EXTRA

Verlaufen im Märchenwald?

Märchen und Sagen vergleichen

T3 Umgang mit literarischen Texten Seite 193–195

Hörverstehen
t2i3v3

Die schöne Melusine und das Schloss Staufenberg

Im Schloss Staufenberg unweit des Weinortes Durbach wohnte einst ein Amtmann, dessen Sohn Sebald Vogelsteller[1] war. Als der Jüngling wieder einmal im Stollenberger Wald seine Liebhaberei betrieb, hörte er einen lieblichen Gesang. Er ging bergauf den klangvollen Tönen nach. Da erblickte er im Gebüsch ein wunderschönes Weib. Flehend schaute es den herantretenden Jüngling an und rief: „Schon lange harre[2] ich deiner. Ich bin verwünscht. Erbarme dich meiner und erlöse mich! Du brauchst mich nur dreimal dreifach zu küssen, dann bin ich erlöst.“ Auf Sebalds Frage, wer sie sei, antwortete die Waldfrau: „Ich heiße Melusine und habe einen großen Brautschatz. Wenn du mich erlöst, bin ich mit meinem Schatze dein. Du musst mich drei Morgen hintereinander, früh um neun Uhr, auf beide Wangen und den Mund küssen. Dann ist die Erlösung vollbracht. Fürchte dich nicht, besonders nicht am dritten Tag!“ Melusine trat dann aus dem Busch hervor, und Sebald konnte sie genau betrachten. Sie war sehr schön, blond und hatte blaue Augen, aber keine Finger. Statt ihrer sah man eine trichterförmige Höhlung und an Stelle der Beine Fischschwänze. Sebald gab ihr zunächst die ersten drei Küsse. Darüber war Melusine sehr erfreut und bat ihn, am zweiten und dritten Tag ganz bestimmt wiederzukommen. Dann kroch sie in ihren Busch zurück und sang: „Kommt und erlöse deine Braut, Hüte dich wohl zu erschrecken! Sebald, nimm dich wohl in acht! Einmal war es recht gemacht.“ Nun verschwand sie, Sebald ging heim, sagte aber nichts von seinem Erlebnis. Am andern Morgen eilte er in den Stollenberger Wald; Melusine sang wie tags zuvor, und er näherte sich ihr. Diesmal hatte sie jedoch Flügel und einen Drachenschweif. Trotzdem trat er furchtlos auf sie zu und küsste sie dreimal. Sie bedankte sich wieder wie am ersten Tag und versank in die Erde. Am dritten Tag hatte sie einen scheußlichen Krötenkopf, und ein Drachenschwanz umschlang furchtbar ihren Leib. Da erfasste Sebald ein Grauen vor dem giftdräuenden[3] Ungeheuer, und er rief abwehrend: „Kannst du dein menschliches Antlitz nicht entblößen, so kann ich dich nicht küssen.“ „Nein!“, rief Melusine und streckte mit lautem Schrei ihre Arme nach ihm aus. Da floh Sebald, von Entsetzen gepackt, den Berg hinunter. […] Zwei Jahre vergingen. […] Auf Wunsch seines Vaters heiratete er die Tochter eines Amtsvogtes. Die Hochzeit wurde im Schloss Staufenberg abgehalten. Als aber die Gesellschaft fröhlich beim Schmause[4] saß, spaltete sich die Decke des Saales, und ein Tropfen fiel auf Sebalds Teller. Sebald aber hatte es nicht bemerkt und aß weiter. Da fiel er plötzlich tot nieder. Zu gleicher Zeit zog sich ein kleiner Schlangenschwanz in die Decke zurück. So rächte sich die verzauberte Melusine an dem Mann, der ihre Hoffnung auf Erlösung enttäuscht hatte.

1 Vogelfänger
2 warten
3 mit Gift drohend
4 Festessen

Was sagt ihr? Ihr fürchtet, ihr habt euch im Märchenwald verlaufen? Keine Panik! Ihr seid nur in den Teil der Sagen gekommen. Jetzt wird es spannend. Schauen wir uns doch einmal näher an, warum ihr dachtet, ihr hättet euch verlaufen.

1 In der Sage sind bereits einige Gemeinsamkeiten zu Märchen blau markiert.
- Legt eine Folie über den Text und markiert weitere Gemeinsamkeiten.
- Übernehmt die Tabelle in euer Forscherheft und ergänzt sie mithilfe eurer Markierungen.

Gemeinsamkeiten (blau)		Unterschiede (grün)	
Zeile 1: einst	unbestimmte Zeitangabe	Zeile 1: Schloss Staufenberg	genaue Ortsangabe
Zeile 6: verwünscht	...	Zeile 2: Sohn Sebald	...
...	...	...	...

Material nd89pa

2 Markiert nun die Unterschiede zwischen Märchen und Sagen grün und ergänzt den zweiten Teil der Tabelle.

3 Vergleicht die Ergebnisse mit eurem Partner/eurer Partnerin.

4 Übertragt die **Forschernotiz 6** in euer Forscherheft und ergänzt die Lücken mit folgenden Angaben:

einfacher | Namen | Orte | glaubwürdig | Zeitangaben | unheimlichen | übernatürliche

Forschernotiz 6: Sagen

- Sagen sind ... aufgebaut als Märchen. Ihre Handlung beruht oft auf einem ... Erlebnis, einem historischen Ereignis, einem Bauwerk oder einem Namen, dessen Herkunft im Dunkeln liegt.
- Im Unterschied zum Märchen will die Sage ... sein, deshalb nennt sie ..., ... und manchmal ...
- Im Märchen tritt die magische Welt als helfende Kraft auf. In der Sage ist die ... Welt unheimlich und bedrohend.
- Man kann die Sage mit einer ungewöhnlichen Begebenheit vergleichen.

5 EXTRA Kennt ihr Sagen aus eurem Heimatort? Forscht in der Bibliothek oder im Internet nach. Stellt sie in der Klasse vor.

Surftipp 45jk4x

Teste dich selbst!

Üben interaktiv
7d96tk

So, lieber Märchenforscher, die Reise neigt sich dem Ende zu. Bevor ich mich jedoch verabschiede, musst du noch einige Fragen beantworten und zeigen, wie fit du beim Thema Märchen bist.

1 Schreibe den Text ab und fülle die Lücken aus. Decke die Wörter unten zunächst ab und versuche es ohne die Hilfen.

Märchen

Im Märchen gibt es keinen Unterschied zwischen der _____ Welt und der Wunderwelt. Hier können sich Menschen mit Tieren _____, Zaubergestalten können ein Geschehen lenken, nichts ist _____.
Märchen spielen _____ und _____ und beginnen häufig mit „_____“. Märchenfiguren haben selten _____ Namen. Sie müssen oft _____ Aufgaben erfüllen und werden zu _____.
Im Märchen sind die Figuren entweder _____ oder _____, dazwischen gibt es nichts. Das gilt auch für andere Gegensätze wie _____ oder _____.
Im Märchen siegt das _____, das _____ wird bestraft. Oft greifen dafür _____ Wesen in das Geschehen ein. Wer gut ist, wird _____ (zum Beispiel Reichtum, Heirat mit einem Prinzen oder einer Prinzessin). Wer böse ist, wird _____ (zum Beispiel Tanz in glühenden Pantoffeln, Ertränken im Brunnen).
Ausgangspunkt des Märchens ist meist ein _____ Zustand (zum Beispiel eine böse Stiefmutter), aber das gute Ende ist _____.

Es war einmal | unmöglich | irgendwo | normale | Böse | gut | böse
unterhalten | Gute | belohnt | arm | reich | bestraft | ungerechter
sicher | realen | irgendwann | Helden | magische | schwere

Wie konntest du Aufgabe 1 lösen?
Seite 191

Brüder Grimm

Die Sterntaler

Es war einmal ein kleines Mädchen, dem war Vater und Mutter gestorben, und es war so arm, dass es kein Kämmerchen mehr hatte, darin zu wohnen, und kein Bettchen mehr hatte, darin zu schlafen, und endlich gar nichts mehr als die Kleider auf dem Leib und ein Stückchen Brot in der Hand, das ihm ein mitleidiges Herz geschenkt hatte. Es war aber gut und fromm. Und weil es so von aller Welt verlassen war, ging es im Vertrauen auf den lieben Gott hinaus ins Feld. Da begegnete ihm ein armer Mann, der sprach: „Ach, gib mir etwas zu essen, ich bin so hungerig.“ Es reichte ihm das ganze

Stückchen Brot und sagte: „Gott segne dir's", und ging weiter. Da kam ein Kind, das jammerte und sprach: „Es friert mich so an meinem Kopfe, schenk mir etwas, womit ich ihn bedecken kann." Da tat es seine Mütze ab und gab sie ihm. Und als es noch eine Weile gegangen war, kam wieder ein Kind und hatte kein Leibchen[1] an und fror: da gab es ihm seins; und noch weiter, da bat eins um ein Röcklein, das gab es auch von sich hin. Endlich gelangte es in einen Wald, und es war schon dunkel geworden, da kam noch eins und bat um ein Hemdlein, und das fromme Mädchen dachte: „Es ist dunkle Nacht, da sieht dich niemand, du kannst wohl dein Hemd weggeben", und zog das Hemd ab und gab es auch noch hin. Und wie es so stand und gar nichts mehr hatte, fielen auf einmal die Sterne vom Himmel, und waren lauter blanke Taler; und ob es gleich sein Hemdlein weggegeben, so hatte es ein neues an, und das war vom allerfeinsten Linnen[2]. Da sammelte es sich die Taler hinein und war reich für sein Lebtag.

1 dünnes Kleid
2 Leinen

2 Lies das Märchen und schreibe die richtigen Antworten in dein Heft:

a) Das Mädchen …
… heißt Sterntaler.
… hat einen anderen Namen.
… hat keinen Namen.

b) Das Mädchen verschenkt …
… seinen Armreif.
… seine Schuhe.
… sein Brot.

c) Das Mädchen …
… ist Waise und hat kein Zuhause.
… hat eine böse Stiefmutter und schläft in einer Kammer.
… wurde von seinen Eltern fortgeschickt.

Wie konntest du Aufgabe 2 lösen?
→ Seite 230–233
→ Seite 233–235 EXTRA

3 „Die Sterntaler" ist ein sehr kurzes Märchen. Welche typischen Märchenmerkmale findest du im Text und welche nicht? Trage in die Tabelle ein.

Vorhandene Märchenmerkmale	Fehlende Märchenmerkmale
…	…

Wie konntest du Aufgabe 3 lösen?
→ Seite 192/193
→ Seite 193/194 EXTRA

4 Schreibe ein eigenes Märchen. Nutze dazu die Vorschläge oder denke dir selbst etwas aus.

neun Kammern | schwarzer Ritter | Bauernsohn | weißes Pferd

Wie konntest du Aufgabe 4 lösen?
→ Seite 186/187
→ Seite 187 EXTRA

4

Tiere und Menschen

Sich informieren und Stellung nehmen

Hund erbt 12 Millionen – Enkel gehen leer aus

1 Tiere und Menschen leben auf unterschiedliche Weise zusammen. Vervollständigt den folgenden Cluster in eurem Heft. Nutzt dazu auch die Bilder.

2 Welche Erlebnisse hattet ihr schon mit Tieren ?

1. Einer aus der Gruppe berichtet von seinem Erlebnis, die anderen machen sich dazu Notizen.
2. Dann wiederholt ein anderer aus der Gruppe die Erlebnisse seines Vorgängers auf der Grundlage seiner Notizen.
3. Die anderen achten darauf, ob der Inhalt richtig wiedergegeben wurde.

3 Welche Aussage passt zu welcher Abbildung? Ordnet zu und überlegt, ob ihr der Aussage zustimmt.

Tiere sind zum Essen da.

Tiere sind Helfer des Menschen.

Man kann es mit der Tierliebe auch übertreiben.

Tiere können Leben retten.

Jetzt lernt ihr, ...

... Sachtexte richtig zu lesen.

... Sachtexten in fünf Schritten Informationen zu entnehmen.

... Behauptungen und Argumente zu unterscheiden.

... Argumente in einer eigenen Stellungnahme zu verwenden.

Wilde Wölfe …

Einen Text überfliegen und Fragen an ihn stellen

T5 Lesen
Seite 230/231

1 Was wisst ihr über das Tier auf dem Bild? Tauscht euch aus.

T3 Umgang mit Sachtexten
Seite 198

Die 5-Schritt-Lesetechnik könnt ihr auch bei Texten in z. B. Biologie oder Erdkunde anwenden.

Arbeitstechnik

Die 5-Schritt-Lesetechnik

Sachtexte sind oft lang und schwer zu verstehen. Daher ist es wichtig zu wissen, wie man mit ihnen umgehen kann.

1. Schritt
Zunächst liest man den Text einmal **„überfliegend“**.

2. Schritt
Dann überlegt man, was man zum Thema bereits weiß und was man noch wissen möchte. Man stellt **Fragen an den Text**.

3. Schritt
Jetzt folgt das **genaue Lesen**. Man unterstreicht Schlüsselbegriffe, unterteilt den Text in Sinnabschnitte und gibt jedem Sinnabschnitt eine eigene Überschrift.

4. Schritt
Man **schreibt** die **wichtigsten Informationen**, die der Sachtext enthält, **heraus**.

5. Schritt
Der **Inhalt** des Textes **wird** anhand der Aufzeichnungen noch einmal **wiederholt**.

Früher war der Wolf dem Menschen ein guter Lehrmeister bei der Jagd. Erst als der Mensch vom Jäger zum Viehzüchter wurde, begann die Feindschaft zwischen den beiden. Heute weiß man viel mehr über den Wolf.
Im Rudel hat jeder Wolf seinen festen Platz. Dafür sorgt eine feste Rangordnung. Meist besteht ein Rudel aus sechs bis acht Tieren: Den Wolfseltern,

den Kindern vom Vorjahr, den neuen Welpen und manchmal gesellen sich auch Onkel und Tanten hinzu – wie in einer richtigen Familie. Gibt es nur sehr große Beutetiere, schließen sich kleine Rudel manchmal zusammen, sodass auch einmal bis zu 20 Wölfe ein Rudel bilden können. Das ist aber die Ausnahme.

Vater und Mutter bilden das Alphapaar. Der Alphawolf ist der ranghöchste Wolf im Rudel. Nicht immer ist er der stärkste, meist aber der erfahrenste Wolf. Er muss für ausreichend Nahrung und eine feste Ordnung im Rudel sorgen.

Nur das Alphapaar darf Welpen bekommen. Nach 61 bis 63 Tagen werden etwa fünf bis sechs blinde und taube Welpen in einer Erdhöhle geboren. Nach 14 Tagen öffnen sie die Augen und nach vier Wochen bekommen sie die ersten Fleischbröckchen zu fressen.

2 Überfliegt den Text und findet heraus, welches Thema er behandelt. Wählt, ohne noch einmal in den Text zu sehen, zwischen a), b) oder c).

a) Der Wolf und seine Beute.

b) Wie der Wolf im Rudel zusammenlebt.

c) Das Leben des Wolfes in freier Natur.

Arbeitstechnik

1. Schritt: Einen Text überfliegen

Beim überfliegenden Lesen liest man einen Text nicht Wort für Wort, sondern verschafft sich einen Überblick.

- Dabei konzentriert man sich auf auffällige Wörter (z. B. Überschriften, fett gedruckte Wörter, Bildunterschriften, Zusammenfassungen am Ende) und
- versucht herauszufinden, um was es in dem Text geht.

3 Sammelt mündlich, was ihr zu dem Thema des Textes wisst. Sammelt Fragen, die ihr gern beantwortet hättet.

Arbeitstechnik

2. Schritt: Fragen an einen Text stellen

Bevor man einen Text richtig liest, sollte man sich kurz mit ihm gedanklich auseinandersetzen.

- Was weiß man bereits über das Thema des Textes?
- Was möchte man darüber hinaus noch wissen?

4 EXTRA Gebt dem Text eine Überschrift. Begründet eure Wahl.

○ Aufgabe 1, 4 EXTRA ◒ Aufgabe 2, 3

... und die Regeln im Rudel

T3 Umgang mit Sachtexten Seite 199/200

T5 Lesen Seite 231/232

Einen Text genau lesen

1 Überfliegt den folgenden Text.

Im Wolfsrudel hat jeder seinen Platz. Es gibt die Eltern, Babysitter, Spieler usw. Wer die Möglichkeit hat, Wölfe im Tierpark zu beobachten, kann mit etwas Geduld einiges über ihre Rangordnung sagen.

Meist versucht der stärkste Wolf den anderen zu imponieren. Stolz trägt er seinen Kopf und Schwanz nach oben gerichtet, um noch größer zu erscheinen. Je nach Position im Rudel zeigen die anderen Wölfe ihre Untergebenheit. Sie ducken sich, um möglichst klein zu erscheinen. Bei diesem Demutsverhalten kann man auch häufig beobachten, wie den Alphatieren die Schnauze geleckt wird. Dieses Verhalten stammt noch aus der Welpenzeit. Welpen bringen durch dieses Schnauzelecken die anderen Wölfe dazu, vorverdaute Nahrung hervorzuwürgen. Ranghöhere Wölfe zeigen ihre Vormachtstellung auch, indem sie den rangniederen Tieren mit Missachtung begegnen. Manchmal drücken sie sie zu Boden. Zeigen die Untergebenen ihre Unterlegenheit, bleibt alles friedlich. Hin und wieder sieht eine solche Rangelei recht gefährlich aus. Knurren, Bellen und Jaulen zeigen das deutlich. Je lauter eine solche Rangelei abläuft, desto harmloser ist sie. Legt sich der Unterlegene auf den Rücken und gibt seine Kehle frei, kommt es zu einer Beißhemmung bei dem Stärkeren.

Wölfe besitzen eine sehr ausgefeilte Körpersprache. Je fester die Rangordnung ist, desto harmonischer ist das Leben im Rudel. Wölfe lernen, sich dem Stärkeren unterzuordnen und akzeptieren so ihre Position im Rudel. Leitwölfe müssen sich ihre Position im Rudel jedes Jahr neu erkämpfen.

2 Notiert in einem Satz, welches Thema der Text behandelt.

3 Überprüft den Text auf euch unbekannte Begriffe. Klärt ihre Bedeutung mithilfe eines Wörterbuches.

→ Kapitel 7
Seite 134/135

4 Im ersten Textabschnitt auf Seite 70 sind zwei Wörter unterstrichen. Bei einem davon handelt es sich um einen Schlüsselbegriff.
- Welches Wort ist gemeint? Begründet.
- Warum ist das andere Wort kein Schlüsselbegriff?

Merke

Wörter werden zu **Schlüsselbegriffen**, wenn sie beim späteren Lesen helfen, den Text zu erschließen. Außerdem können sie helfen, das Gedächtnis „aufzuschließen", um sich zu erinnern, worum es in dem Textabschnitt geht.

5 Lest den Text nun genau durch, wenn notwendig auch zweimal.
- Prüft, welche der folgenden Schlüsselbegriffe zum Text gehören.
- Schreibt sie in der Reihenfolge, wie sie im Text vorkommen, in euer Heft.

imponieren | Demutsverhalten | Bellen | Missachtung

Rangelei | Schnauze | Körpersprache | Rudel | Babysitter

Arbeitstechnik

3. Schritt: Genaues Lesen

Einen Text genau zu lesen heißt, ihn Wort für Wort zu lesen, am besten mehrfach.

Dabei werden
- unbekannte Wörter geklärt,
- Schlüsselbegriffe markiert (einzelne Wörter oder Wortgruppen),
- Sinnabschnitte eingeteilt,
- Randnotizen gemacht, z. B. den Sinnabschnitten Überschriften gegeben.

6 EXTRA Bearbeitet den Text auf Seite 68/69, indem ihr unbekannte Wörter klärt und Schlüsselbegriffe markiert.

Wenn Nasen Leben retten

Einen Text in Sinnabschnitte einteilen

→ T5 Lesen
Seite 231/232

1 Was wisst ihr über Lawinenhunde? Sammelt gemeinsam.

2 Überfliegt den Text und tauscht euch aus, worum es darin geht.

Spürnasen im Schnee

Abschnitt 1

Wenn Menschen von einer Schneelawine verschüttet werden, muss alles ganz schnell gehen. In den ersten 15 Minuten ist die Überlebenschance der Opfer am größten. Lawinenhunde helfen den Rettungsteams, die Verschütteten schnell zu finden. Mit ihren feinen Nasen können sie einen Menschen noch unter vier Meter tiefem Schnee erschnüffeln. Doch bevor ein Tier als Suchhund eingesetzt werden kann, ist viel Training nötig.

Abschnitt 2

Amor ist mit seinen sechseinhalb Jahren schon ein erfahrener Lawinenhund. Trotzdem muss er mindestens einmal im Monat zum Training. Jüngere Hunde üben wöchentlich, denn im Ernstfall müssen sich die Hundeführer auf die Fähigkeiten und die körperliche Fitness ihrer Tiere verlassen können. Nur wer schon als Welpe mit der Ausbildung beginnt, kann Lawinenhund werden. Anfangs sehen die Welpen den anderen Hunden der Gruppe beim Training zu. So gewöhnen sich die Tiere aneinander und der Welpe wird bald als neues Mitglied im Rudel akzeptiert. Mit vier bis fünf Monaten setzt bei den kleinen Hunden der Spieltrieb ein. Auch Amor hat einmal klein angefangen. Als Erstes hat ihm sein Trainer beigebracht, einen versteckten Gegenstand aufzuspüren, den er vorher für eine Nacht mit in sein Bett genommen hatte. Etwas zu finden, das nach seinem Herrchen riecht, darüber freut sich ein Hund ganz besonders. Als Amor allein auch eine fremde Person in einem Loch finden konnte, erhöhte sein Trainer die Schwierigkeit für den Schäferhund: Er verdeckte das Loch mit Schnee. Erstmals musste Amor lernen, nach der versteckten Person zu graben. Mit der Zeit wählte sein Trainer immer weitere Entfernungen für die Verstecke. Auch die Schneedecke, unter der sich das Loch verbarg, wurde immer dicker. Doch Amor konnte er damit nicht austricksen! Selbst unter zwei Meter tiefem Schnee erschnüffelte der Schäferhund das Versteck. Erst wenn ein Hund alle Übungen beherrscht, wird er, wie Amor, zu wirklichen Einsätzen mitgenommen.

3 Bearbeitet den Text mithilfe der bisher gelernten Schritte: Überfliegen, Fragen stellen, genau lesen (unbekannte Begriffe klären, Schlüsselbegriffe markieren).

Material mu27dx

4 Die ersten beiden Abschnitte des Textes sind bereits markiert. Teilt auch den Rest des Textes (Zeilen 11–27) in Abschnitte ein.

Merke

Sachtexte sind häufig in **Abschnitte** unterteilt. Dabei spricht jeder einzelne Abschnitt des Textes ein bestimmtes Thema an. So wird der Aufbau des Textes deutlich und er ist leichter zu verstehen.

5 Ein Schüler hat für die ersten beiden Abschnitte je eine Überschrift notiert. Welche Überschrift passt nicht? Begründet.

Abschnitt 1:
Zeilen 1–6: Was machen Lawinenhunde?

Abschnitt 2:
Zeilen 7–10: Sechseinhalb Jahre.

6 Überlegt euch für jeden eurer Abschnitte aus Aufgabe 4 eine aussagekräftige Überschrift.

7 EXTRA Informiert euch, wobei Hunde dem Menschen noch als Helfer zur Seite stehen. Berichtet darüber in der Klasse.

Groß, größer, Wale

Informationen zusammenfassen

T5 Lesen
Seite 233

Die Jagd auf Wale

Zwei große Körper durchbrechen in regelmäßigen Abständen die aufgewühlte Wasseroberfläche des Atlantiks. Dahinter fährt ein Schiff: Ein Walfänger. An Bord hat man die Wale schon seit einiger Zeit im Auge. Die Fahrt ist etwa einen Kilometer vor den Walen verlangsamt worden. Sie sollen nicht erschreckt werden, damit sie weiter in regelmäßigen Abständen an die Oberfläche kommen. Langsam schiebt sich das Schiff näher an die Wale heran. Dann visiert der Harpunier an Bord eines der Tiere an. Ein scharfer Knall und die mit einer Sprengladung bestückte Harpune rast los. Sie dringt bis zu 30 cm in den Körper des Wales ein bevor die Sprengladung explodiert.

Nutzung der Wale

Schon seit Jahrtausenden jagt der Mensch die größten Säugetiere der Erde. Früher nutzte man Waltran[1] als Brennstoff für Lampen und zur Reinigung von Wollkleidung. Auch Seifen, Suppen oder Farben stellte man aus ihm her. Mit Erfindung der ersten Maschinen wurde er auch als Schmierstoff verwendet.

Wo Wale gejagt wurden

Die Jagd auf Wale wurde im Laufe der Zeit immer weiter ausgedehnt. Zunächst jagten die Europäer im nördlichen Atlantik. Anfang des 18. Jahrhunderts wurde der Grönlandwal vor Spitzbergen jedoch selten, sodass die Jagd auf Gebiete vor Grönland und Kanada verlegt werden musste. [...] Pottwale wurden vor der Ostküste Nordamerikas, vor Afrika und Südamerika gejagt. Walfangreisen konnten so zwei bis vier Jahre dauern, bis auch dort die Wale selten wurden. Dann kamen Nachrichten von reichen Walgründen in der Südsee: Australien, Hawaii und Tahiti, sodass sich die Waljagd zunächst in den Pazifik, dann in die Antarktis verlagerte.

Walfangverbote

Im Laufe der Zeit aber merkten selbst die Walfänger, dass die Walbestände zurückgingen, und 1935 trat das erste Abkommen zur Einschränkung des Walfangs in Kraft. 1986 wurde ein generelles Walfangverbot für Großwale erlassen. Von diesem gibt es aber Ausnahmen, z. B. die Jagd durch Ureinwohner für den eigenen Verbrauch.

1 Öl aus Walfett

1 Wiederholt an dem Text auf der linken Seite alle Schritte der 5-Schritt-Lesetechnik, die ihr bisher gelernt habt. Schreibt in euer Heft.

2 Fasst die wichtigsten Punkte des Textes zusammen. Nutzt dazu die Tabelle oder die Mindmap.

A

Die Jagd auf Wale	Nutzung der Wale	Wo Wale gejagt wurden	Walfangverbote
...	...	...	...

B

T6 Eine Mindmap erstellen Seite 246

Arbeitstechnik

Eine Mindmap erstellen

Eine Mindmap hilft, Informationen zusammenzustellen und zu ordnen. Dazu notiert man das Thema in der Mitte. Von diesem Thema gehen Zweige ab, an denen die wichtigsten Hauptgedanken oder Schlüsselbegriffe notiert werden. Auch von diesen Punkten können wieder Zweige zu untergeordneten Begriffen abgehen.

Arbeitstechnik

4. Schritt: Wichtige Informationen herausschreiben

Um den Inhalt des Textes zusammenzufassen, schreibt man die Schlüsselbegriffe, die man vorher unterstrichen oder notiert hat, heraus. Dies kann in Form einer Mindmap, einer Stichwortliste oder auch einer Tabelle erfolgen. Ergänzt werden die Schlüsselbegriffe von sogenannten Nebeninformationen, die diese erläutern.

3 Wiederholt die wichtigsten Aussagen des Textes von Seite 74 mithilfe eurer Aufzeichnungen.

Arbeitstechnik

5. Schritt: Inhalte wiederholen

Anhand der Aufzeichnungen aus Schritt 4 werden die wichtigsten Informationen des Textes noch einmal mit eigenen Worten wiederholt.

4 EXTRA Informiert euch in Büchern oder im Internet über Schutzprojekte für Wale. Stellt sie euren Mitschülern vor.

Surftipp
2wg4i6

Teste dich selbst!

Üben interaktiv
2y32iq

1 Texte verstehen in 5 Schritten: Ordne die Bilder und Aussagen einander zu und bringe sie in die richtige Reihenfolge. Schreibe in dein Heft.

Wie konntest du Aufgabe 1 lösen?
☺ → Seite 230

a) Informationen herausschreiben, Inhalte zusammenfassen (Tabelle, Mindmap oder …)

b) Genaues Lesen: Schlüsselbegriffe, Sinnabschnitte einteilen

c) Fragen an den Text stellen

d) Inhalte wiederholen

e) Überfliegendes Lesen

2 Bearbeite den folgenden Sachtext zur Massentierhaltung mithilfe der 5-Schritt-Lesetechnik. Notiere die wichtigsten Informationen stichwortartig.

Wie konntest du Aufgabe 2 lösen?
☺ → Seite 230–233
☺ → Seite 233–235 EXTRA
☺ → Seite 199/200
☺ → Seite 200 EXTRA

Die Massentierhaltung

In diesem Jahr werden in Deutschland mehr als 57 Millionen Schweine, 4 Millionen Rinder und 630 Millionen Hühner und Puten geschlachtet. So viele Tiere lassen sich nur aufziehen, halten und schlachten, wenn man sich nicht so sehr darum kümmert, wie es den Tieren geht.
Bis zu 50 000 Masthühner drängeln sich in großen Ställen, auf einem Quadratmeter leben bis zu 25 Tiere. Viele können sich kaum bewegen, haben schmerzhafte Entzündungen an den Füßen und werden schnell so dick, dass sie sich kaum noch auf den Beinen halten können. Ein Hähnchen lebt etwa 35 Tage, dann ist es fett genug und wird geschlachtet.

Mastschweine verbringen das halbe Jahr, das sie leben, auf harten Spaltenböden ohne Stroh, bewegen können sich die Tiere in der Enge kaum. Fenster gibt es in den Ställen selten, den Schweinen beißen Ammoniak-Dämpfe in den Augen. Aus Langeweile beknabbern sie ihre Nachbarn. Doch statt den Tieren ein besseres Leben zu ermöglichen, werden den Ferkeln kurz nach der Geburt die Schwänzchen abgeschnitten – ohne Betäubung.
Massentierhaltung nennt man das. Sie ist entstanden, weil wir alle gern Fleisch essen und dafür möglichst wenig Geld bezahlen wollen. Die meisten Familien in Deutschland können sich mehrmals pro Woche Hühnchen, Schnitzel oder Hamburger leisten. Das war früher anders. Die Omas und Opas von heute bekamen in ihrer Kindheit oft nur einmal die Woche ein Stück Fleisch – den Sonntagsbraten.
Für ein Kilogramm Schweinekotelett musste ein Deutscher vor 50 Jahren ungefähr zweieinhalb Stunden arbeiten, heute nur noch knapp eine halbe Stunde. Fleisch ist also billig geworden, deshalb wird es auch so oft gekauft. Eine vierköpfige Familie verbraucht im Jahr zwei Schweine, 54 Hühner und ein Viertel Kalb. In den USA, Australien und Österreich essen die Menschen noch mehr Fleisch- und Wurstwaren. Nur in ärmeren Ländern wie Indien und China ist Fleisch heute noch so teuer, dass es sich nur wenige Reiche leisten können. Aber das ändert sich gerade: In China essen die Menschen heute bereits fünfmal so viel Fleisch wie vor 30 Jahren. Die Welternährungsorganisation FAO sagt voraus, dass die Menschen bis 2050 insgesamt doppelt so viel Fleisch essen werden wie heute.

3 Sammle aus dem Text Argumente für und gegen Massentierhaltung und ordne sie in eine Tabelle ein.

4 Stelle deine Meinung zur Massentierhaltung in einem kurzen Text dar.

5 Verknüpfe jeweils eine Behauptung mit einem Argument. Verwende ein passendes Gelenkwort.

Exotische Tiere in der eigenen Wohnung zu halten ist Tierquälerei.	Es gibt auch dort die Möglichkeit, ihnen genügend Auslauf zu verschaffen.
Zoos sind sinnvolle Einrichtungen.	Man kann den Tieren nicht den richtigen Lebensraum bieten.
Große Hunde kann man auch in der Großstadt halten.	Durch ihre Zuchtprogramme helfen sie, bedrohte Tierarten zu erhalten.

Wie konntest du Aufgabe 3, 4 und 5 lösen?

😐 → Seite 179
😊 → Seite 179 EXTRA

5

Von Hexen und Zauberern

Gedichte untersuchen

1 Wisst ihr etwas über die Hexen und Zauberer, die auf dieser Seite abgebildet sind? Erzählt.

2 Ihr habt sicher Bücher gelesen, in denen Hexen, Zauberer und magische Wesen vorkommen. Berichtet darüber.

3 *Abrakadabra, Simsalabim.* Nennt weitere Zaubersprüche, die ihr kennt.

4 Habt ihr zu viele Hausaufgaben? Oder müsst ihr schon wieder die Spülmaschine ausräumen? Erfindet Zaubersprüche, die euch weiterhelfen.

5 Malt ein Bild, auf dem es um Zauberei geht.

Jetzt lernt ihr, ...

- ... wie ein Gedicht aufgebaut ist.
- ... dass es verschiedene Reimformen gibt.
- ... euch den Inhalt eines Gedichtes zu erschließen.
- ... Gedichte vorzuspielen.
- ... Gedichte betont vorzutragen.
- ... wie ihr selbst zum Dichter werdet.
- ... wie ihr mit Sprache spielen könnt.

6

Sport und Spiel

Gegenstände, Wege und Spiele beschreiben

1 Wählt eines der oben abgebildeten Sportgeräte aus und beschreibt es so genau, dass euer Partner/eure Partnerin den Gegenstand erraten kann, ohne ihn zu sehen. Wechselt euch ab.

2 Beschreibt einen von euch gewählten Gegenstand so genau, dass euer Partner/eure Partnerin diesen auf ein Blatt Papier zeichnen kann.

3 Spielt in eurem Klassenzimmer das Spiel „Ich sehe was, was du nicht siehst!“.
Geht so vor:
- Bestimmt jemanden, der als erster Spieler einen Gegenstand im Raum beschreibt.
- Dieser Spieler gibt ein typisches Merkmal vor, das diesen Gegenstand ausmacht, z. B. Farbe, Form oder Material.
- Die Mitschüler raten nun, welcher Gegenstand gemeint sein könnte.
- Erraten sie es nicht, macht der Spieler eine weitere Angabe zu dem Gegenstand.
- Der Schüler, der den gemeinten Gegenstand errät, darf als nächstes einen beschreiben.

Jetzt lernt ihr, ...

... eine Suchanzeige für einen verloren gegangenen Gegenstand anzufertigen.

... eine Gegenstandsbeschreibung in der richtigen Reihenfolge zu verfassen.

... treffende Adjektive und Verben zu verwenden.

... wie eine Wegbeschreibung geschrieben wird.

... eine Spielanleitung zu bekannten Gesellschafts- und Sportspielen zu schreiben.

... selbst ein Spiel zu erfinden.

In der Turnhalle verloren gegangen

Eine Suchanzeige verfassen

→ T2 Schreiben
Seite 169

1 Beschreibt, was an der Pinnwand zu sehen ist.

2 Erklärt, welche der Beschreibungen helfen, den jeweils vermissten Gegenstand wiederzufinden.

3 Sammelt mündlich, was man bei den anderen Aushängen ergänzen müsste, damit auch diese Gegenstände gefunden werden können.

4 Ergänzt in dem folgenden Cluster die Oberbegriffe für die wichtigsten Merkmale, die in einer Gegenstandsbeschreibung vorkommen sollten.

Seht noch einmal auf die Anzeigen am Schwarzen Brett und sucht heraus, wozu Angaben gemacht werden.

Material
8dw8gf

T6 Einen Cluster erstellen
Seite 245/246

Gegenstandsbeschreibung: Turnschuh

...
- 20 Gramm

Bezeichnung/Marke
- Turnschuh
- Panther

...
- Turnschuh: grau
- Schnürsenkel: neongelb
- weiße Nähte

...
- Sohle: dunkelgrauer Kunststoff
- vordere Kappe: aus weißem Plastik
- Schuh: Leinen

...
- ein Jahr alt

...
- Schuhgröße 35
- ca. 22 cm lang
- 12 cm hoch

besondere Merkmale
- Smiley auf der vorderen weißen Kappe am rechten Schuh aufgemalt
- seitlich: schwarzer Panther

...
- Schuh: schmal, knöchelhoch
- Kappe: rund

Merke

Wenn ein Gegenstand beschrieben wird, muss dies möglichst **genau** und **sachlich** geschehen. Daher sollte eine **Gegenstandsbeschreibung** auf die folgenden **Merkmale** eingehen:

- Bezeichnung/Marke
- Farbe
- Größe
- Form
- Alter
- Material
- evtl. Gewicht

Besitzt der Gegenstand **besondere Merkmale** (auffallende Kennzeichen, Schäden, ...), sollten diese besonders hervorgehoben werden.

Eine Gegenstandsbeschreibung wird im **Präsens** (Gegenwartsform) verfasst.
*Der Turnschuh **ist** aus Leinen und **hat** die Größe 35.*

T4 Grammatik
Seite 210/211

5 Beschreibt den abgebildeten Turnschuh. Geht dabei wie folgt vor:
- Legt einen Cluster mit den wesentlichen Merkmalen an und haltet stichwortartig alle wichtigen Angaben zum Turnschuh fest.
- Verfasst nun mithilfe des Clusters eine Beschreibung des Turnschuhs.

6 EXTRA Stellt euch vor, eure Uhr ist in der Schule verloren gegangen. Fertigt eine Suchanzeige an, um sie wiederzufinden.

Es ist wellenförmig, meerblau und …

→ T4 Grammatik
Seite 209–211

Adjektive und Verben in einer Gegenstandsbeschreibung verwenden

1 Sammelt Adjektive, die die Form der folgenden Gegenstände beschreiben.

2 Findet weitere Adjektive, mit denen ihr die Form von Gegenständen genauer beschreiben könnt. Haltet diese in einer Tabelle fest.

Adjektive aus der Geometrie	*Adjektive aus der Natur*
dreieckig	*muschelförmig*
rund	*pilzförmig*
…	*…*

3 Beschreibt die Form des Basketballkorbes mithilfe eurer Adjektivliste.

4 Auch mit Farben können Gegenstände genauer beschrieben werden. Legt eine Tabelle mit den Farben gelb, rot, blau und grün an und sucht zu jeder Farbe möglichst viele verschiedene Arten, z. B.: *gelb: sonnengelb, hellgelb …*

5 Löst die folgenden Worträtsel auf, indem ihr die Vergleiche zu einem Adjektiv umformt, z. B.: *wie eine Feder: + -förmig oder -artig = federförmig*

6 Vergleicht die beiden Texte und begründet, welche Gegenstandsbeschreibung besser formuliert ist. Woran liegt das?

Am Fahrrad befinden sich zwei Schutzbleche. Außerdem befindet sich hinten am Fahrrad ein Gepäckträger. Er ist am Fahrrad mit robusten Aluverstrebungen befestigt.

Die zwei Schutzbleche sind vorn und hinten am Fahrrad angebracht. Der Gepäckträger besteht aus robusten Aluverstrebungen, sodass damit Taschen mit einem Gewicht bis zu 30 kg transportiert werden können.

Merke

Um einen Gegenstand möglichst genau zu beschreiben, müssen **Farbe** und **Form** mithilfe von **Adjektiven** genau beschrieben werden.

Außerdem sollten in einer Gegenstandsbeschreibung möglichst **unterschiedliche Verben** verwendet werden, um eine Wiederholung typischer Verbformen wie z. B. *ist* oder *ist befestigt* zu vermeiden.

7 Sammelt in einer Wörterliste passende Verben für eine Gegenstandsbeschreibung.

8 Überarbeitet eure Gegenstandsbeschreibung zum Fahrrad von Seite 105, indem ihr passende Adjektive zu Farbe und Form sowie verschiedene Verben verwendet.

9 EXTRA Um eine Wiederholung typischer Verben zu vermeiden, kann auch der Zweck eines Gegenstandes beschrieben werden. Notiert in eurem Heft weitere Beispielsätze zu dem Fahrrad auf Seite 105, in denen die Funktion des Gegenstandes beschrieben wird, z. B.:
Nicht: *Am Fahrrad sind Schutzbleche.*
Sondern: *Die Schutzbleche am Fahrrad halten das hochspritzende Wasser und den Schmutz ab.*

Wie komme ich von A nach B?

Wegbeschreibungen anfertigen

→ T2 Schreiben Seite 171/172

1 Die Schüler der Klasse 5a der Albert-Einstein-Schule haben einmal in der Woche Sportunterricht auf dem Sportplatz. Beschreibt mithilfe des Stadtplans, welchen Weg sie von der Schule zum Sportplatz gehen müssen.

→ T4 Grammatik Seite 210

2 Für eine gute Wegbeschreibung ist eine abwechslungsreiche Wortwahl wichtig. Notiert zu dem Verb „gehen" weitere passende Verben. Sammelt sie in einem Cluster.

- überqueren
- passieren
- gehen
- ...
- ...

3 Beschreibt nun mithilfe des Clusters aus Aufgabe 2 und des Merke-Kastens den Weg von der Albert-Einstein-Schule bis zum Sportplatz. Schreibt in vollständigen Sätzen.

Merke

Eine **Wegbeschreibung** muss **genau** sein, damit man den Weg auch wirklich findet, sie sollte aber auch möglichst **kurz** und **einfach** sein.

Wichtig ist daher:
- auf die **richtige Reihenfolge** und auf **Vollständigkeit** zu achten,
- **Richtungsangaben** zu machen: *an der zweiten Straße rechts,*
- **Straßennamen** anzugeben: *Alte Turmstraße,*
- auf **besondere Gebäude** einzugehen: *gegenüber der Kirche,*
- das **Präsens** und
- **abwechslungsreiche Satzanfänge** zu verwenden: *zuerst, als Nächstes, nun, jetzt.*

4 EXTRA Zeichnet den Weg von eurem Klassenzimmer zur Turnhalle oder zum Sportplatz auf. Fertigt dann mithilfe eurer Skizze eine schriftliche Wegbeschreibung an.

5 Stellt euch vor, ihr wollt in eurer Turnhalle diesen Hindernisparcours aufbauen. Beschreibt, wie man ihn richtig durchlaufen kann.

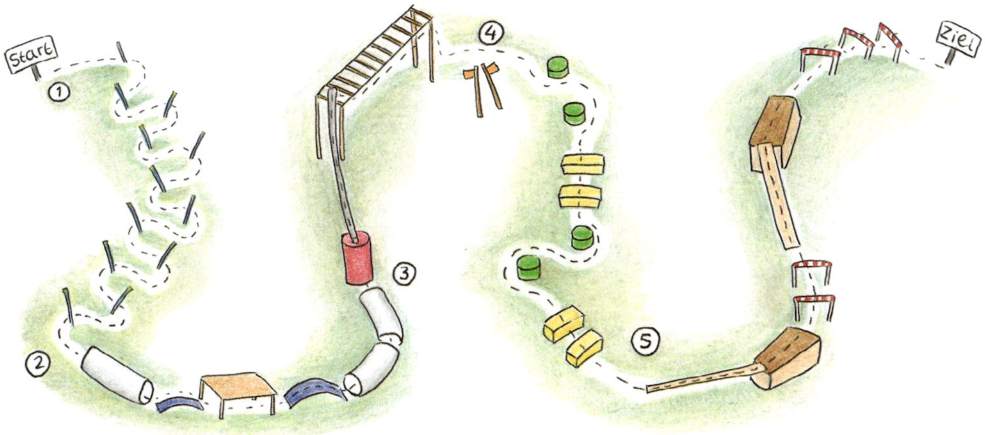

Formulierungshilfen zu Wegbeschreibungen

passende Verben	Zeitangaben	Ortsangaben
• hangeln	• zuerst	• oben
• klettern	• nun	• unten
• balancieren	• dann	• vorne
• ziehen	• danach	• hinten
• laufen	• daraufhin	• darunter
• kriechen	• jetzt	• darüber
• hüpfen	• zuletzt	• ...
• ...	• ...	

6 Tragt einem Partner eure Wegbeschreibung durch den Hindernisparcours vor. Überprüft anhand der Skizze und der Formulierungshilfen, ob der Weg durch den Parcours vollständig und genau beschrieben wurde.

7 EXTRA Entwerft euren eigenen Hindernisparcours. Fertigt hierfür eine Zeichnung und eine Wegbeschreibung an, wie dieser Parcours genau zu durchlaufen ist.

→ **T2** Schreiben
Seite 172/173

Monopoly, Uno, Schach & Co.

Eine Spielanleitung verfassen

1 Tauscht euch darüber aus, welche der abgebildeten Spiele ihr kennt.

2 Ordnet die Spiele unterschiedlichen Spielarten wie z. B. Brett-, Karten- oder Würfelspiel zu.

3 Wählt ein abgebildetes Spiel aus und erklärt, wie es funktioniert.

4 Besprecht, welche Reihenfolge für die Angaben der folgenden Spielanleitung sinnvoll ist.

Spielmaterial:
- ein Mühlebrett
- neun weiße und neun schwarze Mühlesteine

Spielverlauf, -regeln:
- Am Anfang setzen die Spieler abwechselnd …
- Das Spiel ist beendet, wenn …

Zielsetzung:
Ziel des Spiels ist es, möglichst viele Mühlen zu bauen, da man dem Gegner für jede Mühle einen Stein abnehmen kann. Eine Mühle sind drei eigene Steine auf einer Linie. Das Spiel ist gewonnen, wenn dem Gegner sieben von neun Steinen abgenommen wurden.

Spielart:
Brettspiel

Anzahl der Spieler:
zwei Mitspieler

Alter:
10–99

Name:
Mühle

5 Ordnet die Textbausteine so an, dass der Spielverlauf verständlich erklärt wird.

Achtet auf die Zeitangaben, die auf eine sinnvolle Reihenfolge hinweisen.

a) Das Spiel ist beendet, wenn ein Spieler nur noch zwei Spielsteine besitzt und keine Mühle mehr bilden kann. Er hat das Spiel verloren.

b) Am Anfang setzen die Spieler abwechselnd ihre Steine auf ein freies Feld, die Eck- und Kreuzungspunkte des Spielbrettes.

c) Sind alle Steine gesetzt worden, dürfen die Spieler abwechselnd ihre Steine zu einem benachbarten freien Punkt ziehen.

d) Vor Beginn des Spiels erhält jeder Spieler neun Spielsteine.

e) Sobald ein Spieler eine solche Mühle hat, darf er einen Stein des Gegners vom Spielbrett nehmen.

f) Auch beim Springen versucht man, schnell eine eigene Mühle zu schließen oder diese beim Mitspieler zu verhindern.

g) Dabei soll jeder versuchen, möglichst schnell mit seinen Steinen eine Mühle zu bilden, d. h. drei seiner Steine in eine Reihe zu bringen.

h) Wenn ein Spieler nur noch drei Steine übrig hat, darf er mit diesen „springen", seinen Stein also auf ein beliebiges Feld setzen.

6 Vergleicht eure Ergebnisse. Schreibt die vollständige Spielanleitung in euer Heft.

7 Wählt ein euch bekanntes Gesellschaftsspiel aus und schreibt dazu eine Spielanleitung. Geht folgendermaßen vor:
- Verteilt die unterschiedlichen Rollen für die Gruppenarbeit.
- Besprecht, welche wichtigen Angaben ihr für euer Spiel machen müsst.
- Haltet diese auf einer Folie oder einem Plakat fest.
- Präsentiert eure Ergebnisse der gesamten Klasse und klärt, ob alle Angaben vollständig und verständlich sind.

Material
n2fc9p

→ **T6** Ein Lernplakat erstellen Seite 247

Teamchef
Du leitest das Team und sorgst dafür, dass der Ablauf der Arbeitsphase organisiert ist. Sorge dafür, dass alle am Ergebnis der Gruppenarbeit beteiligt sind.

Lautstärkewächter und Zeitnehmer
Du bist für die Lautstärke verantwortlich und musst dafür sorgen, dass deine Gruppenmitglieder im Flüsterton miteinander sprechen. Außerdem musst du auf die Lösung der Aufgabe in der vorgegebenen Zeit achten.

Materialbeschaffer
Du sorgst dafür, dass alle für den Arbeitsprozess wichtigen Materialien zur Verfügung stehen und am Ende wieder zurückgebracht und weggeräumt werden.

Schriftführer
Du sorgst dafür, dass die wichtigsten Arbeitsergebnisse leserlich festgehalten und auch präsentiert werden können.

T2 Schreiben
Seite 172/173

Hörverstehen
vh5n5g

Brennball, Völkerball, Zombieball

Sportspiele beschreiben

Jana: Ich habe gestern im Sportunterricht ein tolles neues Spiel kennengelernt, das „Zombieball" heißt.
Ömer: Kannst du es mir erklären? Vielleicht kann ich es mit meiner Klasse ja auch einmal ausprobieren.
Jana: Es müssen keine Mannschaften gebildet werden, weil jeder gegen jeden spielt. Für das Spiel muss auch nichts aufgebaut werden, da das Spielfeld die gesamte Halle ist. Man kann es mit der ganzen Klasse, also bis zu 30 Schülern spielen. Die Bälle werden vom Spielleiter eingeworfen. Das können zwei Bälle, je nach Spielerzahl aber auch drei oder vier Bälle sein. Ziel ist es, mit den Bällen andere Mitspieler abzuwerfen, aber selbst nicht getroffen zu werden.
Ömer: Sind die abgeworfenen Spieler dann die ganze Zeit draußen oder kann man sich wieder einwerfen, so wie bei Völkerball?
Jana: Genau, wie bei Völkerball kann man wieder ins Spiel kommen. Aber man muss sich, wenn man abgeworfen wurde, genau merken, wer einen getroffen hat, und setzt sich dann auf die Bank. Wenn ich z. B. von dir abgeworfen wurde, kann ich den anderen deinen Namen von der Bank aus zurufen, damit sie dich abwerfen. Gelingt es ihnen, komme ich wieder ins Spiel.
Ömer: Aber es ist doch eigentlich ganz einfach, andere zu treffen – ich kann ja mit dem Ball ganz nah zu jemandem hinlaufen und ihn abwerfen.
Jana: Nein, das ist nicht erlaubt. Man darf nur zwei Schritte mit dem Ball laufen und muss dann sofort werfen. Fängt jemand den Ball, muss nicht er aus dem Spiel, sondern der Werfer.
Ömer: Das scheint ja ein endloses Spiel zu sein, wenn man immer wieder reinkommt.
Jana: Das Spiel kann wirklich sehr lange dauern, aber es ist auch möglich, dass ein sehr guter Spieler nicht getroffen wird, aber alle anderen aus dem Feld wirft. Dann hat er gewonnen und das Spiel ist beendet.
Ömer: Das klingt toll! Ich probiere es morgen gleich mal in meiner Klasse aus!

1 Lest das Gespräch zwischen Jana und Ömer mit verteilten Rollen.

2 Notiert in einer Tabelle alle wichtigen Angaben für eine Spielanleitung zu dem Spiel „Zombieball".

Name	Spielart	Anzahl der Spieler	Ziel	Material/Aufbau
„Zombieball"	...	...	...	...

3 Sammelt an der Tafel möglichst viele unterschiedliche Verben, die für eine Spielanleitung verwendet werden können, z. B.: *aufbauen, benötigen, spielen, ...*

4 Schreibt mithilfe eurer Tabelle und dem Merke-Kasten eine Anleitung für das Spiel „Zombieball".

Merke

1. Aufbau
Eine Spielanleitung ist in eine Einleitung, einen Haupt- und einen Schlussteil gegliedert.
Einleitung: In der Einleitung werden der Name des Spiels, dessen Ziel, die Spielart, die Anzahl der Spieler sowie die Materialien benannt und der Spielaufbau erklärt.
Hauptteil: Hier werden die Spielregeln und der Ablauf genau beschrieben.
Schluss: Zum Schluss wird erklärt, wann das Spiel beendet ist.

2. Zeitform
Eine Spielanleitung wird im Präsens geschrieben.

3. Mögliche Formulierungen
- *Man läuft …/Die Spieler laufen …/Die Mannschaft läuft …*
- *Es wird … gelaufen* oder
- *Laufe …!*

5 Tragt euch eure Spielanleitungen gegenseitig vor und gebt euren Mitschülern eine Rückmeldung zu ihren Beschreibungen. Nutzt dazu die Checkliste.

Checkliste Spielbeschreibung

- ☐ Angaben zum Namen, dem Ziel, der Spielart, der Anzahl der Spieler, den Materialien und dem Aufbau
- ☐ Erklärungen zum Ablauf und zu den Regeln des Spiels
- ☐ verständlicher und schlüssiger Aufbau: Einleitung, Hauptteil, Schluss
- ☐ Absätze eingebaut
- ☐ Verwendung passender Verben und Adjektive
- ☐ Einsatz von Zeitwörtern wie zuerst, dann, daraufhin, …
- ☐ Verwendung der Zeitform Präsens

Material
ii3re4

6 EXTRA Schreibt eine Spielanleitung zu dem abgebildeten Spiel „Brennball".

Nutzt einen Cluster oder eine Tabelle für die Planung.

Neue Spiele für den Sportunterricht

Spielanleitungen selbst schreiben

1 Legt für euren Sportunterricht eine Spielekiste an.
Dazu schreibt jeder eine Anleitung eines euch bekannten Sportspiels auf.
Beschrieben werden sollten in der Anleitung:

- der Name des Spiels
- die Spielart (Ballspiel, Laufspiel, Geschicklichkeitsspiel, …)
- die Spieleranzahl
- das Ziel des Spiels
- das benötigte Material
- das Spielfeld/der Spielaufbau
- die Regeln und
- die Spieldauer

2 Sammelt alle Spielanleitungen in einer Kiste. Zieht zu Beginn einer Sportstunde jeweils eine Anleitung heraus und klärt noch offene Fragen.

- Probiert das Spiel aus und besprecht im Anschluss, ob die Spielanleitung genau und verständlich war oder etwas ergänzt werden müsste.
- Entwickelt gemeinsam Varianten zu einem Sportspiel und probiert diese aus.

3 Erfindet selbst ein Sportspiel. Durchlauft hierfür folgende Arbeitsschritte:

- Verteilt die auf Seite 111 vorgestellten Rollen in eurer Gruppe.
- Plant euer Spiel stichwortartig. Verwendet dafür die folgende Planungsliste und die Ergänzungen unter Schritt 1 auf Seite 115.
- Besprecht danach die Feinheiten (Schritt 2 auf Seite 115) der Spielplanung.
- Verfasst eine vollständige Spielanleitung und zeichnet eine Skizze zum Spielaufbau.

Planungsliste: Spiele erfinden	
Name:	
Spielart:	
Anzahl der Spieler:	
Ziel des Spiels:	
Material:	
Spielaufbau:	
Regeln/Ablauf:	
Spieldauer:	

Schritt 1: Eine Grobplanung aufstellen

1. Spieler: **Wie viele** Spieler müssen mitspielen? **Wer** soll spielen?
   - alle miteinander
   - in Mannschaften (gegeneinander oder miteinander)
   - …
2. Ort: **Wo** soll das Spiel stattfinden?
   - in der Halle
   - auf dem Sportplatz
   - im Schwimmbad
   - …
3. Spielgegenstand: **Womit** wird gespielt?
   - Bälle
   - Frisbees
   - Zeitungspapier
   - …
4. Materialien: **Was** wird noch für das Spiel benötigt?
   - Pylonen (Hütchen)
   - Turngeräte (Kasten, Matten, …)
   - Alltagsgegenstände wie z. B. Kochlöffel, Handtücher
   - …
5. Ziel: **Was** ist das **Ziel** des Spiels?
   - gemeinsam etwas bauen
   - etwas treffen, Tore erzielen
   - die anderen Spieler fangen, abwerfen oder einholen
   - …
6. Spielende: **Wann** ist das Spiel beendet?
   - wenn jeder einmal an der Reihe war
   - nach einer bestimmten Zeit
   - wenn alle erschöpft sind
   - …

Schritt 2: Feinheiten klären

- **Punktezählung**: Werden Punkte gezählt? Wenn ja, wie?
- **Regelwerk**: Kann man die Regeln vereinfachen?
- **Aktivität**: Wie kann ich die Aktivität aller Spieler gewährleisten oder steigern?
- **Variationen**: Bestehen Variationsmöglichkeiten?
- **Spaß**: Macht das Spiel allen Beteiligten Spaß?
- **Gefahren**: Entspricht das Spiel den Sicherheitsbestimmungen?
- **Name**: Wie soll das Spiel heißen?

4 Ergänzt die folgende Checkliste mit wichtigen Kriterien für eure Spiele. Schreibt in euer Heft.

Checkliste

	Beurteilung		
Kriterien	☺	😐	☹
Ist das Spiel verständlich beschrieben worden?			
Sind alle Spieler aktiv?			
Hat jeder …			
…			

5 Stellt euch eure Spiele nun gegenseitig vor und gebt jeder Gruppe mithilfe der Checkliste eine Rückmeldung.

Teste dich selbst!

Üben interaktiv
h59c7c

1 Benenne zu den angegebenen Beispielen Oberbegriffe für die wichtigsten Merkmale einer Gegenstandsbeschreibung.

a) rund | b) 300 gr | c) Leder | d) mit Edding aufgeschriebener Name

e) Basketball | f) ca. 40 cm Durchmesser | g) rot

2 Erstelle einen Cluster, in dem du wichtige Merkmale des abgebildeten Skateboards festhältst.

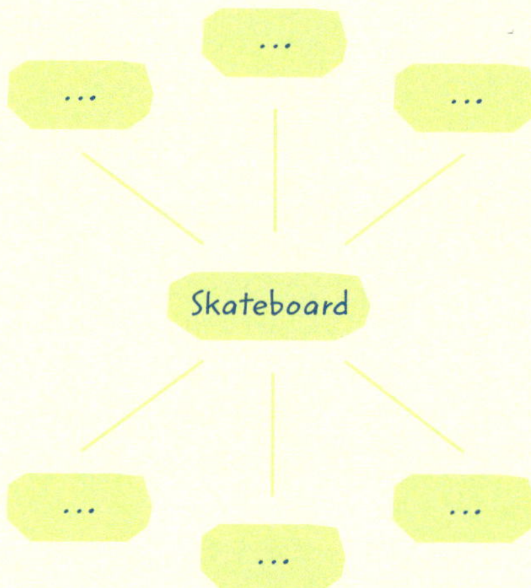

3 Halte in einer Stichwortliste möglichst viele passende Adjektive für das Skateboard fest.

4 Verfasse mithilfe des Clusters und der Stichwortliste eine Gegenstandsbeschreibung zum abgebildeten Skateboard.

Wie konntest du Aufgabe 1–4 lösen?

😐 → Seite 170
🙂 → Seite 171 **EXTRA**

5 Nenne mindestens drei Kriterien für eine gute Wegbeschreibung.

6 Von der U-Bahn-Station Olympiastadion in Berlin wollen die Schüler der Klasse 5c aus Berlin-Mitte einmal das Olympiagelände umrunden. Beschreibe den Weg mithilfe der Karte möglichst genau.

Wie konntest du Aufgabe 5 und 6 lösen?

😐 → Seite 171/172
🙂 → Seite 172 **EXTRA**

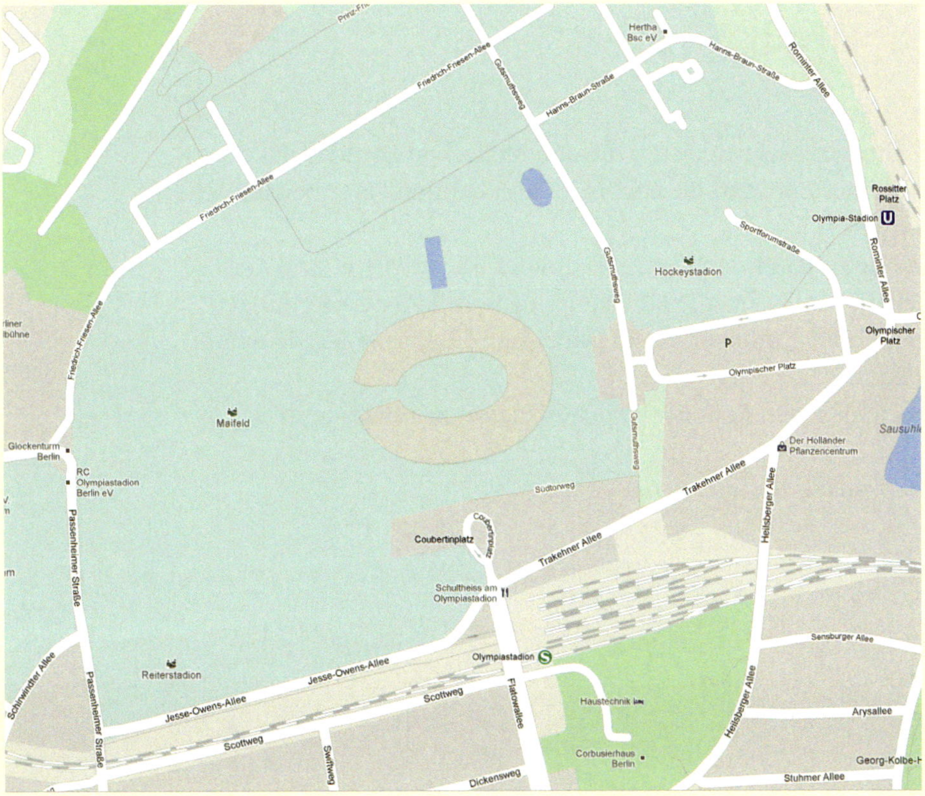

7 Ergänze und verbessere die folgende Spielbeschreibung zum Spiel „Völkerball".

Wie konntest du Aufgabe 7 lösen?

😐 → Seite 172/173
🙂 → Seite 173 **EXTRA**

Spielbeschreibung Völkerball

- *Name: Völkerball*
- *Material: Softball oder Plastikball, Hütchen*
- *Regeln/Ablauf: In einem zweigeteilten Spielfeld stehen sich zwei gleich große Mannschaften gegenüber. Jede Mannschaft wählt einen König, der sich außerhalb des Feldes an die Stirnseite des gegnerischen Feldes stellt. Nun versuchen die Spieler jeder Partei, die Spieler der gegnerischen Partei mit dem Ball abzuwerfen. Getroffene Spieler …*

7

Kobolde, Poltergeister & Co.

Rechtschreibung

Kobolde sind gutmütige Hausgeister, die den Menschen gern Streiche spielen. Ein solcher Kobold treibt nachts in den Räumen einer benachbarten Schule sein Unwesen.
In der letzten Nacht hat er den Klassenraum der 5d verwüstet und alle Regeln zur Rechtschreibung, alle Hilfestellungen und Wortsammlungen durcheinandergebracht und zerrissen. Dabei war die Klasse gerade damit fertig geworden …
Die Klasse beschließt, den Kobold zu suchen, damit er ihnen beim Aufräumen hilft.
Sie sehen sich deshalb die Tafel genauer an.

1 Informiert euch über Kobolde und fertigt einen Steckbrief mit Phantombild für die Suche an.

2 Vielleicht verraten die einzelnen Buchstaben an der Tafel etwas über den Kobold.
- Bildet möglichst viele Wörter mit den Buchstaben und vergleicht eure Ergebnisse.
- Versucht auch einmal, die Buchstaben von rechts nach links zu lesen.

3 Schreibt die Nachricht des Kobolds richtig auf.

Nachdem die 5d die Nachricht entziffert und den Kobold gefunden hat, beschließt sie, mit ihm die Rechtschreibung zu trainieren.

Jetzt lernt ihr, ...

... Silbenbögen zu zeichnen.

... die Strategien Verlängern und Ableiten anzuwenden.

... bei welchen Wörtern man sich die Schreibweise merken muss.

... wie zusammengesetzte Wörter zerlegt werden können.

... schnell und sicher mit einem Wörterbuch umzugehen.

Die 1. Strategie für den Kobold

T4 Rechtschreibung
Seite 213–215

Silbenbögen zeichnen

Die Klasse hat sich zuletzt mit dem Zeichnen von Silbenbögen beschäftigt. „Kann man die Silbenbögen auch in meiner Sprache zeichnen?“, fragt der Kobold und sagt ein altes Koboldsprichwort auf: „DADAMDAMDUMDIMBALABIDOKADUNIKABADABDUNGKIM. Nur wer in die Sonne schaut, hat ein strahlendes Gesicht“, übersetzt er stolz. Ole überlegt und meint dann: „Ja, das müsste gehen, denn auch eure Sprache besteht aus Vokalen und Konsonanten.“

1 Versucht das Sprichwort in der Koboldsprache laut zu lesen. Schreibt es ab und trennt die Silben mit Strichen. Achtung: Es gibt mehrere Lösungsmöglichkeiten.

2 Untersucht die ersten beiden Silben des Koboldsprichworts genauer. Welche Gemeinsamkeiten und Unterschiede stellt ihr fest?

Merke

Wörter bestehen aus **Silben**. Sie werden meist aus mehreren **Buchstaben** gebildet. Jede Silbe hat einen **Vokal**.

Wenn zwei Silben in einem Wort aufeinandertreffen, dann heißt diese Stelle **Silbengrenze**.

3 Erarbeitet euch die Schreibung der folgenden Wörter mithilfe der Rechtschreibstrategie „Silbenbögen zeichnen“. Geht dabei wie folgt vor:
- Schreibt die folgenden Wörter in euer Heft.
- Sprecht die Silben der Wörter laut und deutlich mit.
- Setzt die Silbenbögen unter die Wörter, z. B.: Karte

Karte | Tafelbilder | Radiergummi | Schreibtisch | Brotdose

Arbeit | Sporttasche | Lesetagebücher | Deutschunterricht

Arbeitstechnik

Silbenbögen zeichnen

Sprecht jede Silbe deutlich.
Setzt die Silbenbögen so, dass sich jede einzelne Silbe in einem Silbenbogen befindet: *Malkasten*

Achtung: Die Buchstabenverbindungen *ch* und *sch* spricht man beim Silbenzerlegen doppelt, sie werden aber nur einmal geschrieben. Man zeichnet die Silbenbögen unter diesen Wörtern wie folgt: *Schultasche*

4 Schreibt die im folgenden Text markierten Wörter heraus und zeichnet die Silbenbögen.

Die Klasse bittet den Kobold, ein bisschen von sich zu erzählen. „Kobolde wie ich sind Hausgeister, | die das Haus schützen, | die Bewohner aber gern nachts necken | und ein wenig ärgern. | Zum Beispiel streicheln wir | die Hausbewohner im Schlaf | gern mit einer Feder an der Nase. | Dann müssen sie niesen. | Einige Verwandte von mir | sind aber auch Naturgeister. | Ihr habt vielleicht schon von Elfen, | Klabautermännern, Waldmännlein | und Wichteln gehört.“

5 Schreibt den Text des Kobolds mithilfe der Arbeitstechnik des Partnerdiktates auf. Macht bei den Trennstrichen (|) eine Diktierpause.

Arbeitstechnik

Partnerdiktat

- Zunächst wird der Diktattext abschnittweise gemeinsam gelesen.
- Nun diktiert man sich den Text abwechselnd. Dabei sollte man so deutlich sprechen, dass der Partner ohne Probleme mitschreiben kann, aber auch nicht übertreiben.
- Wenn der ganze Text diktiert worden ist, kontrolliert jeder seinen Text zunächst selbst und gibt ihn dann dem Partner zur Kontrolle.

T4 Rechtschreibung
Seite 213–215

Poltergeister und der vorwitzige Rudi

Silbenbögen zeichnen und Doppelkonsonanten erkennen

Gespannt hat die 5d dem Kobold zugehört und bittet ihn, mehr zu erzählen. Dieser ist schnell überredet und berichtet den Kindern von seinen Verwandten.

„Poltergeister sind ebenfalls Kobolde. Sie stammen von den Inseln der Südsee, wo es Vulkane gibt, in deren Inneren es ununterbrochen brodelt. Hier werden die Poltergeister geboren. Es dauert nicht lange, dann fangen sie an, mit allem, was sie in die Hände bekommen, Krach zu machen: klappernde Nüsse, scheppernde Blecheimer sowie jede Art von Metallen. Da es für die Geister auf den Inseln nicht genug Orte zum Poltern gibt, wandern manche von ihnen aus. Heimlich, still und leise schleichen sie sich auf die großen Schiffe und fahren in die Welt hinaus."

„Jetzt müssen wir aber mit dem Plakat zu den Doppelkonsonanten weitermachen", unterbricht Dilara, die Klassensprecherin. „Wer erklärt unserem Gast, wie es funktioniert?"

1 Schreibt aus dem Text alle Wörter mit einem Doppelkonsonanten heraus. Sprecht sie deutlich und zeichnet die Silbenbögen darunter.

Merke

Man erkennt **Doppelkonsonanten** sehr gut, wenn man deutlich **spricht**.
Die **Silbengrenze** befindet sich **zwischen** den Konsonanten.
Was|ser *Son|ne* *schüt|teln*

2 Bildet Wörter. Entscheidet durch deutliches Sprechen, ob ein einzelner Konsonant oder ein Doppelkonsonant eingesetzt werden muss.

l oder ll: We, Fü, Ka, ender, e, er

p oder pp: Deutschma, Tafella, Euro, a, e, en

3 EXTRA Entwickelt selbst ein solches Worträtsel zu *f* oder *ff*. Legt dafür zunächst eine Wortliste in eurem Heft an.

„Puh, jetzt raucht mir aber der Kopf!“, ruft der Kobold. „Da erzähle ich euch doch lieber noch von meinen anderen Verwandten. Rudi zum Beispiel ist ein kleiner, vorwitziger Kobold, der Spaß daran hat, andere zu necken. So ärgerte er einmal den Tischler Hobel in seiner Werkstatt: Hocker wurden mit Klebstoffen bespritzt, Farbtöpfe ausgetauscht, Bretter klapperten von selbst, Werkzeuge wurden an einem anderen Ort platziert, Schlüssel fanden sich plötzlich im Waschbecken wieder. Herr Hobel war schon völlig verwirrt, weil Menschen Kobolde ja nicht sehen können. Doch eines Tages blieb Rudi an einem Leimtopf hängen, wurde so für den Tischler sichtbar und eine aufregende Freundschaft begann.“

4 Sucht aus dem Text Wörter mit *tz* und *ck* heraus und sprecht die Silben deutlich.

Merke

Hört man beim deutlichen Sprechen der Silben ein *zz*, schreibt man *tz: Katze*
Hört man *kk* wird *ck* geschrieben: *packen*
Nur bei Fremdwörtern kann ein *zz* oder *kk* bestehen bleiben: *Pizza, Mokka*

5 Schreibt den Text über Rudi mithilfe der Arbeitstechnik des Laufdiktates in euer Heft.

Arbeitstechnik

Laufdiktat

- Der Diktattext wird sorgfältig gelesen. Dann legt man ihn an einem entfernten Ort, z. B. eine Fensterbank oder einen Tisch, mehrfach aus.
- Nun geht man von seinem Platz leise zu dem Text und prägt sich den ersten Sinnabschnitt ein. Anschließend kehrt man zu seinem Arbeitsplatz zurück und schreibt das Gemerkte auf.
- So läuft man leise mehrmals hin und her, bis der gesamte Text im Heft steht.
- Zum Schluss kontrolliert man den eigenen Text mit der Diktatvorlage.

6 EXTRA Sucht weitere Wörter mit *tz* und *ck*. Ihr könnt das Bild der Werkstatt von Herrn Hobel oder ein Wörterbuch als Hilfe verwenden.

Die 2. Strategie für den Kobold

T4 Rechtschreibung
Seite 213–215

Verlängern

1 Schreibt die auf dem Boden verstreuten Wörter auf und zeichnet die Silbenbögen ein.

2 Erklärt, warum dem Kobold das Silbenzeichnen hier nicht hilft.

„Hier," erklärt Victor dem Hausgeist, „musst du eine andere Strategie anwenden: Die Strategie Verlängern, z. B. Ta – Tage oder Fensterbre – Fensterbretter."

3 Verlängert auch die restlichen Wörter aus Aufgabe 1.

T4 Grammatik
Seite 202, 209, 210

Merke

Verschiedene Wortarten können **unterschiedlich verlängert** werden:
- bei **Nomen** wird der Plural gebildet: *Ra – Räder, Tro – Trolle*
- **Adjektive** werden gesteigert: *dü – dünner, fro – froher*
- **Verben** werden in die 1. Person Plural (wir) gesetzt: *zie – wir ziehen, ich ka – wir können*

Das Verlängern hilft auch bei einsilbigen Verben mit Doppelkonsonant und gleich klingenden Konsonanten *(b/p, d/t, g/k): er rennt – wir rennen, der Tag – die Tage.*

„Das muss ich sofort ausprobieren! Gebt mir bitte ein paar Wörter zum Üben“, ruft der Kobold. Schnell schreiben ein paar Schülerinnen und Schüler einige Übungswörter an die Tafel.

4 Sortiert die Wörter aus der Abbildung zunächst nach ihrer Wortart und wendet dann die gelernte Strategie an. Übertragt dazu die Tabelle in euer Heft.

→ T4 Grammatik Seite 202

Wortart	Wort	Verlängerung
Nomen	das Sieb die Bank ...	die Siebe ... ...
Verben	sie bat ...	wir baten ...
Adjektive	...	...

„Das ist ja gar nicht so schwer!“, ruft der Kobold und lacht. Er ist schon wieder zu Späßen aufgelegt und macht aus einigen Wörtern an der Tafel kleine Unsinnsgedichte:

Es war einmal ein Ma___,
der jeden Wettlauf gewa___.
Das wurde ihm langweili___
und so verschwan___ er eili___.

Er war eigentlich ganz lie___,
der Die___.
Doch gin___ er auf die Ban___
und räumte die Konten blan___.

5 Schreibt die zwei Gedichte ab und ergänzt die fehlenden Buchstaben mithilfe der Strategien Verlängern und Silbenbögen zeichnen.

6 EXTRA Schreibt selbst kleine Unsinnsgedichte und markiert die Fehlerquellen, bei denen euch das Verlängern helfen kann. Tragt eure Gedichte in der Klasse vor.

Die 3. Strategie für den Kobold

Ableiten

→ T4 Rechtschreibung
Seite 213–215

Der Kobold macht große Fortschritte in der Rechtschreibung – langsam macht es ihm richtig Spaß und er geht schnell weiter zum nächsten Plakat.

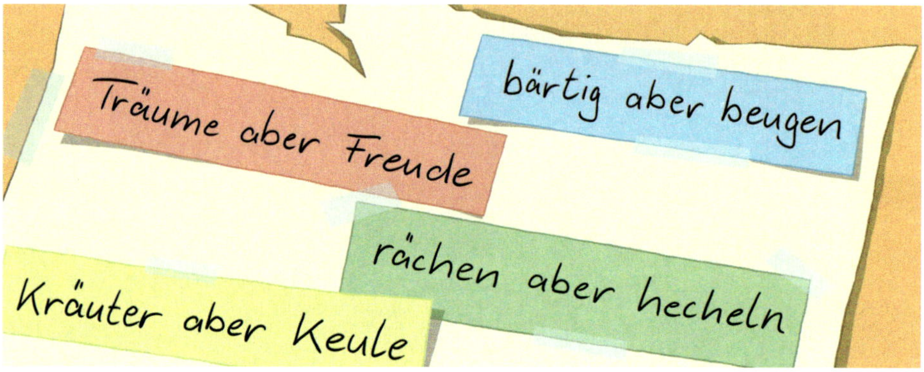

1 Um welches Problem geht es auf dem Plakat? Formuliert die fehlende Überschrift.

Merke

Um Wörter mit *ä* oder *äu* sicher zu schreiben, hilft die Strategie des **Ableitens**. Das heißt, man sucht ein verwandtes Wort mit *a* oder *au* im Wortstamm.
die Kräuter – das Kraut, die Nässe – nass

Gibt es kein verwandtes Wort und ist auch im Wörterbuch keines zu finden, wird *e* oder *eu* geschrieben.
die Feuer – das Feuer, die Felder – das Feld

2 Wendet die Strategie Ableiten bei den Wörtern auf dem Plakat an. Übernehmt dazu die Tabelle in euer Heft und ergänzt sie.

e oder eu	ä oder äu	Ableitung
	bärtig	der Bart
beugen		…
	Träume	…
…		…

3 Entscheidet bei den folgenden Wörtern, ob man *e* oder *ä*, *eu* oder *äu* schreibt. Setzt die Tabelle aus Aufgabe 2 fort und tragt die Wörter entsprechend ein.

B _ le F _ lder m _ rken _ rztin Verk _ fer t _ glich
fr _ ndlich R _ ber l _ ten L _ fer B _ tel

„Ach, das kann ich jetzt schon ganz gut!", ruft der Kobold. „Da kann ich euch ja noch von meinen verrücktesten Verwandten erzählen, aus deren Geschlecht auch Pumuckl stammt.
Klabauterm__nner fahren wie die Poltergeister zur See. Sie sind der Schrecken aller Seel__te. Kaum läuft ein Schiff aus dem Hafen, fängt der Schiffsgeist auch schon an, seine Sch__rze mit der Mannschaft zu treiben. Während diese ihr Schiff durch die sch__menden Wellen vorwärtslenkt, schleicht sich der Klabautermann durch die Räume unter Deck. Dort löst er die H__ngematten, versteckt die Sch__tze der Besatzung, vertauscht die S__cke mit den Lebensmitteln und vollbringt andere scheußliche Gemeinheiten. Obwohl diese Schiffskobolde für viel Unruhe sorgen, fr__en sich die Männer an Bord auch über sie. Sie bringen Abw__chslung auf den langen Fahrten. Wenn das Schiff seinen Zielhafen erreicht hat, sucht sich der Klabautermann schnell ein neues, das bald losf__hrt."

4 Entscheidet bei den markierten Wörtern, ob man *e* oder *ä*, *eu* oder *äu* schreibt. Schreibt die Wörter richtig in euer Heft.

5 EXTRA Welche der drei bisher gelernten Strategien kann euch jeweils helfen? Sortiert die im Text unterstrichenen Wörter den Strategien zu: **S**ilbenbögen zeichnen – **V**erlängern – **A**bleiten.

6 Führt nun ein Dosendiktat mit den markierten und unterstrichenen Wörtern aus dem Text durch.

Arbeitstechnik

Dosendiktat

- Zunächst werden die Wörter aufmerksam gelesen.
- Dann werden alle Wörter auf einen eigenen Zettel geschrieben.
- Das Diktat beginnt, indem man sich den ersten Zettel einprägt, auswendig aufschreibt und anschließend kontrolliert. Wenn alles richtig geschrieben wurde, kann der Zettel in eine Dose gelegt werden.
- So werden alle Zettel der Reihe nach aufgeschrieben.
- Zum Schluss wird das Diktat mithilfe der Textvorlage kontrolliert.

Wenn Strategien nicht mehr helfen

Merken

T4 Rechtschreibung
Seite 213

Der Kobold möchte alle Strategien noch einmal üben und sucht aus seinem Koboldlexikon einen Text heraus, an dem er sie anwenden kann.

Das Aussehen von Kobolden

Obwohl es so viele unterschiedliche Kobolde gibt, haben sie ein paar Ähnlichkeiten. Ihre Gestalt wird zumeist als klein beschrieben. Ihre Kleidung ist sehr abwechslungsreich und meist ein bunter Mix. Manche Kobolde tragen eine Tracht oder Samtröcke und Stiefel, andere eine blaue Hose oder auch gar nichts. Viele tragen eine verrückte Kopfbedeckung oder haben struwelige Haare. So auch der berühmte Robi, dessen Haare einem roten Klecks gleichen. Kobolde laufen in der Regel barfuß und wenn man sie zwingt, Schuhe zu tragen, dann wehren sie sich, indem sie das Haus verlassen. Die Ohren eines Koboldes sind oft riesig. Die Beschreibung ihrer Hautfarbe ist wechselhaft. Sie reicht von Grün bei Naturgeistern über Blau bei Klabautermännern und Nixen bis hin zu Weiß und Grau.

T6 Lern- und Arbeitstechniken
Seite 250/251

T6 Rechtschreibkartei
Seite 251/252

1 Schreibt den Text aus dem Koboldlexikon als Lauf-, Partner- oder Dosendiktat. Notiert euch nach der Kontrolle die Wörter, die ihr euch besonders einprägen müsst.

Merke

Merkwörter

Nicht alle Wörter können durch das Zeichnen von Silbenbögen, Verlängern oder Ableiten erklärt werden. Solche Wörter muss man sich **merken**.

2 Helft dem Kobold, indem ihr euch noch einmal die im Text markierten Wörter anseht und dann die folgenden Sätze vervollständigt.

Manche Merkwörter:
- haben ein langes „i“, das ___ oder ___ geschrieben wird.
- haben den Laut „ks“, der ___, ___ oder ___ geschrieben wird.
- haben nur ___ Silbe.
- werden nicht mit „f“ sondern mit ___ geschrieben.
- haben einen langen Volkal, der mit ___ geschrieben wird.

3 Erstellt eine Tabelle und tragt die markierten Wörter aus dem Lexikontext ein.

langes „i“	„ks“-Laut	...	...	...
...	...	und	viele	Obwohl
...	...	...	...	...

Der Kobold ist sehr eifrig bei der Sache und hat aus dem Lexikon vor allem Wörter mit einem *h* herausgesucht.
Finn sieht sich die Wörter an und erklärt ihm: „Das sind nicht alles Merkwörter, einige *h* kannst du mit der Strategie Verlängern hören.“

der Ruhm | er geht | die Fahne | während | das Fohlen | sie sieht

es weht | ehrlich | der Fahrplan | Ruhe | wohnen | der Lohn

4 Versucht die Wörter zu verlängern. Bei welchen könnt ihr das *h* nun hören?

5 Bildet mit jedem Verlängerungswort aus Aufgabe 4 einen Satz, sodass das *h* hörbar ist.

6 EXTRA Seht euch noch einmal das Bild der verschiedenen Kobolde an.
- Sucht euch einen Kobold aus und beschreibt ihn kurz.
- Kontrolliert eure Beschreibung auf Fehler, indem ihr die Silbenbögen zeichnet.
- Welche Wörter konntet ihr durch Ableiten oder Verlängern korrigieren? Setzt darüber die entsprechenden Anfangsbuchstaben: **A** für **Ableiten** oder **V** für **Verlängern**.
- Notiert euch die Merkwörter und übt sie, wenn notwendig, mithilfe der Rechtschreibkartei.

→ **T2** Schreiben Seite 169

Bandwurmwörterdurcheinander

T4 Rechtschreibung
Seite 213, 215

Zerlegen

Die Klasse ist mit einem Wortspiel beschäftigt, bei dem aus zwei Nomen ein zusammengesetztes Wort gebildet wird. Dabei muss das zweite Nomen in dem folgenden Wort wiederverwendet werden.

1 Setzt das Spiel in eurer Klasse fort.

„Ist der vierte Buchstabe in ‚Farbpinsel' ein *b* oder ein *p*?", fragt der Kobold den Klassenlehrer. Dieser antwortet: „Mit der Strategie des Zerlegens kannst du dir die Frage selbst beantworten. Leider ist ja von unserem Plakat nicht mehr viel übrig geblieben, nachdem du uns besucht hast."

Merke

Zerlegen

Das Zerlegen wird **bei zusammengesetzten Wörtern** angewandt.
Man zerlegt das Wort an seinen Wortgrenzen in die einzelnen Wörter.

So wird in zusammengesetzten Wörtern die Stelle gefunden, an der die Verlängerungsprobe eingesetzt werden kann.
Hand|ball|tor|netz → *Hände – Bälle – Tore – Netze*

2 Helft der Klasse, die Wörter auf dem Plakat wiederherzustellen, indem ihr möglichst viele zusammengesetzte Wörter bildet.

- Notiert die Wörter in eurem Heft.
- Zeichnet die Wortgrenzen ein.
- Zeichnet dann die Silbenbögen ein und wendet, wenn sinnvoll, die Strategien Verlängern und Ableiten an, z. B.: Fenster|brett → Fensterbretter → verlängert

3 Unterteilt die Wörter in der folgenden Wortschlange in sinnvolle Wortzusammensetzungen und geht anschließend wie in Aufgabe 2 vor.

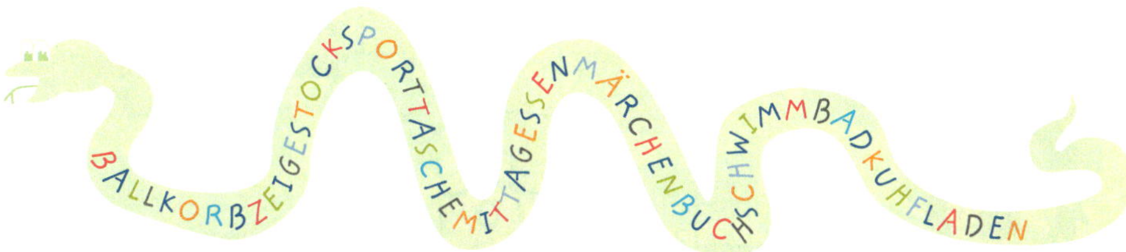

4 Seht euch die Wörter aus der Wortschlange an. Wann hilft euch die Strategie des Verlängerns?

Merke

Die Strategie **Verlängern** hilft an der Wortgrenze bei den folgenden Rechtschreibproblemen:

- Wörter mit *d* oder *t*
  Gel – mit *d* oder *t?*
  → *die Gelder*, also *das Geld*
- Wörter mit *b* oder *p*
  Lo – mit *b* oder *p?*
  → *die Lobe*, also *das Lob*
- Wörter mit *g* oder *k*
  Ber – mit *g* oder *k?*
  → *die Berge*, also *der Berg*

5 Erklärt die Schreibweise der folgenden Wortzusammensetzungen mit allen Strategien.

V M V A
Bergbahnmodellbäume → die Berge, die Bahn, die Modelle, der Baum

Schokoladenleckerei → ...

Obstsammelkorb → ...

Spritzbeutelspitze → ...

Räuberhöhleneingang → ...

Verwendet die Anfangsbuchstaben der Strategien als Abkürzung:
A – Ableiten
M – Merken
V – Verlängern

6 Überlegt euch eigene Wortzusammensetzungen, bei denen mehrere Strategien angewandt werden müssen. Tauscht die Wörter mit anderen Gruppen.

○ Aufgabe 1 ◒ Aufgabe 2, 3, 4, 5 ● Aufgabe 6

Teste dich selbst!

Üben interaktiv
jt5qk5

Der Kobold hat es geschafft: Das Klassenzimmer ist wieder aufgeräumt und er hat viel über Rechtschreibung, ihre Strategien und Hilfsmittel gelernt. Jetzt muss er nur noch testen, ob er auch wirklich alles kann.

Und los geht's!

1 Nenne die Rechtschreibstrategien, die du kennengelernt hast.

S – …
V – …
A – …
M – …
Z – …

Wie konntest du Aufgabe 1 lösen?
☹ → Seite 213

2 Zeichne bei den folgenden Wörtern die Silbenbögen.

Tomaten   Gurkensuppe   Erdbeereis   Vanillepudding

3 Bilde aus dem Wortstern Wörter. Wenn du dir unsicher bist, entscheide mithilfe der Rechtschreibstrategie Silbenbögen zeichnen, ob ein Doppelkonsonant eingesetzt werden muss.

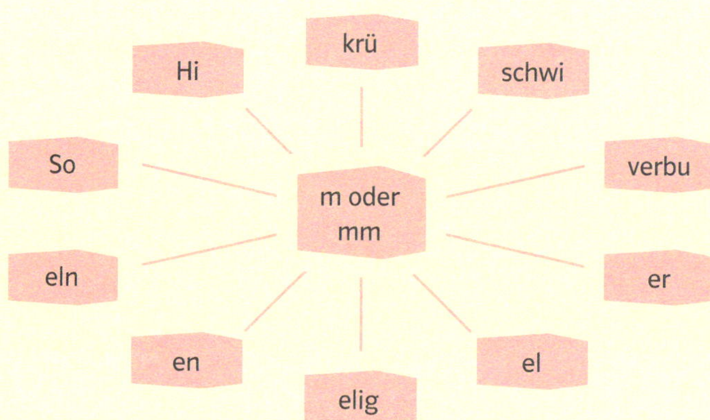

4 Wie muss der folgende Satz vollständig lauten? Gib jeweils ein Beispiel an.

Man schreibt „ck", wenn man beim Zeichnen der Silbenbögen ___ hört, und „tz", wenn man ___ hört.

Wie konntest du Aufgabe 2–4 lösen?
☹ → Seite 214/215
☺ → Seite 215 EXTRA

5 Schreibe die folgenden Wörter mithilfe der Strategien auf.
- Zeichne zunächst die Silbenbögen.
- Wende, wenn notwendig, eine weitere Strategie an.

Pa__straße (s oder ss)	fe__ (t oder tt)
Ra__dampfer (d oder t)	er la__ (g oder k)
So__erferien (m oder mm)	R__ber (äu oder eu)

Wie konntest du Aufgabe 5 lösen?
☹ → Seite 214/215
☺ → Seite 215 **EXTRA**

6 Lies den folgenden Text.
- Ordne die markierten Wörter den Strategien zu, die dir beim Schreiben helfen können.
- Bedenke, dass manchmal bei einem Wort mehrere Strategien angewandt werden.

Wie konntest du Aufgabe 6 lösen?
☹ → Seite 216/217
☺ → Seite 217/218 **EXTRA**

Kobolde bekommen und loswerden

Häufig geht ein Kobold eine Bindung nur zu einem einzigen Menschen ein. Manchmal bindet er sich aber auch an eine ganze Familie, ein Gebäude oder Gebäudeteile wie alte Balken, die Türschwelle oder ein Möbelstück. Unser Kobold hat eher eine Beziehung zu Bauwerken wie der Schule der Klasse 5d. Dabei entscheiden nicht allein die Menschen, ob ein Kobold bei ihnen bleibt. In der Regel suchen sich die Kobolde die Häuser selbst aus, in denen sie wohnen möchten. Seltener lässt sich ein Kobold mit Grütze, Butter, Milch oder einer Wohnnische anlocken.
Manche Kobolde bleiben immer an dem gleichen Ort, andere gehen von selbst. Man kann sie aber auch verjagen, verkaufen oder, in allergrößter Not, das Haus abbrennen. Er lässt sich aber auch vergraulen, wenn man ihn vernachlässigt oder beschimpft.

7 Ordne die folgenden Begriffe alphabetisch.

Kobold · Klabautermann · Poltergeister · Waldmännlein · Zwerge

Pumuckl · Wichtel · Naturgeister · Schiffskobolde · Nixe

8 Schlage die folgenden Begriffe im Wörterbuch nach und notiere ihre richtige Schreibweise.

Vorschlag Schreibweise	richtige Schreibweise
Delfin – Delphin – Delvin	...
Sal – Saal – Sall	...
Jogurt – Joghurt – Jogurth	...

Wie konntest du Aufgabe 7 und 8 lösen?
☹ → Seite 218/219
☺ → Seite 219/220 **EXTRA**

8

Dem Wetter auf der Spur

Nachdenken über Sprache

1 Kennt ihr die grammatischen Begriffe? Löst das Rätsel mithilfe der Silben in den Kästchen.

a) Diese Wörter sagen, was man tun kann.
b) „der", „die" und „das" sind welche.
c) Diese Wörter schreibt man groß.
d) Geben auf die Frage „Wie ist etwas?" eine Antwort.
e) Mit ihnen kann man Nomen ersetzen oder sie näher bestimmen.

Ad | Ar | ben | jek | kel

men | men | No | no

ti | ti | ve | Ver | Pro

Um nicht durcheinanderzukommen, schreibt die Silben in euer Heft. Streicht sie durch, wenn ihr sie verwendet habt.

2 Was passt zusammen? Bildet sinnvolle Wortgruppen mit jeweils drei Wörtern. Achtet dabei auf die Reihenfolge: Das erste Wort wird groß geschrieben, das zweite Wort ist eine Eigenschaft, das dritte Wort drückt aus, was geschieht, z. B.:

Frühling – warm – wachsen

heiß | wehen | schwitzen

Herbst | kalt | Sommer

Winter | stürmisch | frieren

3 Nennt die drei Wortarten, die in jeder Wortgruppe vorkommen.

Jetzt lernt ihr, …

… wie man Nomen erkennt und welche Besonderheiten sie haben.

… wie sich Nomen ersetzen lassen.

… wie Adjektive verwendet werden.

… was Personalformen sind.

… wie Verben sich im Präsens, Präteritum und Futur verändern.

… welche Satzarten man unterscheidet.

Ein Barometer basteln

Nomen erkennen und richtig schreiben

→ **T4** Grammatik
Seite 202/203

Uli, Irem, Deniz und Steffi nehmen an der Wetter-AG ihrer Schule teil. Heute geht es um den Luftdruck.

„In der Wettervorhersage reden sie immer vom Luftdruck. Luft drückt doch gar nicht“, bemerkt Deniz. Der Lehrer, Herr Klaasen, erklärt: „Luft drückt durch ihr Gewicht auf die Erdoberfläche. Bei hohem Luftdruck wird das Wetter oft schöner; sinkt er dagegen, wird es meistens schlechter.“ „Aber wie soll man den Luftdruck denn messen?“, will Deniz wissen. „Mit einem Barometer. Das wollen wir heute basteln“, sagt Herr Klaasen.

1 Überlegt, womit sich eine Wetter-AG beschäftigt. Was fällt euch zu diesem Thema ein?

Material
r2384u

Das braucht ihr:
- einen Luftballon
- ein Gummiband
- Nähgarn
- einen Schaschlikspieß
- stabiles Klebeband
- ein Stück Pappe (10 × 10 cm)
- ein Glas

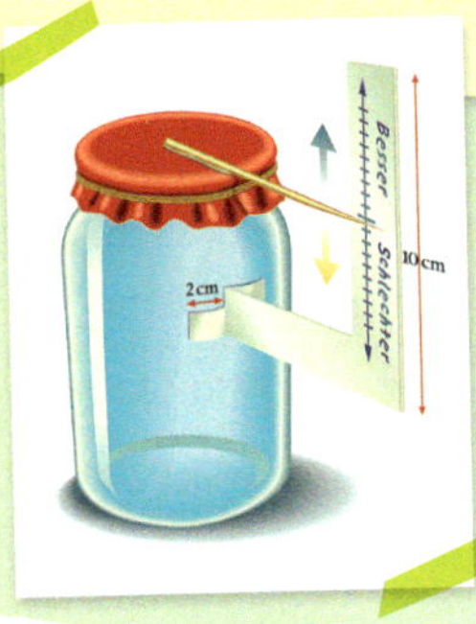

So wird es gemacht

1. Schneidet aus dem Luftballon ein Stück heraus. Es muss so groß sein, dass es über das Glas passt. Zieht es straff und befestigt es zunächst mit einem Gummiband. Anschließend umwickelt ihr alles noch mit Nähgarn, damit es richtig dicht ist.

2. Als Nächstes teilt ihr den Schaschlikspieß. Klebt eine Hälfte mit Klebeband so auf die Ballonhülle, dass die Spitze nach außen zeigt.

3. Schneidet aus der Pappe einen Winkel heraus. Den Arm, der nach oben zeigt, beschriftet ihr mit einer Skala. Die Mitte der Skala ist auf der Höhe des Spießes. Den Arm, der am Glas befestigt wird, schneidet ihr zwei Zentimeter ein, sodass ihr jeweils eine Lasche nach rechts und eine nach links knicken könnt. Die Laschen befestigt ihr mit Klebeband am Glas.

2 Nennt die Wortart, zu der die unterstrichenen Wörter auf der Materialliste links gehören. Was wisst ihr darüber?

3 Schreibt alle Nomen aus der Materialliste und der Anleitung mit dem bestimmten Artikel in euer Heft, z. B.: *der Luftballon, …*

Merke

Mit **Nomen** werden Lebewesen (Menschen, Tiere, Pflanzen), Gegenstände (z. B. Haus) und gedachte Dinge (z. B. Freiheit) bezeichnet.
Sie können im Text einen Begleiter haben, den **Artikel**. Man unterscheidet **bestimmte Artikel** *(der, die, das)* und **unbestimmte Artikel** *(ein, eine)*.
Nomen schreibt man immer groß.

Deniz

Hier, ich habe etwas zum Thema „Luftdruck“ gefunden.

Na ja, mit dem Wetter mag sich der Schreiber auskennen, aber mit der Schreibung von Nomen …

Uli

Kein Problem, verbessern wir den Text doch einfach!

Steffi

Der luftdruck ist wichtig für die wettervorhersage. Deshalb spielt er im wetterbericht eine wichtige rolle. Aber nicht nur die wetterforschung beschäftigt sich mit dem luftdruck. Auch mediziner und biologen schenken ihm aufmerksamkeit. Denn der luftdruck kann sich auf die gesundheit des menschen auswirken. Bei einer plötzlichen schwankung des luftdrucks innerhalb von ein oder zwei tagen können empfindliche menschen starke kopfschmerzen bekommen.

4 Verbessert den Fehlertext. Legt im Heft eine Tabelle mit den Nomensignalen an und ordnet die Nomen aus dem Text zu. Unterstreicht das Nomensignal.

Artikel	Adjektiv	Wortverbindung	Zahlwort	Suffix
der Luftdruck	wichtige Rolle	…	…	…

Merke

Nomensignale

vor einem Nomen
- **Artikel**: ***der** Luftdruck, **ein** Luftballon*
- **Adjektive**, die dem Nomen vorangestellt und in Genus/Numerus/Kasus an das Nomen angepasst sind: ***stabiles** Klebeband*
- **Wortverbindung** aus einem Artikel und einem anderen Wort: ***beim** Glas = **bei dem** Glas*
- **Zahlwörter**: ***zwei** Stück, **zehn** Zentimeter*

am Ende eines Nomens
Viele Nomen kann man an ihrer Endung, den **Suffixen**, erkennen:
-keit, -er, -nis, -ung, -sal, -heit, -chen, -lein, -schaft, -tum

5 Gruppenwettbewerb: Bildet mit den Suffixen aus dem Merke-Kasten in einer festgelegten Zeit möglichst viele Nomen.

Wenn die Luft drückt

Nomen genauer bestimmen

T4 Grammatik
Seite 204–206

Barometer

In der nächsten AG-Sitzung unterhalten sich Uli, Irem, Deniz und Steffi über das Barometer.

Steffi: „Ich habe es die ganze letzte Woche genau beobachtet: Der Zeiger geht manchmal nach oben, dann wieder nach unten."

Irem: „Das meinte Herr Klaasen. Wenn der Luftdruck steigt, drückt das Gewicht die Ballonhülle nach unten. Der Zeiger hebt sich dann."

Deniz: „Am Mittwoch, kurz vor dem Gewitter, ging der Zeiger ganz schön nach unten!"

Irem: „Ja, wenn der Luftdruck fällt, wird das Wetter schlechter."

Uli: „Wieso spüren wir den Luftdruck eigentlich nicht?"

Deniz: „Weil der Innendruck unseres Körpers im Gleichgewicht mit dem Luftdruck ist. Manchmal merkt man ihn aber doch. Zum Beispiel, wenn man mit dem Auto schnell die Berge hoch- oder runterfährt. Dann hat man ganz schön Druck auf den Ohren. Außerhalb deines Kopfes herrscht ein anderer Druck als in deinem Kopf. Das drückt auf das Trommelfell."

1 Übertragt die Tabelle in euer Heft und bestimmt mithilfe der Artikelprobe das Genus (grammatische Geschlecht) der im Text markierten Nomen.

maskulin	feminin	neutral
der …	die Sitzung	das …

2 Im Text gibt es zwei Nomen, die im Plural (Mehrzahl) stehen.
- Sucht sie heraus und schreibt sie auf.
- Setzt die Nomen in den Singular (Einzahl) und beschreibt, was sich verändert.

3 Schreibt die markierten Nomen aus dem Text heraus und bildet den Plural.

Merke

Genus und Numerus eines Nomens bestimmen

Nomen haben ein **Genus** (grammatisches Geschlecht), das man am Artikel erkennt:
- maskulin: ***der** Luftballon/**ein** Luftballon*
- feminin: ***die** Pappe/**eine** Pappe*
- neutral: ***das** Gummiband/**ein** Gummiband*

Nomen haben einen **Numerus** (Anzahl). Sie stehen entweder im **Singular** (in der Einzahl) oder im **Plural** (in der Mehrzahl): ***das** Glas/**die** Gläser*

Alle Nomen haben im Plural den Artikel *die*. Der unbestimmte Artikel hat keinen Plural: *Ich brauche **das** Glas/**ein** Glas. Ich brauche **die** Gläser/Gläser.*

Morgen wird es ungemütlich. Der November bringt den ersten leichten Frost. Die tiefsten Temperaturen des Jahres werden in Deutschland erreicht. Der milden Witterung des vergangenen Monats folgen jetzt winterliche Temperaturen. Verantwortlich ist der Rand eines Tiefdruckgebiets, das uns das nasskalte Wetter beschert. Die Ausläufer dieses Tiefs bringen auch kräftige Schauer. Die nächsten Tage bleiben dem eher trüben Wetter vorbehalten. Dazu erwarten wir einen kräftigen Wind aus Nordwest.

4 Im Text sind Nomen markiert. Mit den Fragewörtern *Wer?* und *Wen?* kann man nach ihnen fragen, z. B.:
Frage: Wer bringt den ersten leichten Frost? Antwort: der November.
Frage: Wen oder was bringt der November? Antwort: den Frost.
Schreibt zu den markierten Nomen die Fragen und Antworten wie im Beispiel auf.

Merke

Kasus eines Nomens bestimmen

Nomen stehen im Satz in einem bestimmten **Kasus** (Fall).
Der Kasus eines Nomens lässt sich durch Fragen ermitteln.

Nominativ	Frage: *Wer?* oder *Was?*	*Das **Wetter** wird schlechter.*
Genitiv	Frage: *Wessen?*	*Die Wettervorhersage des **Fernsehsenders** war ungenau.*
Dativ	Frage: *Wem?*	*Den schönen Tag verdanken wir dem **Wetter**.*
Akkusativ	Frage: *Wen?* oder *Was?*	*Morgen gibt es **schlechteres Wetter**.*

5 Ordnet die Nomen aus dem Text den Fällen Nominativ und Akkusativ zu.

6 Bestimmt von diesen Nomen auch Genus und Numerus.

7 EXTRA Bestimmt mithilfe der richtigen Fragewörter die Nomen im Text, die im Dativ und im Genitiv stehen.

T4 Grammatik
Seite 208

Einen Regenmesser basteln

Die Wortart Pronomen

In der Wetter-AG geht es diesmal um das Messen des Niederschlags. Uli und Irem übernehmen die Bastelarbeiten für den Regenmesser. Sie lesen die Anleitung.

Material
s6mh4d

Da hat sich wohl jemand einen Scherz erlaubt!

Irem

Das ist aber kein großes Problem. Zusammen mit der Zeichnung kriegen wir das hin.

Uli

Das braucht ihr:
- eine große Wasserflasche aus Plastik
- ein Messer
- ein Lineal
- einen Streifen Klebeband (wasserfest)
- einen Filzstift (wasserfest)
- einen Holzstab

So wird es gemacht

Schneidet ihren oberen Teil ab. Stülpt ihn kopfüber in ihren unteren Rest. So entsteht eine Art Trichter, durch den sich das Regenwasser in ihr sammelt.

Klebt es von außen auf die Flasche und zeichnet mit ihm eine Skala auf ihn.

Beginnt bei 0 und bringt im Abstand von 1 Zentimeter die Markierungen an. Die 0 befindet sich an ihrem Boden.

Befestigt sie an einem Holzstab und stellt alles ins Freie. Jetzt könnt ihr jeden Tag den Niederschlag messen.

1 Verbessert die Anleitung so, dass sie verständlich wird. Schreibt den Text ab und ersetzt dabei die markierten Pronomen mithilfe des Bildes und der Materialliste durch passende Nomen.

Merke

Pronomen können Nomen ersetzen oder begleiten.

Ersetzen: *Der **Regen** prasselt. **Er** (der Regen) ist heftig.*
Begleiten: *Das ist **dein** Regenschirm.*

2 Begründet, warum die Anleitung ohne Bild nicht verständlich ist.

3 Uli schneidet den oberen Teil der Flasche ab. Uli stülpt ihn kopfüber in ihren unteren Rest. Uli klebt von außen …
Wenn man so schreibt, wird ein Text schnell langweilig. Gestaltet die Satzanfänge abwechslungsreich, indem ihr das markierte Nomen durch ein Pronomen ersetzt.

4 Erklärt nun, wozu man Pronomen verwendet.

5 Schreibt die Sätze aus den Sprechblasen in euer Heft.
- Setzt die fehlenden Personalpronomen ein.
- Nennt die Personen, für die sie stellvertretend stehen.

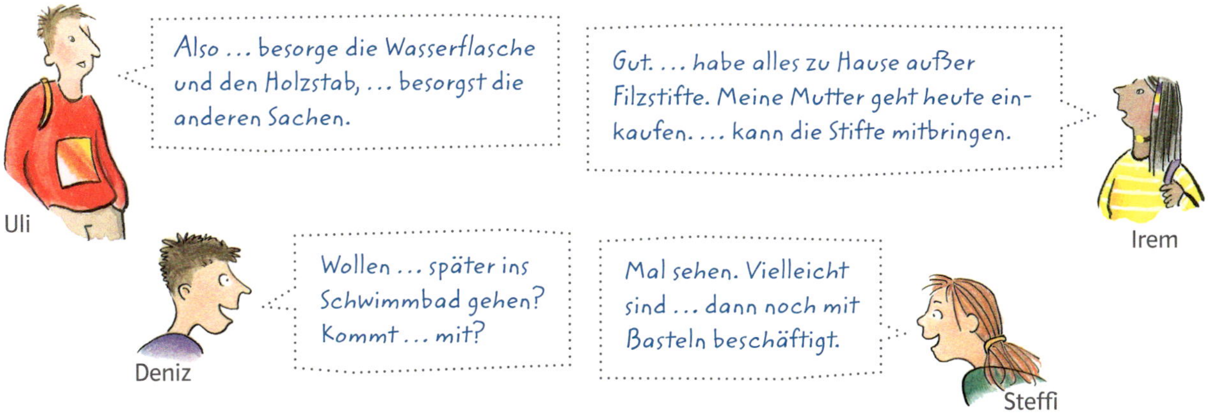

Merke

Personalpronomen stehen im Text stellvertretend für Nomen.

Singular		Plural	
1. Person	*ich*	1. Person	*wir*
2. Person	*du*	2. Person	*ihr*
3. Person	*er/sie/es*	3. Person	*sie*

Possessivpronomen können als Begleiter von Nomen auftreten. Sie zeigen den Besitz und die Zugehörigkeit von etwas an:

Singular	Plural
mein, dein, sein/ihr/sein	*unser, euer, ihr*

6 Schreibt die Possessivpronomen aus dem folgenden Text heraus, z. B.: *unser*.

Nach dem Bau des Regenmessers schlägt Uli vor: „Unser Garten ist der richtige Standort. In eurem stehen zu viele Bäume." Irem antwortet: „Wenn deine Eltern nichts dagegen haben. Ich könnte den Regenmesser aber auch auf unserem Balkon anbringen. Da kommt immer Regen hin." Sie einigen sich, dass Uli ihn in seinem Garten aufstellt und packen ihre Sachen.

7 Ordnet den Pronomen aus dem Text zu, wessen Besitz angezeigt wird, z. B.:
Unser Garten – Der Garten gehört Ulis Familie.

8 EXTRA Ersetzt die Pronomen durch Nomen. Verändert den Text dabei so, dass keine wörtliche Rede mehr vorkommt, z. B.: *Der Garten von Ulis Familie ist der richtige Standort. In Irems Garten ...*

○ Aufgabe 1 ◒ Aufgabe 2, 3, 4, 5, 6, 7 ● Aufgabe 8 EXTRA

Ein Thermometer basteln

Die Wortart Adjektive

T4 Grammatik
Seite 209/210

Material
k2rz6j

1 Wozu braucht man ein Thermometer? Was kann man damit messen? Tauscht euch darüber aus.

Das braucht ihr:
- eine leere Flasche mit Schraubverschluss
- einen durchsichtigen Trinkhalm
- Wasserfarbe oder Lebensmittelfarbe
- einfachen Knetgummi
- einen wasserfesten Stift
- eine spitze Schere

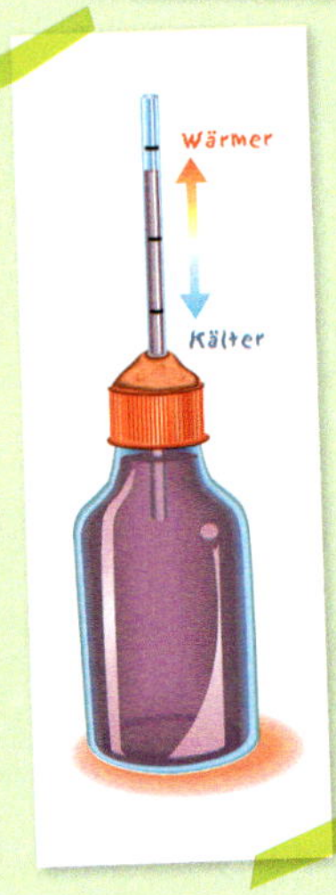

So wird es gemacht

1. Ihr füllt die Flasche zur Hälfte mit klarem Wasser und gebt die Farbe zu. Dann wird die Flasche fest verschraubt und ordentlich geschüttelt, bis sich Farbe und Wasser gut vermischt haben. Als Nächstes füllt ihr weiteres Wasser bis kurz unter den Rand ein und verschraubt die Flasche wieder.

2. Mithilfe einer spitzen Schere bohrt ihr ein kleines Loch in den Schraubverschluss, das so groß ist, dass ein Trinkhalm durchpasst. Dichtet die Verbindung von Halm und Deckel mit Knetgummi ab.

3. Dreht den Deckel wieder so weit auf, dass Luft in die Flasche kann. Saugt jetzt vorsichtig an dem Trinkhalm, bis das farbige Wasser etwa 5 cm über dem Verschluss steht. Jetzt müsst ihr den Halm mit dem Finger oder der Zungenspitze zuhalten, sodass das Wasser im Halm bleibt. Gleichzeitig schraubt ihr den Verschluss wieder zu.

4. Markiert mit einem wasserfesten Stift den Stand der Wassersäule. Stellt nun die Flasche über Nacht in den Kühlschrank. Markiert wieder den Wasserstand und stellt die Flasche ein paar Stunden in die pralle Sonne oder auf die Heizung.

2 In der Materialliste werden Nomen genauer beschrieben. Listet die Wörter auf, mit denen das geschieht, z. B.: *leere, …*

Merke

Adjektive bezeichnen Eigenschaften und Merkmale von Lebewesen, Dingen, Vorgängen und Tätigkeiten.
*der **starke** Regen, die **dunkle** Wolke, das **schwere** Unwetter*

3 Schreibt alle Adjektive aus der Anleitung heraus.

4 Überlegt, welche Adjektive für die Anleitung unbedingt notwendig sind und welche man weglassen könnte. Markiert die wichtigen in eurem Heft farbig.

Steffi

Deniz

Irem

5 Bildet mithilfe der Informationen aus der folgenden Tabelle Sätze, z. B.: *Die höchste Temperatur gab es in … In … ist es kälter als in …*

Hitzerekorde		Kälterekorde	
Al-Aziziyah (Libyen)	+58 °C	Wostok (Antarktis)	–89 °C
Death Valley (USA)	+57 °C	Hochland von Oimjakon (Russland)	–72 °C
Phoenix (USA)	+56 °C	Werchojansk (Russland)	–68 °C
Cloncurry (Australien)	+53 °C	North Ice (Grönland)	–66 °C

Merke

Die meisten Adjektive lassen sich **steigern**.
Die Grundstufe des Adjektivs heißt **Positiv**: *hoch*
Die erste Steigerungsstufe (Höherstufe) heißt **Komparativ**: *höher*
Die zweite Steigerungsstufe (Höchststufe) heißt **Superlativ**: *am höchsten*

6 In der Abbildung auf Seite 146 stehen zwei Adjektive. Nennt den Fachbegriff für die Steigerungsform, um die es sich handelt.

7 Übernehmt die Tabelle in euer Heft und tragt die Adjektive mit ihren Steigerungsformen ein.

hell · schwach · nah · weit · groß · stark · gut

klein · klug · dumm · langsam · schnell · hoch · rund

Positiv	Komparativ	Superlativ
hell	heller	am hellsten

Manche Adjektive werden umgelautet, das heißt *a* wird zu *ä*, *o* zu *ö* und *u* zu *ü*, z. B.: st**a**rk – st**ä**rker – am st**ä**rksten

8 EXTRA Schreibt eine kleine Geschichte und macht euren Text mit möglichst vielen Adjektiven anschaulich. So könnt ihr beginnen: *Schon als ich mich auf mein altes Fahrrad schwang, wurde der Wind stärker …*

→ T2 Schreiben Seite 180/181

T4 Grammatik
Seite 210/211

Einen Windmesser basteln

Die Wortart Verben

„Wind gibt es fast immer“, beschwert sich Deniz. „Heute musste ich auf dem Fahrrad ganz schön strampeln.“ „Ja, aber jetzt im Sommer kühlt der Wind doch auch ein wenig“, sagt Uli. „Hört mal her, wir sollen einen Windmesser basteln. Je schneller er sich dreht, desto größer ist die Windstärke. Also, los geht's!“, fordert Steffi die anderen auf.

1 Berichtet von euren Erfahrungen mit Wind.

2 Überlegt, für wen es wichtig ist, die Windgeschwindigkeit zu wissen.

Material
yt2e8v

Das braucht ihr:
- *ein Vierkantholz*
- *eine Filzstifthülle*
- *zwei Büroklammern*
- *vier Plastikbecher*
- *einen langen, dünnen Nagel*
- *zwei gleich lange Blumenstäbe*
- *Klebeband*
- *Hammer und Kneifzange*

So wird es gemacht

1. Mit dem Hammer schlagt ihr den langen Nagel ein kleines Stück in das Vierkantholz.
2. Anschließend kneift ihr mit der Zange den Kopf des Nagels ab.
3. Jetzt befestigt ihr die Becher mit Klebeband an den Enden der Blumenstäbe.
4. Biegt zwei Büroklammern auseinander, legt die Blumenstäbe übereinander und befestigt sie mit den Drähten in dem spitzen Ende der Filzstifthülle.
5. Zuletzt setzt ihr die Filzstifthülle über den Nagel.

3 Schreibt alle Wörter aus der Anleitung heraus, die angeben, was ihr tun müsst, z. B.: *schlagt ...*

4 Bildet den Infinitiv (die Grundform) dieser Wörter, z. B.: *schlagt – schlagen.*

Merke

Ein **Verb** bezeichnet eine Tätigkeit, einen Vorgang oder einen Zustand.
Die Grundform des Verbs heißt **Infinitiv**.
Die meisten Verben enden im Infinitiv auf ***en**: wehen, messen*.
Manchmal wird ein ***l** (basteln)* oder ***r** (wandern)* eingeschoben.

Deniz grübelt weiter über den Wind nach und möchte wissen, wie dieser entsteht. Schließlich fragt er Herrn Klaasen. „Ich weiß eigentlich gar nicht, was Wind ist. Sie können mir das doch sicher erklären." „Am besten ist es, wir befragen zuerst ein Lexikon", schlägt Herr Klaasen vor und gibt Deniz eins. In dem Lexikon findet Deniz eine Erklärung zur Entstehung von Wind: „Er entsteht durch unterschiedlichen Luftdruck, den es in der Erdatmosphäre gibt. Die Luft will aus Gebieten mit hohem Luftdruck in Gebiete mit tiefem Luftdruck, bis wieder ein Gleichgewicht hergestellt wird." „Wind ist also bewegte Luft. Ihr könnt das mit einer Luftpumpe vergleichen", sagt Herr Klaasen. „Wenn ihr oben mit dem Finger zuhaltet und pumpt, entsteht in der Pumpe ein hoher Druck. Lasst ihr den Finger los, spürt ihr, wie die Luft entweicht. Sie entweicht in die Umgebung mit tieferem Druck."

5 Im Text findet ihr viele Personalpronomen. Schreibt sie mit den dazugehörenden Verben heraus, z. B.: *er fragt ...*

6 Übertragt die folgende Tabelle in euer Heft und sortiert die Verben aus Aufgabe 5 ein.

Singular			Plural		
ich	du	er/sie/es	wir	ihr	sie
...	...	fragt	...	...	...

Merke

Verben treten in Texten meist nicht im Infinitiv, sondern in veränderter Form, der **Personalform**, auf. Diese Veränderung heißt **Konjugation**.
Die Personalform richtet sich danach, wer oder was etwas tut.

Singular		Plural	
1. Person	*ich frage*	1. Person	*wir fragen*
2. Person	*du fragst*	2. Person	*ihr fragt*
3. Person	*er/sie/es fragt*	3. Person	*sie fragen*

Die Befehlsform lautet: *Frage!* (du-Form)/*Fragt!* (ihr-Form)

7 Wählt drei Verben aus dem Text und konjugiert sie im Singular und Plural.
- Kennzeichnet dann die unterschiedlichen Endungen farbig.
- Bildet die Befehlsform dieser drei Verben.

Wind – Sturm – Orkan

T4 Grammatik
Seite 210/211

Verben in verschiedenen Zeiten

Vergangenheit		Gegenwart		Zukunft	
Präteritum etwas ist vorbei		**Präsens** etwas passiert gerade oder immer wieder		**Futur** etwas passiert später	
ich fuhr	*wir …*	*ich fahre*	*wir …*	*ich werde fahren*	*wir …*
du fuhrst	*ihr …*	*du fährst*	*ihr …*	*du …*	*ihr …*
er/sie/es fuhr	*sie …*	*er/sie/es …*	*sie …*	*er/sie/es …*	*sie …*

1 Beschreibt die Übersicht zu den Zeitformen.

2 Übertragt sie in euer Heft und ergänzt die fehlenden Verbformen.

3 Legt eine Tabelle an und setzt die folgenden Verben ins Präteritum, Präsens und Futur: *sagen, laufen, sein.*

Merke

An Verben lässt sich ablesen, ob eine Handlung in der Vergangenheit, in der Gegenwart oder in der Zukunft abläuft. Man spricht vom **Tempus** (Zeit) des Verbs.

Unsere vier Wetterexperten beschäftigen sich noch weiter mit dem Thema „Wind". Steffi hält eine Zeitung hoch, in der etwas über Hurrikane steht.

„Allein im letzten Jahr gingen 15 Hurrikane über die Südküste der USA hinweg. Dort, wo sie ihre Bahn zogen, richteten sie starke Verwüstungen an. Autos flogen wie Spielzeuge durch die Luft, Hausdächer wurden abgedeckt und Menschen starben in dem Unwetter."

„Es gibt doch Wettervorhersagen. Warum bringen sich die Leute dann nicht in Sicherheit?", wundert sich Uli. „Steht hier", antwortet Steffi, *„Trotz aller Vorhersage sind Hurrikane unberechenbar, da sie ihre Bahnen ändern. Sie bringen vor allem starken Regen und Flutwellen, die manchmal schlimmer sind als der Wind selbst".*

„Unser Windmesser wird für solche Windmonster mit Sicherheit nicht reichen!", sagt Irem.

4 Übernehmt die Tabelle in euer Heft und tragt alle Verbformen aus dem Text über Hurrikane ein. Bestimmt das Tempus.

Verbform im Text	Tempus
beschäftigen	Präsens (Gegenwart)
hält	...

5 Bildet von allen Verben, die im Präteritum stehen, den Infinitiv, z. B.:
gingen – gehen, ...

6 Vergleicht die Vergangenheitsformen und die Infinitive. Was fällt euch auf?

→ unregelmäßige Verben Seite 264/265

7 In dem Text über Hurrikane gibt es außer den Verben noch einen weiteren Hinweis auf die Vergangenheit. Nennt ihn.

8 EXTRA In dem Text über Hurrikane steht ein Verb im Futur. Schreibt es heraus und begründet, warum es im Futur steht.

9 Schreibt den folgenden Text in euer Heft und unterstreicht alle Verbformen.
- Bestimmt das Tempus des Textes.
- Setzt den gesamten Text ins Präteritum.

Uli und Irem treffen sich nach der Schule. Sie wollen den Windmesser basteln. Irem hat alle Sachen dabei. Sie machen sich an die Arbeit. Uli schlägt den Nagel vorsichtig in das Vierkantholz und kneift mit der Zange den Kopf des Nagels ab. Irem befestigt die Becher mit Klebeband an den Enden der Blumenstäbe. Sie biegt zwei Büroklammern auseinander, legt die Blumenstäbe übereinander und befestigt sie mit den Drähten in dem spitzen Ende der Filzstifthülle. Uli setzt zum Schluss die Filzstifthülle über den Nagel.

Merke

Bei manchen Verben ändert sich im Präteritum der Vokal des Wortstamms. Solche Verben heißen **starke Verben**: *rennen – rannte*.
Verben, bei denen sich der Wortstamm nicht ändert, heißen **schwache Verben**: *sagen – sagte*.

10 EXTRA Starke oder schwache Verben? Ordnet die Verben aus dem Text oben in die Tabelle ein und bildet die entsprechende Präteritumsform.

starke Verben	schwache Verben
treffen – traf	basteln – bastelten

Teste dich selbst!

Üben interaktiv
g4x3kv

1 Henrik behauptet: „Nur Gegenstände werden als Nomen bezeichnet". Stimmt diese Aussage? Korrigiere gegebenenfalls.

Wie konntest du Aufgabe 2 lösen?
→ Seite 206
→ Seite 207 EXTRA

2 Bestimme den Kasus der unterstrichenen Nomen in den folgenden Sätzen:

a) Sie rief den Hund.
b) Das Halsband des Hundes war kaputt.
c) Der Hund gehorchte nicht.
d) Der Knochen gehört dem Hund.

3 Ergänze den folgenden Satz.

Nomen lassen sich nach ______, ______ und ______ genauer bestimmen.

Wie konntest du Aufgabe 3 und 4 lösen?
→ Seite 204/205
→ Seite 207 EXTRA

4 Übertrage die Tabelle in dein Heft und setze jeweils fünf Nomen mit passendem Artikel ein.

maskulin		feminin		neutral	
Singular	Plural	Singular	Plural	Singular	Plural
…	…	…	…	…	…

Wie konntest du Aufgabe 5 lösen?
→ Seite 203
→ Seite 207 EXTRA

5 Forme die Wörter zu Nomen um, indem du ein Suffix anhängst, z. B.: prüfen – die Prüfung.

schlau · bekannt · eigen · sauber · bereit · geheim

krank · markieren · freundlich · neu · fordern

6 Ergänze den Satz. Schreibe in dein Heft.

Pronomen werden als ______ oder ______ bezeichnet.

Wie konntest du Aufgabe 6 und 7 lösen?
→ Seite 208
→ Seite 208 EXTRA

7 Ersetze die markierten Nomen durch Personalpronomen. Setze die fehlenden Possessivpronomen ein.

Bevor Svenja morgens aus dem Haus geht, macht Svenja sich ______ Frühstück. Danach kontrolliert Svenja ______ Ranzen. Anschließend geht Svenja bei Mike, ______ Freund, vorbei und holt Mike ab. ______ Haus liegt auf ______ Schulweg.

8 Wie nennt man die Steigerungsstufen des Adjektivs. Schreibe sie in dein Heft.

9 Bestimme die Steigerungsstufen der folgenden Adjektive.

schneller | gründlich | am klügsten | glatt | krummer

am langsamsten | klein | höher | am weitesten

Wie konntest du Aufgabe 8 und 9 lösen?

😐 → Seite 209
😊 → Seite 210 EXTRA

10 Welche Antwort ist richtig? Die Grundform des Verbes heißt:

a) induktiv | b) Infusion | c) Infinitiv | d) interaktiv

11 Konjugiere die Verben *haben*, *sein*, *fahren* und *sagen* in der 2. Person Singular in den Zeitformen Präsens, Präteritum und Futur.

12 Setze den folgenden Text ins Präteritum.

Ein Sturm zieht auf. Zuerst bewegen sich die Blätter, bald schwanken die ersten Äste. Der Wind wird stärker. Heftige Böen reißen Mülltonnen um. In einigen Teilen der Stadt werden sogar Gebäude beschädigt. Es gibt Schäden an Dächern, die herunterfallenden Dachziegel zerstören parkende Autos. Eine Stunde wütet der Sturm, dann herrscht wieder Ruhe. Der Schaden ist groß.

Wie konntest du Aufgabe 10, 11 und 12 lösen?

😐 → Seite 210/211
😊 → Seite 211 EXTRA

13 Setze die passenden Satzschlusszeichen.

a) „Das machst du sofort weg ___ “, schrie er sie an.
b) „Warum sollte ich das tun ___ “, entgegnete sie wütend.
c) Er antwortete: „Du hast doch den Dreck gemacht ___ “

14 Verbinde die beiden Hauptsätze mit einer der Konjunktionen *und*, *oder*, *aber*, *denn*.

Herr Peters musste sich beeilen. Das Gewitter kam immer näher.

15 Erfinde Hauptsätze und verbinde diese mit den Konjunktionen *entweder, oder*, *weder, noch*, *und*, *aber*, *oder*, *denn*.

Wie konntest du Aufgabe 13, 14 und 15 lösen?

😐 → Seite 212
😊 → Seite 212 EXTRA

16 Erstelle eine Mindmap zu den Wortarten. Trage als Hauptstränge „Nomen“, „Verben“, „Adjektive“ und „Pronomen“ ein. Ordne den Hauptsträngen dann jeweils die wichtigsten Informationen zu.

Wie konntest du Aufgabe 16 lösen?

😐 → Seite 202

T1

Trainingsstation
Sprechen und Zuhören

T1 Lösungen
2p5hm8

Ob du mit deinen Freunden oder Eltern oder einem Lehrer sprichst, in einem Gespräch ist es immer wichtig, dass du dein Anliegen mitteilen kannst und deinem Gesprächspartner gut zuhörst.
In dieser Trainingsstation lernst du die unterschiedlichsten Formen der Verständigung kennen. Du bekommst einen Überblick darüber, welche Gesprächsformen es in der Schule gibt und welche grundlegenden Regeln eingehalten werden sollten. Außerdem erfährst du, wie du dich auf eine Diskussion vorbereiten kannst, um deinen eigenen Standpunkt zu vertreten. Auch über die sprachliche Gestaltung eines Gedichtes oder einer Erzählung kannst du in dieser Station einiges lernen.

1 Gespräche führen

Formen der Verständigung

- **direkt** („face to face")
  - Gespräch mit Freunden
  - Unterhaltung mit Eltern
  - Unterrichtsgespräch
  - …
- **indirekt** (mithilfe von Medien)
  - E-Mail
  - Telefon
  - Skype
  - …

1.1 Formen der Verständigung kennenlernen

1 Überlege, welche der Verständigungsformen aus dem Schaubild oben du im Alltag besonders häufig und welche du gar nicht verwendest?

2 Nenne weitere Formen der direkten und indirekten Verständigung.

3 Beschreibe mithilfe der Zeichnungen die unterschiedlichen Gesprächssituationen, in denen sich Menschen verständigen.

4 Ordne die in den Zeichnungen dargestellten Gesprächssituationen der direkten oder indirekten Verständigung zu.

Manche Beispiele kannst du auch beiden Bereichen zuordnen.

1 EXTRA Ordne die folgenden Beispiele der direkten oder indirekten Verständigung zu.

Familienrunde beim Essen | Liebesbrief | Streitgespräch | Entschuldigung | Pausengespräch | Geburtstagskarte | Eltern-Lehrer-Gespräch | Video-Konferenz | Talkrunde | Gespräch beim Arzt | Interview

2 EXTRA Überlege dir weitere Beispiele für direkte und indirekte Verständigung.

1.2 Gespräche im Unterricht führen

Gesprächsformen im Unterricht

1 Die Bilder zeigen unterschiedliche Gesprächsformen im Unterricht. Ordne die folgenden Fachbegriffe den Bildern zu.

Gruppenarbeit | Partnerarbeit | Referat | Lehrervortrag | Kreisgespräch

1

2

3

4

5

2 In den folgenden Beispielen werden unterschiedliche Gesprächsformen im Unterricht beschrieben. Nenne die entsprechenden Fachbegriffe, z. B.:
Alle Schüler/Schülerinnen tauschen sich in einem Stuhlkreis über ein bestimmtes Thema aus. – Kreisgespräch

Für alle gut sichtbar, stehen zwei Schüler/Schülerinnen vor der Klasse. Als Experten informieren sie ihre Mitschüler/Mitschülerinnen über ein bestimmtes Thema.

Im Gespräch mit einem Partner klärt ein Schüler/eine Schülerin Probleme, die er/sie mit einer bestimmten Aufgabe hat. Die beiden Schüler/Schülerinnen lösen die Aufgabe gemeinsam.

1 EXTRA Wähle zwei Bilder von Seite 158 aus und erkläre, wie die unterschiedlichen Formen von Gesprächen im Unterricht funktionieren.

2 EXTRA Erkläre, welche Vorteile und welche Nachteile diese Formen jeweils haben können.

Gesprächsregeln

1 Lies den folgenden Text oder höre ihn dir an.

Hörverstehen
7hg9m7

In der Klasse 5a der Geschwister-Scholl-Schule wird darüber diskutiert, welches Maskottchen für die Klasse passend wäre …

Anna: Meine Lieblingstiere sind Pferde, deshalb wünsche ich mir ein Pferd als Klassenmaskottchen. Vielleicht könnte man …
Sören *unterbricht sie und ruft laut in die Klasse hinein:* Wie langweilig, nur weil du jeden Tag reiten gehst, sollen wir uns jetzt ein Poster von so einem blöden Pferd an die Tür hängen. Wir brauchen ein gefährliches Tier als Klassenmaskottchen, um den anderen Klassen zu zeigen, wie stark und cool wir sind. Einen Leoparden finde ich richtig toll!
Francesco: Aber darum geht es doch gar nicht, wir sollen doch ein Tier aussuchen, das etwas anderes über unsere Klasse aussagt, als einfach nur cool und stark zu sein. Ich finde, wir sollten ein buntes Tier nehmen, wie z. B. einen Papagei oder ein Chamäleon. Das würde ganz gut passen, weil wir so ein bunter Haufen sind.
Luisa: Was haltet ihr denn von einem Hund als Klassenmaskottchen? Das ist ein intelligentes und dazu noch ganz schönes Tier.
Katrin: Ich finde Delfine ausgesprochen klasse. Wie ich in meinem neuen Tierlexikon gelesen habe, sind das ganz liebe und soziale Tiere, die mit ihrem Sonarsystem … →

Sören *redet unaufgefordert drauflos:* Oh nein, jetzt bekommen wir wohl einen Vortrag über Delfine, oder was? Deine Flipper interessieren doch niemanden hier! Tiger, Leoparden, Löwen, wilde Raubkatzen, das sind die besten Tiere, die ich kenne.
Franceso: Wenn hier alle durcheinanderreden und keiner dem anderen zuhört, kommen wir auf jeden Fall nicht weiter.
Luisa: Vielleicht können wir nachher in der Klassenleiterstunde mit Herrn Schulz noch einmal in Ruhe darüber sprechen und gemeinsam entscheiden, welches Tier unser Klassenmaskottchen werden soll.
Anna: Ich finde, das ist eine tolle Idee, so können wir zu einer Lösung unseres Problems kommen.

Unsere Klassenregeln sind:

- Melde dich und rede nicht einfach drauflos!
- Höre den anderen Gesprächsteilnehmern zu!
- Mache einen anderen Gesprächsteilnehmer nicht lächerlich und beleidige ihn nicht, sondern nimm seine Meinung ernst!
- Lass den anderen Gesprächsteilnehmer ausreden und falle ihm nicht ins Wort!

2 Sieh dir das Plakat mit den Gesprächsregeln an. Überprüfe, welche von den Schülerinnen und Schülern eingehalten wurden und welche nicht.

3 Formuliere Sörens Gesprächsbeiträge so um, dass diese den Gesprächsregeln entsprechen.

Formulierungshilfen

- Ich wünsche mir, ...
- Es wäre schön, wenn ...
- Könnten wir ...
- Ich hätte gern ...

1 EXTRA Verfasse ein Gespräch zum Thema Klassenmaskottchen, in dem alle Gesprächsteilnehmer die oben auf dem Plakat festgehaltenen Regeln berücksichtigen.

2 EXTRA Welches Klassenmaskottchen hättest du gern? Formuliere einen kurzen Text, in dem du deine Meinung darlegst.

2 Diskutieren und argumentieren

Vorbereitung auf eine Diskussion

1) Sich über die eigene Meinung klar werden, z. B.
Ich möchte einen Hund haben.

2) Argumente sammeln, z. B.
Auch in der Großstadt kann ein Hund Auslauf haben.

3) Argumente formulieren, z. B.
Der Hund hat auch hier genug Auslauf, denn es gibt Parks und Grünflächen.

Argumente mündlich vortragen

1 Stell dir vor, du möchtest deine Eltern davon überzeugen, einen Hund zu kaufen.
- Sammle auf Karteikarten Argumente für ein Gespräch. Trage sie einem Mitschüler oder deinen Eltern vor.
- Ergänze oder finde weitere Argumente, z. B.:

Es ist möglich, Hunde hier zu halten, denn andere Leute in unserer Stadt haben auch Hunde.

Hunde kann man so erziehen, dass man mit ihnen auch in einer Großstadt leben kann.

am Stadtrand ein Waldstück

Versorgung des Hundes

Hund als Spielkamerad

Park in der Nähe

Auslauf

Hund als Wachhund

man kann sich informieren

2 Wenn man eine Diskussion führt und andere überzeugen will, kommt es auch auf die richtige Formulierung an. Schreibe den folgenden Text in dein Heft und ergänze die passenden Wörter.

- Achte darauf, ______ zu sprechen.
- Wähle für deine Meinungsäußerungen die passenden Formulierungen, z. B. „Ich bin der Meinung …“, „Ich finde, dass …“, „Meiner Meinung nach …“, „Mein Standpunkt hierzu ist …“, „Ich habe gehört/gelesen, dass …“.
- Achte darauf, mit den Diskussionspartnern ______ aufzunehmen.
- Mache dir vorher ______, damit du nichts vergisst.
- Versuche, dich nicht zu ______.

Blickkontakt | wiederholen | Stichwörter | klar und deutlich

3 Du willst deine Eltern davon überzeugen, einen Hund anzuschaffen. Überlege dir mit einem Mitschüler/einer Mitschülerin ein Rollenspiel zu dem Thema.
- Nutze dazu deine Ergebnisse aus den Aufgaben 1 und 2.
- Führe das Rollenspiel gemeinsam mit deinem Partner/deiner Partnerin durch.

---

1 EXTRA Anna-Lena möchte unbedingt ein Hängebauchschwein haben, muss aber noch ihre Eltern davon überzeugen.
- Überlege, wie das Gespräch zwischen Anna-Lena und ihren Eltern ablaufen könnte.
- Schreibe es in dein Heft.

Formulierungshilfen

- „Hallo Mama und Papa, ich möchte euch einen Vorschlag machen, weil ihr ja mit einem Hund nicht einverstanden seid. Wie wäre es …“
- „Wir haben gerade in der Schule …“
- „Das ist nicht schwer, denn …“
- „Mit denen kann man sogar …“
- „So ein Tier kommt auf keinen Fall …“
- „Du weißt doch gar nicht, wie …“

3 Erzählen und freies Gestalten

Gute Erzählerin/Guter Erzähler

- **warten, bis alle zuhören**
- **Blickkontakt aufnehmen**
- **auf eine sinnvolle Reihenfolge achten** (keine Gedankensprünge)
- **Spannung erzeugen**
  - Pausen
  - Betonung einzelner Wörter
  - Sprechtempo
  - Lautstärke
- **Gestik** (= Körpersprache) **und Mimik** (= Gesichtsausdruck) **einsetzen**

3.1 Mündliche Erzähltechniken anwenden

1 Sieh dir die Bildergeschichte auf Seite 163 genau an.

2 Überlege, was die abgebildeten Personen denken und sagen könnten.

3 Erzähle einem Mitschüler/einer Mitschülerin mithilfe der Bilder die Geschichte. Beachte dazu die im Schaubild (Seite 163) dargestellten Kriterien für einen guten Erzähler/eine gute Erzählerin.

1 EXTRA Lies die folgende Geschichte oder höre sie dir an. Stelle sie anschließend in einem Comic dar.

Hörverstehen
t429rm

Sabine Ludwig

Hilfe, ich habe meine Lehrerin geschrumpft

[...] Schwungvoll wurde die Tür aufgerissen und sie betrat den Raum. Augenblicklich herrschte Ruhe. Kein Lehrer schaffte das, nur Frau Schmitt-Gössenwein. Vor dieser Frau hatten einfach alle Angst. [...]
Frau Schmitt-Gössenwein lächelte unangenehm und öffnete ihre Aktentasche. „Scheiße. Die Arbeit!“, stöhnte Marco. „Einigen wenigen wird das die Ferien sicher versüßen, den anderen wohl eher nicht“, sagte sie und teilte die Hefte aus. [...] Sechs! Ich konnte es nicht fassen. [...] „Das ist doch ungerecht, ich habe drei Aufgaben richtig. Hier!“ Ich tippte auf meine Arbeit. „Kannst du nicht lesen?“, fragte Frau Schmitt-Gössenwein und schraubte die Kappe auf ihren Füllhalter. „Du hast sechs Punkte von zweiunddreißig. Ein Punkt mehr und du hättest eine Fünf minus bekommen.“ Sie schlug das Klassenbuch zu. „Willst du mir etwa vorschreiben, wie ich zu zensieren habe?“ Ich schüttelte den Kopf. „Nein, aber ich ...“ Tränen schossen mir in die Augen. Nicht auch das noch! Frau Schmitt-Gössenwein erhob sich und griff nach ihrer Aktentasche. „Und vergiss nicht die Unterschrift deiner Eltern. In diesem Fall hätte ich sie gern von beiden.“ „Aber ... mein Vater ist nicht ... ich meine ... er wohnt woanders“, stotterte ich. Sie warf mir einen Blick zu, als trüge ich ganz allein die Schuld an der Trennung meiner Eltern. „Aha“, sagte sie nur. Dann wandte sie sich zum Gehen. In der Tür drehte sie sich um. „Du kannst zur Abwechslung mal etwas Vernünftiges tun. Wisch die Tafel!“
Ich nahm den stinkenden Lappen und fuhr damit über die Tafel. Es staubte, ich musste husten. Vor Wut war mir ganz schlecht. „Alte Hexe“, murmelte ich. „Böse alte Hexe.“ Plötzlich gruben sich Finger in meinen Ärmel. „Was hast du gesagt?“, kreischte eine Stimme. Himmel, wieso war die noch da? „Du hast *alte Hexe* gesagt! Ich hab’s genau gehört!“ Ihr Gesicht kam mir jetzt ganz nah, immer riesiger wurden ihre Augen hinter den Brillengläsern, furchtbare Worte fielen aus ihrem Mund: „Tadel ... Direktor ... Schulverweis!“ Ich dachte daran, was mir meine Mutter einmal gesagt hatte: „Wenn du vor jemandem

große Angst hast, musst du ihn dir einfach in Unterhosen vorstellen. Oder lass ihn in Gedanken immer kleiner werden. Du wirst sehen, das funktioniert.“ In Unterhosen wollte ich mir die Schmitt-Gössenwein auf keinen Fall vorstellen! Während sie weiter keifte, ließ ich sie einfach kleiner werden. Jetzt ging sie mir nur noch bis zur Schulter, dann bis zum Bauch. Dabei hielt sie sich an meinem Ärmel fest und schimpfte wie ein Rohrspatz. Nun reichten ihre Füße nicht mehr auf den Boden. Wie eine Klette hing sie an mir dran, dabei schrumpfte sie weiter. Jetzt war's genug. Ich blinzelte ein paarmal in der Erwartung, sie würde nun wieder ihre alte Gestalt annehmen. Aber das geschah nicht. Inzwischen war sie kaum größer als meine Hand. [...]

2 EXTRA Erzähle die Geschichte „Hilfe, ich habe meine Lehrerin geschrumpft“ nach.
- Erstelle einen Spickzettel.
- Überlege, an welchen Stellen du bei deiner Erzählung Betonungen, Pausen, Gestik und Mimik einsetzen kannst.
- Trage die Geschichte mithilfe des Spickzettels möglichst spannend und anschaulich einem Mitschüler/einer Mitschülerin vor. Beachte dabei die im Schaubild auf Seite 163 dargestellten Kriterien.

→ **T6** Einen Spickzettel anfertigen Seite 242

3.2 Ein Gedicht vortragen

Merke

Ein Gedicht für den Vortrag vorbereiten

Besondere **Betonungen** und **Sprechpausen** helfen dem Zuhörer, ein Gedicht besser zu verstehen.

Um ein Gedicht für den Vortrag vorzubereiten, gehe folgendermaßen vor:

1. Markiere die Wörter, die du besonders betonen möchtest, mit einem Kreis: °.
2. Kennzeichne Pausen mit einem Schrägstrich: /.
3. Entscheide dich für das Vortragen mit tiefer oder hoher Stimme und markiere entsprechende Stellen mit Pfeilen: tiefe Stimme ↘, hohe Stimme ↗.
4. Kennzeichne Wörter, die du laut lesen möchtest mit einem Pluszeichen + und solche, die du leise vortragen möchtest mit einem Minuszeichen –.
5. Verse, die du schnell lesen möchtest, markiere so: III.
Die Verse, die du langsam lesen möchtest, markiere so: ˜.

Lesepartitur

° = betonen	↘ = tiefe Stimme	˜ = langsam lesen	+ = laut lesen
/ = Pause machen	↗ = hohe Stimme	III = schnell lesen	– = leise lesen

Hörverstehen
t994ys

Gilt ein Zeichen für mehr als ein Wort, setze die betreffende Textstelle in Klammern: [ ].

James Krüss

Der Zauberer Korinthe

Es lebte einst der Zauberer
Kori, Kora, Korinthe.
Der saß in einem Tintenfaß
Und zauberte mit Tinte.

Wenn jemand damit Briefe schrieb
Und schmi und schma und schmollte,
Dann schrieb er etwas anderes,
Als was er schreiben wollte.

Einst schrieb der Kaiser Fortunat
Mit Sie, / mit Sa, / mit Siegel: /
↘ + [Der Kerl, der mich verspottet hat,
Kommt hinter Schloss und Riegel!]

Doch hinterher las man im Brief,
Vergni, vergna, vergnüglich:
Der Kerl, der mich verspottet hat,
Der dichtet ganz vorzüglich!

Da schmunzelte der Zauberer
Kori, Kora, Korinthe
Und schwamm durchs ganze Tintenfaß
Und trank ein bißchen Tinte.

Ein andermal schrieb Archibald,
Der Di, der Da, der Dichter:
„Die Rosen haben hierzuland
So zärtliche Gesichter."

Er hat von Ros- und Lilienhaar
Geschri, geschra, geschrieben.
Doch als das Liedchen fertig war,
Da sprach es nur – von Rüben.

Da schmunzelte der Zauberer
Kori, Kora, Korinthe
Und schwamm durchs ganze Tintenfaß
Und trank ein bißchen Tinte.

Einst schrieb der Kaufmann Steenebarg
Aus Bri, aus Bra, aus Bremen
An seinen Sohn in Dänemark:
„Du solltest dich was schämen!"

Doch als der Brief geschrieben war
Mit Schwi, mit Schwa, mit Schwunge,
Da stand im Brief: „Mein lieber Sohn,
Du bist ein guter Junge."

Da schmunzelte der Zauberer
Kori, Kora, Korinthe
Und schwamm durchs ganze Tintenfaß
Und trank ein bißchen Tinte.

Und wer das Lied nicht glauben will
Vom Schri, vom Schra, vom Schreiben,
Der ist wahrscheinlich selber Schuld
Und lässt es eben bleiben!

1 Zeichne den Zauberer Korinthe.

2 Bereite dich auf einen Gedichtvortrag vor:
- Lies jeden Vers mehrmals laut vor und überlege, wie du betonen möchtest.
- Setze nun die Zeichen der Lesepartitur. Lege dazu eine Folie über die Seite oder kopiere das Gedicht.

3 Vergleiche deine Lesepartitur mit dem eingesprochenen Gedicht unter dem Code zum Hörverstehen (Seite 166).

4 Lerne ein Gedicht deiner Wahl aus Kapitel 5 (Seite 84–99) auswendig und trage es deinen Mitschülern vor.

Material
qd36fk

Am Beispiel der Strophe 3 siehst du, wie du vorgehen kannst.

Merke

Ein Gedicht auswendig lernen

1. Schreibe das Gedicht ab und sprich beim Lesen leise mit.
2. Übe Wörter, die dir beim Aussprechen Schwierigkeiten bereiten.
3. Stelle dir beim Auswendiglernen passende Bilder zu der Situation vor. Diese können dir helfen, dich zu erinnern.
4. Entdecke den Rhythmus im Gedicht. Denke dir eventuell eine Melodie aus und bewege dich dazu im Klassenraum.
5. Übe das Gedicht in kleinen Abschnitten ein:
   - Lies die ersten Verse oder die erste Strophe laut.
   - Decke das Gelesene ab und wiederhole es laut.
   - Decke die Textstelle kurz auf, wenn du Schwierigkeiten hast.
6. Wende beim Lernen jeder Strophe die Schritte 1–5 an, wiederhole dabei die vorhergehenden Strophen.
7. Wenn du alle Strophen eingeübt hast, wiederhole das Gedicht einmal im Ganzen. Trage es einem Mitschüler/einer Mitschülerin, deinen Eltern oder einem Freund/einer Freundin vor.

Wenn du dir etwas besser durch Hören einprägst, kannst du auch mit einem Aufnahmegerät arbeiten. Sprich das Gedicht auf Band und arbeite dann mit der Pausen- und Wiederholungstaste.

1 EXTRA Suche in dem Gedicht „Der Zauberer Korinthe“ (Seite 166) eine Stelle, an der man eine weitere Strophe einfügen könnte. Erfinde nun selbst diese Strophe.

2 EXTRA Mache aus dem Gedicht „Der Zauberer Korinthe“ einen Rap. Überlege, welche Stellen du besonders gut betonen oder vertonen kannst.

T2

Trainingsstation

Schreiben

T2 Lösungen
5v8kn3

Das Schreiben von Texten ist nichts Neues für dich: Briefe, Geschichten, Einladungen, E-Mails oder Gedichte – all das hast du schon einmal geschrieben.
Bei solchen Texten ist eine Planung wichtig und vor allem bei längeren Texten hilft eine gute Vorbereitung. Damit Leser deine Texte verstehen, solltest du alles noch einmal lesen und, wenn notwendig, überarbeiten.
Diese Trainingsstation zeigt dir noch einmal, welche Möglichkeiten des Schreibens von Texten es gibt und wie du diese verbessern kannst.

Schreiben

- **Informieren**
  - Gegenstandsbeschreibung
  - Spielbeschreibung
  - Wegbeschreibung
  - Personenbeschreibung
- **Appellieren**
  - Brief
  - Suchanzeige
- **Argumentieren**
  - Brief
  - Stellungnahme
  - E-Mail/Internet (Chat)
- **Erzählen**
  - Geschichten
  - Bildergeschichten
  - Märchen
  - Sagen

1 Informieren

Beschreibungen

- informierende und sachliche Darstellung
- klare Gliederung
- genaue Beschreibung mit treffenden Ausdrücken
- einfache Sätze
- ohne persönliche Äußerungen
- Zeitform: Präsens (Gegenwart)

Gegenstandsbeschreibung
z. B. ein technisches Gerät, ein Bauwerk, ein Bild, eine Landschaft

Wegbeschreibung
z. B. durch eine Stadt, durch einen Hindernisparcours oder ein Labyrinth

Vorgangsbeschreibung
z. B. eine Spielanleitung, ein Koch- oder Backrezept, eine Versuchsbeschreibung

1 Nenne alltägliche Situationen, in denen du anderen etwas beschreibst.

1.1 Einen Gegenstand beschreiben

Bei einer Gegenstandsbeschreibung beschreibt man

- das **Äußere** des Gegenstandes: wie er aussieht.
- die **einzelnen Teile**: z. B. wie sie aussehen, aus welchem Material sie sind, …
- die **Wirkungsweise** der Teile: wie sie funktionieren und welche Bedeutung sie haben.

1 Plane deine Gegenstandsbeschreibung zu den abgebildeten Inline-Skatern in Form einer Tabelle oder eines Clusters. Verwende hierfür als Hilfestellung den Anfang der Beschreibung und die Wortbausteine.

Schnürsystem | Stiefel | neongelb | zerkratzt | aus Nylon | aus Aluminium

Bremse | glänzend | Einstellspanner | Innenstiefel | Kugellager | Schiene

verstellbar | gepolstert | abgeschabt | Rolle | Oberschale | weich | lila

Die Inline-Skater haben eine lila Oberschale. Die Stiefel sind in verschiedenen Lilatönen gemustert, der Stoff unter dem Schnürsystem ist neongelb …

2 Vervollständige die Beschreibung der Inline-Skater auf der Grundlage deiner Planung.

Du kannst dich an der Werbeanzeige rechts orientieren.

1 EXTRA Gestalte eine Werbeanzeige für den neben Aufgabe 1 abgebildeten Inline-Skater, die sich an Käufer in deinem Alter richten soll.
- Plane die Anzeige stichwortartig mithilfe der Wortbausteine rechts neben dem Bild.
- Nutze diese Planung anschließend für das Verfassen der Werbeanzeige.

1.2 Wege beschreiben

Bei einer Wegbeschreibung ist es wichtig,

- **Straßennamen** und Namen von z. B. Plätzen anzugeben (z. B. „*... die Bahnhofsstraße geradeaus ...*“).
- die **Straßen zu zählen** (z. B. „*... nach der Ampelkreuzung in die dritte Straße links abbiegen ...*“).
- **auffällige Gebäude** oder örtliche **Besonderheiten** zu benennen (z. B. „*... hinter dem Spielplatz links ...*“).
- die **Richtung** oder **Richtungswechsel** anzugeben (z. B. „*... erst rechts halten, dann nach links abbiegen ...*“).

1 Die Klasse 5d der Erich-Kästner-Schule in Münster plant einen Sponsorenlauf vom Schlossgebäude zum Domplatz. Fertige eine Wegbeschreibung für den geplanten Lauf an.

- Orientiere dich auf der Karte der Stadt Münster, indem du den Schloss- und den Domplatz suchst.
- Notiere stichwortartig, an welchen Straßen und Sehenswürdigkeiten die Laufstrecke vorbeiführt und welche Richtungswechsel vorzunehmen sind.
- Formuliere nun die vollständige Wegbeschreibung anhand deiner Stichwörter.

Legende

1 Schlossgraben
2 Schloss
3 Schlossplatz
4 Send (Volksfest)
5 Überwasserkirche
6 Dom
7 Markt
8 Altes Rathaus
9 Erbdrostenhof
10 Stadtmuseum
11 Lambertikirche
12 Prinzipalmarkt
13 Kiepenkerldenkmal
14 Buddenturm

1 EXTRA Die Klasse 5d der Erich-Kästner-Schule in Münster plant einen Sponsorenlauf vom Schlossgebäude an allen wichtigen Sehenswürdigkeiten der Stadt entlang zum Schloss zurück. Fertige mithilfe der Karte der Stadt Münster auf Seite 171 eine Wegbeschreibung für den geplanten Lauf an.

- Plane deine Wegbeschreibung zum Sponsorenlauf, indem du Notizen zu den Straßennamen, Sehenswürdigkeiten und Richtungsangaben der Laufstrecke anfertigst.
- Formuliere nun auf der Grundlage deiner Planung die vollständige Wegbeschreibung für deine Sponsorenlaufstrecke.

1.3 Einen Vorgang beschreiben

Eine Vorgangsbeschreibung sollte

- über **Vorgänge** und **Abläufe** informieren, die wiederholt werden können.
- die **zeitliche Abfolge** eines Vorgangs beschreiben.
- eine **genaue Reihenfolge** darstellen.

1 Nimm dir eine Spielanleitung oder Gebrauchsanweisung und überprüfe, ob die Kriterien für eine Vorgangsbeschreibung sowie die allgemeinen Kriterien für eine Beschreibung (siehe Seite 169) eingehalten wurden.

2 Bei der folgenden Anleitung zum Spiel „Dame" sind einige wichtige Angaben verloren gegangen. Schreibe die Spielanleitung auf Seite 173 ab und ergänze sie mithilfe der Wortbausteine.

zwei Steine | vorwärts | Dame | in alle Richtungen | Brettspiel

12 weiße Steine | Spielaufbau | freie Felder | Spielregeln/-ablauf

leeres schwarzes Feld | oberste Reihe | Ziel | Spieleranzahl

Name: ___

Spielart: ___

___: für 2 Personen

Material:
ein Spielbrett, ___ und 12 schwarze Steine

___ des Spiels:
Sieger ist, wer zuerst alle Steine des Gegners weggenommen hat bzw. ihn so eingeschlossen hat, dass er nicht mehr ziehen kann.

___:
Durch Knobeln oder Würfeln wird ermittelt, welcher Spieler die weißen und welcher Spieler die schwarzen Steine erhält. Die Steine werden auf die schwarzen Felder der äußeren drei Reihen einander gegenübergestellt.

___:
Der Spieler mit den weißen Steinen fängt immer an. Die Steine werden stets in schräger Richtung um ein Feld ___ bewegt. Felder, auf denen sich ein eigener oder ein Stein des Gegners befindet, dürfen nicht besetzt werden.
Stößt man auf einen gegnerischen Stein, hinter dem sich ein ___ befindet, so darf man diesen überspringen und wegnehmen. Das Springen darf so lange fortgesetzt werden (auch zickzack), aber nur vorwärts, wie sich ___ hinter den feindlichen Steinen befinden. Über die eigenen Steine darf man nicht springen. Erreicht man die ___ des Gegners, erhält man eine Dame. Diese wird dadurch gekennzeichnet, dass man einen bereits weggenommenen Stein seiner Farbe zurückerhält und auf das Feld setzt, sodass ___ aufeinanderstehen. Die Dame hat den Vorteil, dass sie ___, auch rückwärts über so viele Felder ziehen kann, wie frei sind. Gegnerische Steine werden so geschlagen wie oben beschrieben.
Übersieht ein Spieler, der einen Stein vorwärtsgerückt hat, dass er einen Stein seines Gegners überspringen könnte, kann der Gegner ihm den Stein ohne Weiteres wegnehmen.

1 EXTRA Verfasse eine Spielanleitung zu dem Spiel „Mensch ärgere dich nicht".
- Nimm, wenn notwendig, die Checkliste für eine Spielanleitung (siehe Seite 113) zu Hilfe.
- Fertige eine Skizze zum Spielbrett an, damit du dieses bei der Beschreibung vor Augen hast.
- Plane deine Anleitung stichwortartig.

2 Appellieren

Briefsorten

persönliche Briefe	**offizielle Briefe**
persönliche Mitteilung von Privatperson an privat	sachliche Mitteilung zu einem Thema von privat an öffentliche Einrichtung
Adressaten: z. B. • Mutter, Vater, Geschwister • Freundin, Freund • Oma und Opa • …	**Adressaten**: z. B. • Firmen • Direktor • Finanzamt • …
Briefsorten: z. B. • Freundschaftsbrief • Liebesbrief • …	**Briefsorten**: z. B. • Leserbrief • Beschwerdebrief • …
Form: • Anredepronomen können klein *(du, deine)* oder groß *(Du, Dein)* geschrieben werden • Anredeformel: *Hallo …* • Grußformel: …	**Form**: • Anredepronomen werden groß geschrieben • Aufbau: Adressat, … • Anredeformel: *Sehr geehrte …* • Grußformel: …

1 Zeichne das Schaubild ab und ergänze weitere Adressaten, Briefsorten und formale Aspekte.

2 Stelle bei den folgenden Briefbeispielen fest,
- an wen das Schreiben adressiert ist,
- welche Briefsorte vorliegt und
- wie die Form gestaltet ist.

Nutze, wenn notwendig, das Schaubild.

Lieber Philipp,

ich lade dich herzlich zu meinem Geburtstag ein.
Wir feiern am 25. 7. ab 15.00 Uhr.
Bringe bitte Schwimmzeug mit.

Herzliche Grüße
dein Thomas

Kreativwerkstatt
Finkenweg 3
10117 Berlin

Prenzlau, 20.11.2011

Hiermit bestelle ich
- Lampions
- 8 Kerzen, klein
- 2 Packungen Luftschlangen
- 10 Einladungskarten (Geburtstag)
- …

Bitte senden Sie die Waren auf Rechnung an …

Else Feierlich

Sehr geehrte Familie Fröhlich,

bei Ihnen fand gestern Abend offenbar eine Feier statt.
Die laute Musik hat uns in unserer wohlverdienten Abendruhe gestört.
Deshalb möchte ich mich bei Ihnen beschweren. Sollte sich so ein Vorfall noch einmal wiederholen, sehe ich mich leider gezwungen, die Polizei zu benachrichtigen.

Mit freundlichen Grüßen
Markus Miesepeter

2.1 Persönliche Briefe

1 Ordne jeder Anrede den dazugehörigen Brieftext und eine passende Grußformel zu, z. B.: *Hi Daniel, … → wie geht es dir denn so … → Bis bald …*
Schreibe in dein Heft.

Anrede	Brieftext	Grußformel
Hi Daniel, …	sollen wir uns nach so vielen Jahren nicht einmal wieder treffen?	Herzliche Grüße
Meine liebe Svenja, …	wir möchten euch zu unserer Halloweenparty einladen.	Tausend Küsse …
Meine Süße, …	ich habe gestern eine tolle, neue Route im Wald gefunden, von der ich euch berichten wollte.	Deine Oma Hannelore
Hallo Moritz, alter Freund, …	ich vermisse dich sehr und freue mich schon auf die nächste Woche, wenn wir uns wiedersehen.	Seid gegrüßt …
Liebe Katja, lieber Lars …	ich wünsche dir für deinen ersten Schultag an der neuen Schule viel Erfolg.	Bis bald …
Hi ihr Mountainbike-Freaks, …	wie geht es dir denn so?	Hoffentlich bis bald …

2 Verfasse mithilfe der folgenden Stichwörter und der Blankovorlage einen persönlichen Brief an deine Oma oder deinen Opa, in dem du ihr/ihm von deiner Einschulungsfeier an deiner neuen Schule berichtest.

Mögliche Inhalte

- Begrüßung
- Rede des Schulleiters
- Vorstellung der neuen Klassenlehrer
- die neuen Mitschüler
- Vorführungen: Chor, Tanzgruppe, Theatergruppe o. Ä.
- Verabschiedung

Ort und Datum

Anrede

Brieftext

Grußformel
Unterschrift

1 EXTRA Verfasse einen persönlichen Brief an deine Oma oder deinen Opa, in dem du ihr/ihm von deiner ersten Woche an deiner neuen Schule berichtest.

- Fertige hierfür einen stichwortartigen Schreibplan an und halte darin fest, worüber du schreiben möchtest.
- Schreibe nun mithilfe deines Schreibplans den vollständigen Brief.
- Überprüfe den fertigen Brief auf Vollständigkeit und Rechtschreibung.

Planung Brief: Meine erste Schulwoche

- mein Klassenlehrer …, unterrichtet die Fächer …
- besonders gefällt mir …
- viele Kennlernspiele wie …
- …

2.2 Offizielle Briefe

1 Schreibe den folgenden Brief ab und fülle die Lücken mithilfe der Stichwörter. Achte dabei besonders auf die Großschreibung der Anredepronomen.

Albert-Einstein-Schule ______
Alleestr. 234
85356 München

Heidebad
Hofstr. 11
90491 Nürnberg

Angebot für Badeaufenthalt

______

ich bin Klassensprecher der Klasse 5.1 an der Albert-Einstein-Schule. Eine Woche vor den Herbstferien fahren wir nach Nürnberg auf Klassenfahrt und würden dort gern ______ Schwimmbad mit 30 Schülern und einer Begleitperson besuchen.
Könnten ______ uns ______ Öffnungszeiten und die Kosten für einen zweistündigen Aufenthalt in ______ Bad nennen?
Gern würden wir auch erfahren, ob man bei ______ Speisen und Getränke mitbringen darf oder die Möglichkeit besteht, etwas in ______ Bad zu kaufen.
Für ______ Bemühungen bedanke ich mich im Voraus.

______

Lars Kaufmann

Ihnen | Sehr geehrte Damen und Herren, | Ihr | München, 15.10.2012

Ihrem | Sie | Mit freundlichen Grüßen | Ihre | Ihrem | Ihre

2 Verfasse einen Antwortbrief des Bademeisters Herrn Schnell an den Klassensprecher Lars Kaufmann. Gib darin Antwort auf alle von Lars gestellten Fragen.

1 EXTRA Lege eine Folie auf den Brief der Schülerin und
- ergänze fehlende Informationen,
- notiere am Rand passendere Formulierungen,
- korrigiere Rechtschreibfehler und
- lege durch Nummerierung eine sinnvolle Reihenfolge der Informationen fest.

Material
cf56bg

Albert-Einstein-Schule München
Alleestr. 234
85356 München

Tourismusbüro
Frauentorgraben 3
90491 Nürnberg

Angebot für das Mittelalter

Hallo zusammen,
wir, die Klasse 5.1 möchten gern eine mittelalterliche Führung durch Nürnberg bekommen. Was das kostet, können sie uns sicherlich sagen. Außerdem möchten meine Mitschüler unbedingt wissen, wie lange die mittelalterliche Stadtführung dauert. Wenn nicht ganz so langweilig erzählt wird, können wir uns auch ganz gut konzentrieren. Haben sie denn auch spezielle Führungen für Kinder in unserem Alter?
Wir sind vom 12.10.–15.10.2012 in ihrer Stadt. Machen sie uns doch mal ein Angebot für einen mittelalterlichen Stadtrundgang!

Bis dann

Katrin Hartmann
(stellvertretende Klassensprecherin)

2 EXTRA Formuliere mithilfe deiner Notizen einen neuen Brief an das Tourismusbüro in Nürnberg, um ein Angebot für eine mittelalterliche Stadtführung einzuholen.

3 Argumentieren

Tiere im Zirkus

Fragt man die Besucher eines Zirkus, was ihnen besonders gefällt, nennen viele die exotischen Tiere und die Dressuren, die dort gezeigt werden.
Für viele Tierschützer wäre ein Besuch im Zirkus undenkbar. Sie sind der Meinung, dass Zirkusse für die Tiere nur Quälerei sind, da sie dort nicht artgerecht gehalten werden können. Kleine Zirkusse haben zu wenig Geld, um den Tieren gute Bedingungen bieten zu können. Da Tiere für einen Zirkus aber unerlässlich sind, achten die meisten genau darauf, dass es ihren Tieren gut geht. So kommt regelmäßig ein Tierarzt, der die Tiere untersucht. Würde man von einem Zirkus hören, dass er seine Tiere schlecht behandelt, kämen sofort weniger Zuschauer. Dennoch ist das Leben im Zirkus für die Tiere sehr anstrengend: Sie reisen viel, meist in kleinen Käfigen, haben oft nicht genügend Auslauf, sind während der Vorstellungen großem Lärm ausgesetzt und machen die Dressurnummern sicher auch nicht freiwillig. Das alles kann für die Tiere sehr belastend sein. Wer würde freiwillig durch einen brennenden Reifen springen? Ein Tier wahrscheinlich auch nicht. Doch dann dürfte man auch keinem Hund und keinem Vogel etwas beibringen.

1 Im Text geht es darum, ob das Leben für Tiere in einem Zirkus Quälerei ist oder nicht. Ordne die Argumente, die der Text bietet, in die folgende Tabelle ein.

Argumente für den Zirkus	Argumente gegen den Zirkus
...	...

2 Formuliere mithilfe deiner Ergebnisse aus Aufgabe 1 einen kurzen Text, in dem du dich entweder für oder gegen den Besuch eines Zirkus aussprichst.

Formulierungshilfen

- „Ich bin der Meinung, dass ..."
- „Ich finde, dass ..."
- aber, darum, weil, so, sodass, denn, daher, trotzdem, dennoch, dass

1 EXTRA Lies den Text „Tiere im Zirkus" und entscheide, ob du für oder gegen einen Zirkusbesuch bist. Suche dir jeweils Argumente aus dem Text.

2 EXTRA Formuliere einen Brief an einen Freund/eine Freundin, in dem du dich entweder für oder gegen den Besuch eines Zirkus aussprichst.

4 Erzählen

4.1 Einen Erzählplan anfertigen

Merke

Eine Geschichte muss in einer sinnvollen Reihenfolge und spannend erzählt werden, damit sie überzeugen kann. Deshalb ist es wichtig, dass du einen **Erzählplan** anfertigst, der dir als „Gerüst" beim Schreiben helfen kann.
In diesem Plan notierst du **vor** dem Schreiben zunächst stichwortartig deine Ideen.

1 Nutze die Checkliste zur Überprüfung deines Erzählplans von Seite 37.

Checkliste Erzählplan	☺	😐	☹
Einleitung			
• W-Fragen (Wann?, Wer?, Wo?, Was?)			
Hauptteil			
• Spannungskurve			
• Sinneswahrnehmungen (Sehen, Hören, Riechen, Schmecken, Fühlen)			
• Gedanken/Gefühle			
• Wörtliche Rede			
• Treffende Verben			
• Abwechslungsreiche Adjektive			
• Abwechslungsreiche Satzanfänge			
Schluss			
• Auflösen der Spannung			
Sinnvolle Reihenfolge			
Zeitform: Präteritum (= Vergangenheit)			
Überschrift			

4.2 Eine Erlebniserzählung schreiben

1 Lies den Text auf Seite 181. Erstelle stichwortartig einen Erzählplan zum Weiterschreiben der Geschichte. Prüfe ihn mithilfe der Checkliste oben.

2 Schreibe eine spannende Fortsetzung der Geschichte.

Jenny Nimmo

Charlie Bone und das Geheimnis der sprechenden Bilder

Charlie war total verwirrt. Heute Morgen war er noch ein ganz normaler Junge gewesen. Niemand hatte ihn mit einem Zauberstab berührt und er hatte sich auch nicht den Kopf angehauen. Er hatte keinen elektrischen Schlag gekriegt, war nicht aus dem Bus gefallen und hatte, soweit er wusste, auch keinen vergifteten Apfel gegessen. Und doch hörte er jetzt plötzlich Stimmen aus einem Stück Fotopapier. Was hatte das alles zu bedeuten? Um seine …

Wenn du eine Fortsetzung schreibst, achte auf:

- *die Spuren, die in dem Textausschnitt gelegt wurden*
- *die Stimmung des Textes (z. B. geheimnisvoll oder unheimlich)*
- *die Figuren und ihre Beschreibung*
- *die Art, wie der Text erzählt ist (z. B. viel wörtliche Rede)*

3 Überarbeite deine Geschichte anschließend.

---

1 EXTRA Sieh dir den Geschichtenschieber an und überlege, wie er funktioniert.

?	?	?	?
eine Piratin	am Strand	bei Sonnenaufgang	
ein Schatzsucher	im Dschungel	in der Dämmerung	Fallschirmsprung
ein Forscher	im Labyrinth	bei Vollmond	Sturz in eine Schlucht
ein Kapitän	**in einem alten Schloss**	**in den Ferien**	**Entschlüsselung einer geheimen Botschaft**
ein Detektiv	auf dem Dachboden	am frühen Morgen	Fund eines Schatzes
eine Spionin			

2 EXTRA Stelle selbst einen Geschichtenschieber her.

3 EXTRA Entwickle mithilfe des Geschichtenschiebers eine eigene Geschichte. Beginne mit dem Erzählplan.

4 EXTRA Schreibe deine Geschichte mithilfe des Erzählplans.

4.3 Zu Bildern Geschichten schreiben

1 Sieh dir alle Bilder genau an:
- Wer oder was (Personen, Tiere oder Gegenstände) ist zu sehen?
- Was tun die Personen? Welche Körperhaltung und welchen Gesichtsausdruck haben sie?
- Welche Situation wird auf dem Bild dargestellt?

2 Überlege, was „zwischen“ den einzelnen Bildern passieren könnte.

Erzählplan Bildergeschichte

Einleitung: Bilder 1–2
- Wer? Dafi
- Wo? ...
- Wann? Am späten Abend
- Was? ...

Hauptteil: Bilder 3–4
Bild 3: Plötzlich entdeckte Dafi ein Gespenst.
Sinneswahrnehmungen:
- Er sah: Das Licht einer Kerze flackerte in der Dunkelheit.
- Er hörte: ...
- Er roch: Modrige Kellerluft stieg ihm in die Nase.
- Er schmeckte: ...
- Er fühlte: ...

Gedanken/Gefühle: ...
Wörtliche Rede: ...
...

Bild 4: ...
Sinneswahrnehmungen:
- Er sah: ...
- Er hörte: ...
- Er roch: ...
- Er schmeckte: ...
- Er fühlte: ...

Gedanken/Gefühle: ...
Wörtliche Rede: ...
...

Schluss: Bild 5
...

Überschrift:

1. Schritt: Vorbereitung auf das Schreiben einer Geschichte

1 Übernimm den angefangenen Erzählplan auf Seite 182 in dein Heft und vervollständige ihn.

Material
53fw98

2. Schritt: Schreiben der Geschichte

1 Schreibe eine Geschichte. Nutze deinen Erzählplan als Hilfe. So könnte deine Geschichte beginnen:

Es war spät am Abend. Draußen donnerte und blitzte es. Dafi wollte bei seinem Freund Pedro übernachten, der in der Villa außerhalb der Stadt wohnte. Vor einiger Zeit hatte ihm Pedro vom Familiengeheimnis erzählt, das im Keller der Villa versteckt sein sollte. An diesem Abend wollte sich Dafi auf die Spur nach dem Geheimnis begeben und schlich deshalb vorsichtig in den Keller.
...

3. Schritt: Überarbeitung der Geschichte

1 Überprüfe deine Geschichte mithilfe der Checkliste auf Seite 180 und überarbeite sie anschließend.

1 **EXTRA** Erstelle zu der Bildergeschichte einen Erzählplan.

2 EXTRA Schreibe die Geschichte in dein Heft.

3 EXTRA Überprüfe deine Geschichte mithilfe der Checkliste auf Seite 180.

4.4 Die wörtliche Rede

Merke

Die wörtliche Rede **verleiht** einer Geschichte **Lebendigkeit**. Sie wird mit Anführungszeichen gekennzeichnet. Redebegleitsätze weisen auf die wörtliche Rede hin.

Vorangestellter Redebegleitsatz:
Bastian sagte: *„Ich möchte euch von meinem Abenteuer erzählen."*

Nachgestellter Redebegleitsatz:
„Möchtest du uns von deinem Abenteuer erzählen?", ***fragte der Vater.***
„Ich möchte euch von meinem Abenteuer erzählen", ***entgegnete Bastian.***

1 Schreibe auf, was die einzelnen Personen auf dem Bild sagen könnten. Verwende vorangestellte und nachgestellte Redebegleitsätze.

2 Schreibe den folgenden Text in dein Heft.
- Ergänze die Satzzeichen der wörtlichen Rede.
- Unterstreiche die Redebegleitsätze rot.
- Unterschlängele die wörtliche Rede blau.

Ich habe mich heute so über Max aus der 5a geärgert, dass ich ihm gern einen Streich spielen würde sagte Neven, als er nachmittags bei Bastian im Zimmer saß. Keine schlechte Idee erwiderte Bastian. Sonst ist Max immer derjenige, der alle Leute an der Nase herumführt fuhr Bastian fort. Neven überlegt kurz und rief dann Ich habe eine Idee. Max hat uns doch in der nächsten Woche zu seiner Geburtstagsparty eingeladen. Und wie sollen wir ihm da einen Streich spielen fragte Bastian erstaunt. Neven antwortete Max möchte im Keller feiern und da findet sich doch bestimmt eine gute Gelegenheit, um ihm einen kleinen Schrecken einzujagen.

Merke

Die wörtliche Rede kann auch durch den Redebegleitsatz unterbrochen werden.

Eingeschobener Redebegleitsatz:
„Ich werde euch später von meinem Abenteuer erzählen“, **meinte Bastian,** *„da ich erst meine Hausaufgaben machen muss.“*

1 EXTRA Schreibe den folgenden Text in dein Heft.
- Ergänze die Satzzeichen der wörtlichen Rede.
- Unterstreiche die Redebegleitsätze rot.
- Unterschlängele die wörtliche Rede blau.

Neven, Bastian, Carlotta und Mina saßen in der Eisdiele und schmiedeten Pläne. Es ist mal wieder an der Zeit sagte Neven dass wir ein neues Abenteuer in Angriff nehmen. Hast du schon eine Idee unterbrach ihn Mina aufgeregt welches Abenteuer wir in Angriff nehmen könnten? Ich hätte Lust auf eine Abenteuerreise in der Luft erwiderte Neven und vielleicht könnte mein Onkel Markus uns dieses Abenteuer mit seinem Heißluftballon erfüllen. Um Gottes Willen rief Mina entsetzt du weißt doch, dass ich Höhenangst habe.

4.5 Ein Märchen schreiben

Wenn du selbst ein Märchen schreibst, beachte die drei Schritte:
- A Planen
- B Schreiben
- C Überarbeiten

1 Plane dein Märchen einmal auf eine andere Weise.
- Würfele für jede Spalte der Tabelle einmal.
- Die Zahl, die du erwürfelst, gibt an, was in deinem Märchen vorkommen soll, z.B. Spalte „Held/Heldin": Eine 6 würfeln bedeutet, deine Heldin ist eine Biene.

Zahl	Held/in	Böse/r	Magische Dinge	Magische Zahl	Gegensätze	Orte
	Königssohn	Zauberer	blaue Blume	3	arm – reich	Berg
	Prinzessin	Hexe	Baum	7	schön – hässlich	Wald
	Esel	Riese	Schwert	11	gut – böse	See
	Müllerssohn	Drachen	Spruch	12	faul – fleißig	Schloss
	Schneiderstochter	Stiefmutter	Buch	13	klug – dumm	Wüste
	Biene	Bruder	Kette	100	tapfer – ängstlich	Wiese

2 Wähle nun jeweils einen Anfang und ein Ende aus. Du kannst auch eigene gestalten.

1 Vor langer Zeit lebten ein ... und eine ...

2 Es war einmal ein ..., das/der/die spielte/n vor einer/m ...

3 In den alten Zeiten, als das Wünschen noch geholfen hat, wurde ein/e ... von ... verwünscht ...

1 Sie heirateten und lebten glücklich, bis an ihr Lebensende.

2 Der/die Böse aber musste bis ...

3 So zog er/sie fröhlich von dannen und freute sich des Lebens.

3 Überlege, was deinem Held/deiner Heldin im Hauptteil deines Märchens passieren soll.
- Gib ihm/ihr eine schwere Aufgabe.
- Überlege, welche Schwierigkeiten er/sie bestehen soll.
- Denke dir eine Lösung für die Schwierigkeiten aus.

4 Schreibe nun dein Märchen. Verwende dabei die sechs gewürfelten Bausteine aus Aufgabe 1.

5 Überarbeite dein Märchen mithilfe der Checkliste auf Seite 61.

1 EXTRA Auch dieses Märchen haben die Brüder Grimm aufgeschrieben. Allerdings ist der Text nicht typisch für ein Märchen. Verändere ihn so, dass er mehr Märchenmerkmale enthält. Gehe folgendermaßen vor:
- Entscheide, welche Märchenmerkmale du übernehmen kannst.
- Überlege, welche Märchenmerkmale du noch einfügen kannst.

Brüder Grimm

Der alte Großvater und sein Enkel

Es war einmal ein steinalter Mann, dem waren die Augen trüb geworden, die Ohren taub, und die Knie zitterten ihm. Wenn er nun bei Tische saß und den Löffel kaum halten konnte, schüttete er Suppe auf das Tischtuch, und es floss ihm auch etwas wieder aus dem Mund. Sein Sohn und dessen Frau ekelten sich davor, und deswegen musste sich der alte Großvater endlich hinter den Ofen in die Ecke setzen, und sie gaben ihm sein Essen in ein irdenes Schüsselchen und noch dazu nicht einmal satt; da sah er betrübt nach dem Tisch und die Augen wurden ihm nass. Einmal auch konnten seine zittrigen Hände das Schüsselchen nicht festhalten, es fiel zur Erde und zerbrach. Die junge Frau schalt, er sagte nichts und seufzte nur. Da kaufte sie ihm ein hölzernes Schüsselchen für ein paar Heller, daraus musste er nun essen. Wie sie da so sitzen, so trägt der kleine Enkel von vier Jahren auf der Erde kleine Brettlein zusammen. „Was machst du da?“, fragte der Vater. „Ich mache ein Tröglein“, antwortete das Kind, „daraus sollen Vater und Mutter essen, wenn ich groß bin.“ Da sahen sich Mann und Frau eine Weile an, fingen endlich an zu weinen, holten alsofort den alten Großvater an den Tisch und ließen ihn von nun an immer mitessen, sagten auch nichts, wenn er ein wenig verschüttete.

2 EXTRA Schreibe dein Märchen auf.

3 EXTRA Überprüfe deinen Text mithilfe der Checkliste auf Seite 61.

T3

Trainingsstation

Umgang mit Texten und Medien

T3 Lösungen
64ge89

Dein momentanes Lieblingsbuch, das Schulbuch, das Rezept für den Schokoladenkuchen und die Bedienungsanleitung für den DVD-Player – nicht nur in der Schule begegnest du jeden Tag einer Vielzahl unterschiedlicher Texte.
Wie du mit einem literarischen Text oder einem Sachtext umgehst, wie du sie nicht nur richtig liest, sondern auch verstehst, kannst du in dieser Trainingsstation noch einmal üben. Wenn du alles bearbeitet hast, kennst du ganz verschiedene Sorten von Texten und kannst Informationen aus ihnen „herauslesen".

1 Umgang mit literarischen Texten

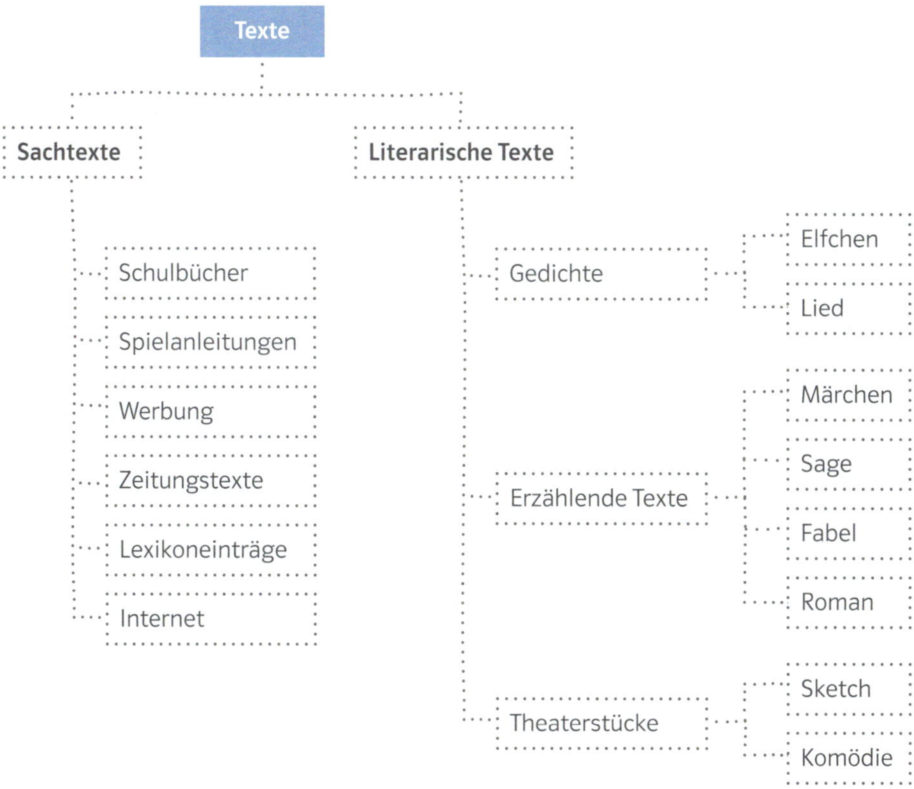

1.1 Den Aufbau von Erzählungen erschließen

Max von der Grün

Vorstadtkrokodile

Hörverstehen
r9bz72

„Du traust dich ja doch nicht! Du Angsthase!", rief Olaf, ihr Anführer. Und die Krokodiler riefen im Chor: „Traust dich nicht! Traust dich nicht!" Nur Maria, Olafs Schwester, dreizehn Jahre und damit ein Jahr jünger als ihr Bruder, hatte nicht mitgeschrien, sie hatte so viel Angst um Hannes, dass sie wegsah. Die neun Krokodiler standen in einem Halbkreis am Ende der Leiter, die senkrecht zehn Meter hoch zum Dach führte, und sahen gespannt zu, wie Hannes, den sie Milchstraße nannten, weil er so viele Sommersprossen im Gesicht hatte, langsam die Sprossen hochkletterte, um seine Mutprobe abzulegen. Die war Bedingung für die Aufnahme in die Krokodilbande.
Hannes hatte Angst, das konnte man ihm ansehen, er war zudem nicht schwindelfrei, aber er wollte es den größeren Jungen beweisen, dass er als Zehnjähriger so viel Mut besaß wie sie, die alle schon diese Mutprobe →

abgelegt hatten. Hannes hing ängstlich an der verrosteten Feuerleiter und wagte nicht nach unten zu sehen. „Komm runter, du schaffst es ja doch nicht, du Schlappschwanz!", rief Olaf wieder und die anderen Jungen lachten. Hannes tastete sich langsam und vorsichtig die wackelige Feuerleiter zum Dach hoch. Je höher er kletterte, desto mehr schwankte die Leiter, denn ihre Verankerung war an mehreren Stellen aus der Wand gerissen. Einige Sprossen waren so verrostet, dass Gefahr bestand durchzubrechen, wenn sie belastet wurden. […] Aber Hannes kletterte schon von der Leiter über die Dachrinne auf das Dach, legte sich dort auf den Bauch und kroch langsam zum First hoch, wobei er sich mit den Händen an den Dachziegeln hochzog und mit den Füßen, wenn er einen Halt gefunden hatte, abstützte. Das ging langsam, Zentimeter für Zentimeter nur kam er vorwärts, es war mühsam und kräfteraubend, er musste vorsichtig sein, denn im Laufe der Jahre waren viele Dachziegel morsch geworden, verwittert, sodass seine Kletterei nicht ungefährlich war. […] Endlich war er am First angekommen. Hannes keuchte, er ruhte sich ein paar Minuten auf dem Bauch liegend aus, dann setzte er sich vorsichtig auf, hob beide Arme und rief: „Krokodil! Krokodil! Ich hab es geschafft!" Die Krokodiler unten auf dem Hof riefen zurück: „Du bist aufgenommen! Hurra! Milchstraße, komm runter!" […] Auf das Dach hinaufzuklettern, war für Hannes bedeutend leichter gewesen, als wieder herunterzukommen, … […] Da plötzlich, schon im unteren Drittel des Daches, riss ein Ziegel, an dem sich Hannes mit dem Fuß abgestützt hatte, aus seiner Verankerung. Langsam rutschte er auf dem Bauch abwärts und ihm war erst gar nicht bewusst, was da passierte, aber als er merkte, dass er sich nirgendwo mehr festklammern konnte, schrie er, so laut er nur konnte: „Hilfe! Hilfe! Ich stürze ab …" […] Aber als Hannes in seiner Angst und Verzweiflung zu weinen anfing und zu schreien, liefen die Krokodiler plötzlich fort. […] Maria war hinter den Jungen hergefahren, wollte dann umkehren, besann sich aber und fuhr weiter bis zur Hauptstraße. Dort trat sie in eine Telefonzelle. Sie wählte die Nummer der Feuerwehr und rief aufgeregt in die Muschel: „Sofort kommen … mit Leiter, auf das Ziegeleigelände an der Papageiensiedlung … da hängt einer an der Dachrinne … der stürzt ab … sofort kommen!" […] Hannes schrie noch, als er längst wieder auf seinen eigenen Beinen stand. Dann weinte er. Einer der Feuerwehrmänner versuchte ihn zu beruhigen, aber einen zweiten hörte Maria sagen: „Verhauen sollte man dich, übers Knie legen. So ein Leichtsinn. Du kannst froh sein, dass du noch lebst …"

1 Erkläre, welche Mutprobe Hannes bestehen muss.

2 Bringe die folgenden Erzählschritte der Geschichte „Vorstadtkrokodile“ in die richtige Reihenfolge. Schreibe in dein Heft.

1 Hannes kletterte ängstlich die Leiter hoch.

2 Die Krokodiler forderten Hannes auf, eine Mutprobe abzulegen.

3 Die Feuerwehr rettete Hannes.

4 Hannes hatte die Mutprobe bestanden.

5 Für die Aufnahme in die Bande sollte Hannes auf ein Dach klettern.

6 Hannes rutschte ab und schrie um Hilfe.

7 Beim Abstieg vom Dach löste sich ein Ziegel und Hannes rutschte ab.

8 Hannes robbte auf dem Bauch über das Dach, dabei lösten sich einige Ziegel.

3 Ordne die einzelnen Erzählschritte nun den folgenden Teilen zu: *Einleitung, Hauptteil, Schluss.*

1 EXTRA Hannes schreibt den Krokodilern eine E-Mail, in der er die Mutprobe aus seiner Sicht schildert und Stellung zu ihrem Verhalten nimmt. Schreibe die E-Mail.

1.2 Märchen und Sagen untersuchen

Märchenmerkmale

- **Ort und Zeit**: bleiben unbestimmt
- **Figuren**: König, Prinzessin, Hexen, …
  - mit gegensätzlichen Eigenschaften: faul – fleißig, gut – böse
- **Gegenstände, Tiere, Pflanzen**: können magisch sein
- **Zahlen**: 3, 7, 13 spielen oft eine wichtige Rolle
- **Anfang und Ende**: formelhaft: *„Es war einmal …“, „Und wenn sie nicht gestorben sind …“*
- **Sprache**: Präteritum: *„Sie lief“, „Er sagte“*

1 Lies das Märchen oder höre es dir an.

Hörverstehen
52gz4x

Brüder Grimm

Die weiße Taube

Vor eines Königs Palast stand ein prächtiger Birnbaum, der trug jedes Jahr die schönsten Früchte, aber wenn sie reif waren, wurden sie in einer Nacht alle geholt, und kein Mensch wusste, wer es getan hatte. Der König aber hatte drei Söhne, davon ward der jüngste für einfältig gehalten, und hieß der Dummling.

Da befahl er dem ältesten, er solle ein Jahr lang alle Nacht unter dem Birnbaum wachen, damit der Dieb einmal entdeckt werde. Der tat das auch und wachte alle Nacht, der Baum blühte und war ganz voll von Früchten, und wie sie anfingen reif zu werden, wachte er noch fleißiger, und endlich waren sie ganz reif und sollten am andern Tage abgebrochen werden. In der letzten Nacht aber überfiel ihn ein Schlaf, und er schlief ein, und wie er aufwachte, waren alle Früchte fort, und nur die Blätter noch übrig. Da befahl der König dem zweiten Sohn ein Jahr zu wachen, dem ging es nicht besser, als dem ersten; in der letzten Nacht konnte er sich des Schlafes gar nicht erwehren, und am Morgen waren die Birnen alle abgebrochen. Endlich befahl der König dem Dummling ein Jahr zu wachen, darüber lachten alle, die an des Königs Hof waren. Der Dummling aber wachte, und in der letzen Nacht wehrt' er sich den Schlaf ab, da sah er, wie eine weiße Taube geflogen kam, eine Birne nach der andern abpickte und fort trug. Und als sie mit der letzten fortflog, stand der Dummling auf und ging ihr nach. Die Taube flog aber auf einen hohen Berg und verschwand auf einmal in einem Felsenritz. Der Dummling sah sich um, da stand ein kleines graues Männchen neben ihm, zu dem sprach er: „Gott segne dich!“ – „Gott hat mich gesegnet in diesem Augenblick durch diese deine Worte“, antwortete das Männchen, „denn sie haben mich erlöst, steig du in den Felsen hinab, da wirst du dein Glück finden.“

Der Dummling trat in den Felsen, viele Stufen führten ihn hinunter, und wie er unten hinkam, sah er die weiße Taube ganz von Spinnweben umstrickt und zugewebt. Wie sie ihn aber erblickte, brach sie hindurch, und als sie den letzten Faden zerrissen, stand eine schöne Prinzessin vor ihm, die hatte er auch erlöst, und sie ward seine Gemahlin und er ein reicher König, und regierte sein Land mit Weisheit.

Nicht alle Märchenmerkmale müssen vorhanden sein.

2 Prüfe, welche Märchenmerkmale in dem Märchen vorhanden sind.
- Übernimm die Tabelle von Seite 193 in dein Heft und fülle sie aus.
- Schreibe die entsprechenden Zeilen aus dem Märchen auf.

Material
bm82ui

Sind Ort und Zeit unbestimmt?	Ja: Ort: Königs Palast (Zeile 1) Zeit: jedes Jahr (Zeile 1)
Treten gute und böse Personen in Erscheinung?	Nein, weil …
Wirken magische Kräfte?	…
Spielen typische Zahlen eine Rolle?	…
Sind Gegensätze vorhanden?	…
Erlebt die Märchenfigur ein Abenteuer und löst eine Aufgabe?	…
Wird das Böse besiegt und das Gute belohnt?	…
Hat das Märchen einen passenden Titel?	…
Ist der Text im Präteritum geschrieben?	…
Gliedert sich das Märchen in Einleitung, Hauptteil und Schluss?	…
Gibt es einen typischen Anfangs- und Schlusssatz?	…

Unterscheidung Märchen – Sagen

- Sagen haben wahren Hintergrund.
- Namen, Orte und Zeiten werden in der Sage genannt.
- Das Ende einer Sage kann tragisch sein.
- Sagen sind kürzer als Märchen.
- Sagen sind eher sachlich geschrieben.

1 EXTRA Lies die Sage oder höre sie dir an.

Hörverstehen
n7889i

Adalbert Kuhn

Die drei Linden

Auf dem Kirchhofe des Hospitals zum Heiligen Geiste in Berlin haben vor vielen Jahren […] drei gewaltig große Linden gestanden, die mit ihren Ästen den ganzen Raum desselben weithin überdeckten. Das Wunderbarste an diesen Bäumen war, dass sie mit den Kronen in die Erde gepflanzt waren und dennoch ein so herrliches Wachstum erreicht hatten. Aber dieses Wunder →

hatte auch die göttliche Allmacht gewirkt, um einen Unschuldigen vom Tode zu erretten.

Vor vielen, vielen Jahren lebten nämlich zu Berlin drei Brüder, die mit der herzlichsten Liebe einander zugetan waren und mit Leib und Leben für einander einstanden. So lebten sie glücklich und zufrieden, als dies Glück plötzlich durch einen Vorfall gestört wurde, den wohl keiner hätte ahnen können. Denn so unbescholtenen Wandels[1] auch alle drei bisher gewesen waren, wurde doch der eine derselben des Meuchelmordes[2] angeklagt, und sollte, obgleich er noch kein Geständnis getan, da alle Umstände die ihm zur Last gelegte Tat wahrscheinlich machten, den Tod erleiden. Noch saß er im Gefängnis, als eines Tages seine beiden Brüder vor dem Richter erschienen und jeder derselben sich des begangenen Mordes schuldig erklärte. Kaum hatte dies der zum Tode Verurteilte vernommen, als auch er, indem er erkannte, dass seine Brüder ihn nur retten wollten, der Tat geständig wurde. So standen statt eines Täters drei vor Gericht, von denen jeder mit gleichem Eifer behauptete, dass er allein jenen Mord begangen. Da wagte der Richter nicht, den Urteilsspruch an dem ersten zu vollstrecken, sondern legte den Fall zuvor noch einmal dem Kurfürsten vor, welcher verordnete, dass hier ein Gottesurteil entscheiden solle. Er befahl daher, ein jeder der drei Brüder solle eine junge, gesunde Linde mit der Krone in das Erdreich pflanzen, sodass die Wurzeln nach oben stünden; wessen Baum dann vertrocknen würde, den hätte Gott selbst dadurch als den Täter bezeichnet.

Dies Urteil wurde auch sogleich beim Anbruch des Frühlings vollzogen, und siehe da! Nur wenige Wochen vergingen, und alle drei Bäume, die man auf dem Kirchhofe gepflanzt hatte, bekamen frische Triebe und wuchsen bald zu kräftigen Bäumen heran. So ward denn die Unschuld der drei Brüder erwiesen, und die Bäume haben noch lange in üppiger Kraft[3] an der alten Stelle gestanden, bis sie endlich verdorrt sind und andern Platz gemacht haben.

1 Leben ohne Fehlverhalten
2 hinterhältiger Mord
3 hier ist gemeint groß und kräftig

2 EXTRA Suche die Sagenmerkmale aus dem Text heraus und schreibe sie mit Zeilenangabe in dein Heft.

3 EXTRA Schreibe den Anfang und das Ende der Sage so um, dass es ein Märchen sein könnte.

4 EXTRA Finde mithilfe des Internets heraus, ob es das Hospital zum Heiligen Geist in Berlin wirklich gibt.

Surftipp
fv3ej6

1.3 Gedichte verstehen

Gedichte

- **Reime**
  - Paarreim *aabb*
  - Kreuzreim *abab*
  - umarmender Reim *abba*
- **Vers**
  - Fachbegriff für Zeile im Gedicht
- **Strophe**
  - Einheit von Versen ohne Leerzeile

Hans Manz

Katharina

Katharina, Katherine
Schrieb auf einer ______
Nachts um zwölf, als alles schlief,
an die Eltern diesen ______:
Sagt mir einmal, warum dürfen
Große Leute Suppe ______?
Warum dürfen sie laut gähnen,
warum stochern in den ______,
weshalb dürfen sie in Ohren
mit dem kleinen Finger ______?
Warum darf ich's aber nicht?
Warum habe ich die ______,
einem Musterkind zu gleichen
______

1 Bei dem Gedicht „Katharina" (Seite 195) fehlen einige Wörter. Schreibe es ab und setze die passenden Wörter ein.

Brief | schlürfen | bohren | Zähnen

Pflicht | Fragezeichen | Schreibmaschine

2 Schreibe auf, wie viele Strophen und Verse das Gedicht „Katharina" besitzt.

Formulierungshilfen

- *Das Gedicht besteht aus …*
- *Die Strophe hat/Die Strophen haben jeweils …*

August Heinrich Hoffmann von Fallersleben

Vom Schlaraffenland

Kommt, wir wollen uns begeben
jetzo ins Schlaraffenland.
Seht da ist ein lustig ___
und das Trauern ___!
Seht da läßt sich billig zechen
und umsonst recht lustig sein,
Milch und Honig fließt in ___,
aus den Felsen quillt der Wein.

Alle Speisen gut geraten,
und das Finden fällt nicht schwer.
Gäns und Enten gehen ___
überall im Land umher.
Mit dem Messer auf dem ___
läuft gebraten jedes Schwein.
Oh wie ist es zum Entzücken,
Ei, wer möchte dort nicht ___.

Und von Kuchen, Butterwecken
sind die Zweige voll und schwer.
Feigen wachsen in den ___
Ananas im Busch umher.
Keiner darf sich mühen und ___
alles stellt von selbst sich ein.
Oh, wie ist es zum Entzücken!
Ei, wer möchte dort nicht sein.

Und die Straßen allerorten,
jeder Weg und jede ___
sind gebaut aus Zuckertorten
und Bonbons und ___.
Und von Brezeln sind die Brücken,
aufgeführt gar hübsch und fein.
Oh, wie ist es zum Entzücken!
Ei, wer möchte dort nicht sein.

Ja, das mag ein schönes Leben,
und ein herrlich Ländchen sein.
Mancher hat sich ___,
aber keiner kam hinein.
Ja, und habt ihr keine Flügel,
nie gelangt ihr bis ans Tor,
denn es liegt ein breiter ___
ganz von Pflaumenmus davor.

1 EXTRA Schreibe das Gedicht „Vom Schlaraffenland" (Seite 196) ab und setze die fehlenden Reimwörter ein.

Leben | sein | Bahn | unbekannt | Hügel | bücken | Hecken

gebraten | hinbegeben | Bächen | Rücken | Marzipan

2 EXTRA Bestimme die Reimform des Gedichts.

3 EXTRA Schreibe auf, wie viele Strophen und Verse die Gedichte „Katharina" (Seite 195) und „Vom Schlaraffenland" jeweils haben.

4 EXTRA Untersuche den Inhalt, den Aufbau und das Reimschema des Gedichtes „Die zwei Wurzeln". Ergänze dazu die Textbausteine zu vollständigen Sätzen.

Christian Morgenstern

Die zwei Wurzeln

Zwei Tannenwurzeln groß und alt
unterhalten sich im Wald.

Was droben in den Wipfeln rauscht,
das wird hier unten ausgetauscht.

Ein altes Eichhorn sitzt dabei
und strickt wohl Strümpfe für die zwei.

Die eine sagt: knig. Die andre sagt: knag.
Das ist genug für einen Tag.

Autor, Titel und Thema feststellen
In dem Gedicht von … mit dem Titel … geht es um …

Gedichtaufbau
Das Gedicht besteht aus …
Alle Strophen haben …

Reimschema
In allen vier Strophen verwendet der Autor einen …

Meine Beurteilung
Mir gefällt das Gedicht, weil …
Mir gefällt das Gedicht nicht, weil …

2 Umgang mit Sachtexten

Mit Sachtexten kann man …

- **1** etwas Persönliches mitteilen.
- **2** etwas regeln, erlauben, verbieten.
- **3** das Denken und Erinnern unterstützen.
- **4** etwas empfehlen, darstellen, beschreiben, erklären.
- **5** über Ereignisse und Vorgänge berichten.

2.1 Sich einen Überblick über Sachtexte verschaffen

A

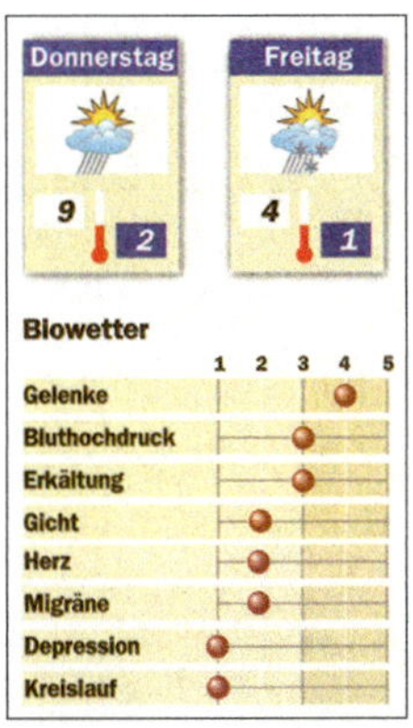

C

Langenfeld, 9. März 2004

Sehr geehrter Herr Friedrich,
hiermit entschuldige ich das gestrige Fehlen meiner Tochter Jessica. Sie konnte wegen einer Magenverstimmung nicht am Unterricht teilnehmen.

D

B

Goldhamster
Die beste Zeit, um deinen Hamster zu füttern, ist am Abend. Du kannst fertige Körnermischungen kaufen. Gib ihm täglich genügend frisches Grünzeug, aber keine Zwiebeln, Orangen oder Zitronen. Auch kannst du ihm ab und zu eine Mischung aus …

E

F

Einkaufsliste

2 l Milch
1 kg Tomaten
Brot
100 g Salami
250 g Butterkäse
Gummibärchen
Filtertüten

G

500 g Champignons oder Austernpilze
1 Zwiebel
35 g Butter oder Margarine
35 g Weizenmehl
1 l Gemüsebrühe
1 Becher (150 g) Crème fraîche
Salz, Pfeffer
1 EL gehackte Basilikumblättchen

Pilzsuppe
Champignons oder Austernpilze putzen, mit Küchenpapier abreiben, eventuell abspülen, trocken tupfen und in Scheiben oder Stücke schneiden. Zwiebeln abziehen und würfeln.
Butter oder Margarine in einem Topf zerlassen. Zwiebelwürfel und Pilzscheiben oder -stücke darin unter Rühren andünsten. Mehl darüberstäuben, durchrühren und kurz mitdünsten.
Gemüsebrühe hinzugeben, mit einem Schneebesen …

1 Sachtexte können die verschiedensten Formen und Funktionen haben. Ordne die Texte und Bilder jeweils der richtigen Funktion aus dem Schaubild oben zu, z. B.: 3 das Denken und Erinnern unterstützen → F Einkaufsliste

2 Überlege dir weitere Beispiele zu den Funktionen, die im Schaubild oben genannt werden. Schreibe in dein Heft.

2.2 Einen Sachtext verstehen

www

www.oliswildewelt.de

OLI's Wilde Welt

Suche

zurück zur Übersicht

Das grüne Buch – Tierlexikon

Biene

Apis mellifera
Bienen sind fleißige Helfer des Menschen: Sie liefern uns Honig und sorgen dafür, dass wir reichlich Früchte ernten können, weil sie die Blüten der Pflanzen bestäuben.

Aussehen
Bienen gehören zu den Insekten und damit zu den Gliedertieren. Der Körper der Bienen besteht – wie bei allen Insekten – aus drei Teilen: Am Kopf sitzen die Augen, zwei Fühler, die als Nase dienen, und die Mundwerkzeuge, die aus zwei starken Kiefern und einem Rüssel bestehen. An der Brust sitzen zwei hauchdünne Flügelpaare und sechs Beine. Der größte Körperabschnitt ist das Markenzeichen der Bienen: Es ist der gelb-schwarz geringelte Hinterleib mit dem Giftstachel.
Es gibt drei verschiedene Typen von Bienen. Die, die wir normalerweise herumfliegen sehen, sind die Arbeiterinnen: Es sind sterile Weibchen – das heißt, sie können sich nicht fortpflanzen – und messen 12 bis 15 Millimeter. Eine Bienenkönigin wird 16 bis 20 Millimeter groß. Ihr Hinterleib ist viel größer als der einer Arbeiterin, weil sie für den Nachwuchs zuständig ist und täglich mehr als 1500 Eier legt. Die männlichen Bienen nennt man Drohnen. Sie werden 14 bis 18 Millimeter groß. Drohnen besitzen keinen Stachel und sammeln auch keinen Honig. Ihre einzige Aufgabe ist, sich mit der Königin zu paaren. An den Hinterbeinen der Bienen sind oft kleine gelbe Klümpchen zu sehen. An der Außenseite der Hinterbeine befindet sich nämlich das sogenannte „Körbchen" oder „Höschen": Das ist eine löffelförmige, von Haaren eingefasste Mulde, in der die Biene bei ihren Sammelflügen Blütenstaub aufbewahrt. Auch in den Härchen der Körperoberfläche, dem „Pelz", bleiben Blütenpollen hängen und werden so von Blüte zu Blüte getragen. Dadurch sorgen Bienen ganz nebenbei dafür, dass viele Pflanzen befruchtet werden.

Lebensraum
Bienen sind hervorragende Baumeisterinnen und machen sich ihr Zuhause selbst: Sie produzieren senkrecht hängende Wachsplatten – die sogenannten Waben. Dort bringen sie sechseckige Zellen an, in denen sich die Larven entwickeln und Vorräte aufbewahrt werden. Die Waben eines Bienenstocks sind ein kleines Wunderwerk: Die sechseckige Form der Zellen passt perfekt ineinander. So geht kein Millimeter Platz verloren.

WWW

www.wissens-lexikon.de

Wissens-Lexikon

Suche

zurück zur Übersicht

Bienen – Das Honigvolk
Im Sommer sammeln die Bienen Nektar und da sie keine Taschen haben, müssen sie ihn in einer speziellen **Honigblase** [...] transportieren. Zurück bei ihrem Volk speien sie ihn aus. Die Bienen setzen dem Nektar in ihrer Honigblase einen körpereigenen Saft zu. Außerdem muss der anfangs sehr wasserreiche Saft eingedickt werden. [...] Dazu muss der Nektar mehrere **Bienenmägen** durchwandern. Zwischendurch wird er in Zellen gelagert und wenn er fertig ist, verschließen die Bienen die Honigzellen mit einem dünnen **Wachsdeckel**. Bis der Imker kommt und den Honig aus den Waben löst.

→ **T5** Lesen
Seite 230–233

1 Bearbeite die beiden Texte (Seite 199 und oben) mit der 5-Schritt-Lesetechnik.

2 Schreibe mithilfe deiner Notizen aus Aufgabe 1 die richtigen Aussagen in dein Heft.

a) Die Biene ist ein Gliedertier.

b) Der größte Körperteil der Bienen ist der gelb-schwarz geringelte Hinterleib.

c) Die Drohnen sammeln den Honig.

d) Die Bienen befruchten die Pflanzen, indem sie Blütenpollen in ihrem Pelz von Blüte zu Blüte tragen.

e) Honig entsteht aus dem Nektar, den die Bienen sammeln.

f) Die Fühler dienen als Augen.

g) Die Arbeiterinnen sind nicht zur Fortpflanzung fähig.

h) Die Bienenkönigin legt jeden Tag mehr als 2500 Eier.

i) Die Waben eines Bienenstocks sind achteckig.

j) Der Imker nimmt den Honig aus den unverschlossenen Wabenzellen.

1 EXTRA Lies die Auszüge aus den zwei Internetlexika auf Seite 199 und oben. Welche unterschiedlichen Bereiche zum Thema „Bienen“ sprechen die Texte an?
- Schreibe die wichtigsten Informationen aus den Sachtexten heraus und stelle sie in Form eines Steckbriefes übersichtlich dar.
- Überlege dir vorher, z. B. auf einem Notizzettel, welche Angaben der Steckbrief enthalten kann.

T4

Trainingsstation

Reflexion über Sprache

Buchstaben – Silben – Wörter – Sätze – Texte: Unsere Sprache besteht aus vielen Bausteinen. **Grammatik** vermittelt dir die Regeln, die zum richtigen Sprechen und Schreiben notwendig sind. Wenn man weiß, wie eine Sprache funktioniert, kann man besser mit ihr umgehen.

Zum Schreiben gehört auch eine sichere **Rechtschreibung**, damit Leser deine Texte gut lesen und verstehen können und du auch die Texte anderer lesen und verstehen kannst.

In dieser Trainingsstation erhältst du einen Überblick über die wichtigsten Grundlagen von Grammatik und Rechtschreibung und erfährst etwas über die Anwendung der Sprache in verschiedenen Situationen.

T4 Lösungen
78pe8m

1 Grammatik

Wortarten

Nomen
- bezeichnen Dinge oder Lebewesen
- werden großgeschrieben
- können nach Genus, Numerus und Kasus bestimmt werden

Verben
- bezeichnen Tätigkeiten, Vorgänge oder Zustände
- werden konjugiert
- zeigen das Tempus an
- werden kleingeschrieben

Adjektive
- bezeichnen Eigenschaften und Merkmale
- können gesteigert werden
- werden kleingeschrieben

Pronomen
- sind Stellvertreter oder Begleiter von Nomen
- zeigen die Person und den Besitz an

1.1 Nomen

Nomen
- bezeichnen Lebewesen, Gegenstände und gedachte Dinge: *der Tisch, die Wolke, das Tier*
- werden großgeschrieben
- können nach Genus, Numerus, Kasus bestimmt werden

Genus (grammatisches Geschlecht)
- maskulin
- feminin
- neutral

Numerus (Anzahl)
- Singular (Einzahl)
- Plural (Mehrzahl)

Kasus (Fall)
- Nominativ (Wer oder Was?)
- Genitiv (Wessen?)
- Dativ (Wem?)
- Akkusativ (Wen oder Was?)

1 Sieh dir die Bilder an. Schreibe die abgebildeten Nomen mit dem richtigen Artikel auf.

2 Schreibe aus der Wortschlange die Nomen heraus.
- Finde zunächst die Wortgrenzen.
- Entscheide, bei welchen Wörtern es sich um Nomen handelt.

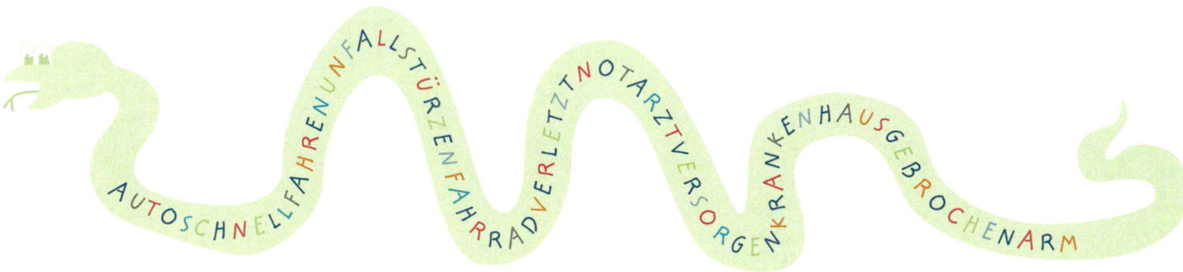

Nomen erkennen und richtig schreiben: Nomensignale

Unterschiedliche Nomensignale

- **Artikel:** ***der/ein*** *Becher,* ***die/eine*** *Beere,* ***das/ein*** *Papier*
- **Versteckter Artikel:** ***am*** *(= an dem) Fenster,* ***im*** *(= in dem) Garten,* ***zum*** *(= zu dem) Nachbarn,* ***beim*** *(= bei dem) Haus*
- **Adjektiv** vor einem Nomen: ***kleiner*** *Becher*
- **Zahlwort** vor einem Nomen: ***drei*** *Flaschen*
- **Endungen** (Suffixe): *-**keit** (Sauberkeit, Neuigkeit), -**heit** (Grobheit), -**er** (Läufer), -**ung** (Hoffnung), -**sal** (Schicksal), -**nis** (Erlaubnis), -**schaft** (Gemeinschaft), -**tum** (Eigentum), -**lein** (Männlein)*

1 Ordne den folgenden Wörtern je ein passendes Nomensignal zu. Schreibe dazu, um welches Nomensignal es sich jeweils handelt, z. B.: Gesundheit (Suffix)

Gesund ▬ ▬ Schokoriegel
▬ Wald ▬ Bruder ▬ Freibad
Einsam ▬ ▬ Blume
▬ Bäcker Freund ▬ ▬ Auto

keit dunkler
im großer vier
eine beim
das schaft heit

2 Schreibe aus dem Text „Beerentanz" auf Seite 204 Beispiele für Nomen mit Nomensignalen heraus.

Das Genus von Nomen bestimmen

Genus (grammatisches Geschlecht)
am Artikel erkennbar

maskulin (männlich)	**feminin** (weiblich)	**neutral** (sächlich)
der Boden	*die Weintraube*	*das Trinkglas*

Beerentanz

Fülle ein hohes Trinkglas mit sprudelndem Mineralwasser und lege eine oder mehrere Weintrauben hinein. Die Beeren sinken zuerst zum Boden des Glases, beginnen aber sogleich auf und ab zu tanzen und sich zu drehen.
Das Gas, das im Mineralwasser gelöst ist und im Glas sprudelnd entweicht, ist Kohlendioxid. Es sammelt sich in zahlreichen Bläschen auf den Beeren, bis diese genügend Auftrieb haben und aufsteigen. An der Wasseroberfläche zerplatzen die Gasbläschen, die Beeren sinken hinab, und das Spiel beginnt von neuem.

Zur Kontrolle:
18 Nomen (Überschrift und doppelt vorkommende Nomen mitgerechnet):
3 × maskulin
5 × feminin
10 × neutral

1 Erstelle eine Tabelle und ordne die Nomen aus dem Text nach ihrem Genus ein. Schreibe jeweils den Artikel dazu.
Achtung: Du musst einige Nomen in den Singular setzen!

2 Manche Nomen haben zwei grammatische Geschlechter. Schreibe sie mit dem jeweils passenden Artikel auf und bestimme das Genus.

See | Leiter | Kiefer | Tau

Den Numerus von Nomen bestimmen

Numerus (Anzahl)

Singular (Einzahl)	**Plural** (Mehrzahl)
der Ball	*die Bälle*
die Traube	*die Trauben*
das Glas	*die Gläser*

1 Schreibe die Dinge auf dem Bild im Singular und im Plural auf. Füge jeweils den Artikel hinzu.

2 Beschreibe, was sich bei den Nomen im Plural verändert.

3 Singular oder Plural? Schreibe den folgenden Text ab und setze die markierten Nomen in den jeweils richtigen Numerus.

Die küssenden Apfel – ein Versuch

Für diesen Versuch braucht man: Eine Pflanzschale mit Erde, zwei Zweig – einen mit Gabelung, einen ohne Gabelung – Schnur, zwei Apfel, eine Stricknadel und ein Messer.
In die Apfel werden je drei Gesicht geschnitzt. Mit der Stricknadel werden die Apfel in der Mitte vorsichtig durchstochen. Ein Stückchen Schnur wird eingefädelt und unten mit mehreren Knoten gesichert. Oben wird eine Schlaufe geknotet. Beide Schnur müssen die gleiche Länge haben.
In die Pflanzschale werden die Zweig mit der Gabelung gesteckt. Auf die Gabelung legt man den Zweig ohne Gabelung. Die Apfelschnur werden auf den waagerecht liegenden Zweig geschoben. Die Apfel sollten etwa einen Abstand von vier Zentimeter haben.
Nun sollen sich die Äpfel küssen, aber wie schafft man das, ohne die Äpfel zu berühren? Einfach pusten, probiert es mal aus!

2.2 Die Strategien bei eigenen Texten anwenden

Die Zauberblume

Einst ging ein junger Wanderbursche | durch das Land | auf der Suche nach großen Abenteuern. | Auf seinem Weg traf er auf eine Zwergenfrau, | die versuchte, | eine steile Wand hinaufzuklettern. | Sie war sehr klein | und fett | und hatte das runzelige Gesicht | einer angste___egenden (r oder rr) Hexe. | „Was machst du da?“, | fragte er sie. | Sie zeigte auf eine | rot glänzende Blume | weit über ihren Köpfen. | Der Wanderbursche lachte laut: | „Du träumst, | das gelingt dir niemals.“ | Da begann sie, | bitterlich zu weinen | und das Taschentuch, | das er ihr lieh, | war bald nass wie ein Schwa___tuch (m oder mm). | So erweichte sie sein Herz | und er hatte Mitleid | mit der hässlichen Kreatur. | Muti___ (g oder k) erklomm er die steile Felswand | und erreichte schon bald die Blume. | In ihrer N___he (ä oder e) hörte er | ein einschläferndes Lied. | Doch er wehrte sich | gegen den Schlafdrang | und streckte seine Hand nach ihr aus. | Aber die Blume hatte Dornspitzen, | die ihn stachen. | Der Wanderbursche| biss die Zähne zusammen, | um sie zu pflü___en (k oder ck). | Kaum war dieses geschehen, | da begann die Blume | ein ätzendes Gift auszuspritzen. | Der mutige Blumenpflücker | verlor sein Augenlicht | und stürzte ab. |
Als er wieder zu sich kam, | legte die Zwergenfrau ihm | Blütenblätter auf die Augen | und sofort konnte er wieder sehen. | Sie aber roch an der Zauberblume | und verwandelte sich | in eine wunderschöne junge Frau.
Von diesem Tag an | waren sie unzertrennlich | und bestri___en (t oder tt) ihre Abenteuer gemeinsam.

1 Suche im Text besonders lange Wörter. Schreibe sie ab und zeichne die Silbenbögen ein, z. B.: *Zauberblume, …*

2 Suche im Text Wörter mit Doppelkonsonanten, *tz* oder *ck* in der Wortmitte und zeichne auch hier die Silbenbögen ein, z. B.: *hinaufzuklettern, …*

3 Welche Wörter haben eine Problemstelle am Wortende? Schreibe sie auf und verlängere sie, z. B.: *fett → fetter, Land → die Länder*

4 Suche Wörter heraus, bei denen man nicht hört, ob sie mit *e* oder *ä*, *eu* oder *äu* geschrieben werden. Kläre ihre Schreibweise durch **A**bleiten, z. B.:
Abent___er → der Abenteurer, die Abenteurerin → Abenteuer
gl___nzende → der Glanz, glanzvoll, glänzen → glänzende

5 Einige zusammengesetzte Wörter haben eine Problemstelle an der Wortgrenze. Schreibe sie heraus und erkläre dir die Schreibweise, indem du sie verlängerst, z. B.:
Schwammtuch → Schwamm → Schwämme + Tuch

6 Welche Wörter erscheinen dir noch schwierig, da sie Besonderheiten in der Schreibweise haben? Schreibe sie heraus und versuche sie dir zu merken.

→ T6 Rechtschreibkartei Seite 251/252

7 Entscheide mithilfe der Strategien, wie die Wortlücken im Text auf Seite 216 gefüllt werden müssen. Schreibe in dein Heft.

8 Schreibe mindestens zehn Zeilen des Textes mit der Arbeitstechnik des verdeckten Abschreibens ab, gehe dazu wie folgt vor:

- Lies den Text.
- Lies den ersten Satz noch einmal, merke dir den ersten Teil, decke ihn ab und schreibe ihn auf.
- Verfahre so mit allen Sätzen, bis du zehn Zeilen geschrieben hast.
- Vergleiche nun das Geschriebene mit dem Original und verbessere deine Fehler.

→ T6 Verdecktes Abschreiben Seite 250

1 EXTRA Schreibe die unterstrichenen Wörter aus dem Text heraus und notiere ihre Bedeutung. Schlage, wenn notwendig, in einem Wörterbuch nach.

Als die Kobolde sesshaft wurden

Es war einmal vor langer Zeit, | als die Kobolde noch durch das Land zogen, | sich nicht verstekten | und von jedermann freundlich | begrüßt wurden, | als einer von ihnen sich unsterblich | in eine hübsche Prinzessin verliebte. | Er gab die Wanderschaft seiner Ahnen auf | und beschloss, | sesshaft zu werden | und im Schloss des Königs zu leben, | um in der Nähe der Frau seiner Treume sein zu können. |

Jeden Abend begab er sich treu | unter das Fenster der Prinzessin | mit dem lieblichen Gesicht | und den goldenen Loken | und spielte ihr auf seiner Laute | ein kleines Nachtlied, | um ihr Herz für sich zu gewinnen. | Doch die Prinzessin vertrieb ihn jedes Mal | und bewarf ihn sogar, | damit er bloß nicht wiederkeme. | Der Kobold aber ließ sich nicht irritieren | und erschien jeden Abend wieder unter ihrem Fenster. |

Da geschah es, | dass die Königstochter an einem Abend | im Zorn über das Nachdlied des Kobolds | aus Versehen ihre Lieblingsschuhe nach ihm warf. |

Wie alle Dinge, | die sie nach dem verliepten Kobold geworfen hatte, | hop er auch die Schuhe auf | und bewahrte sie | in seinem kleinen Zimmer auf. |

Als der Kobold nun am nächsten Tag | wieder unter ihrem Fensterbret stand, | schaute sie zum ersten Mal hinaus. | Kaum war der letzte Ton verklungen, | da sprach sie zu ihm: | „Ach, lieber Kobold, habe doch ein Herz | und gebe mir meine Schuhe zurück.“ | Der Kobold nahm artik seine Müze vom Kopf, | verneigte sich | und antwortete: | „Nichts lieber als das. | Zuvor aber müsst ihr mir | einen Kuss geben.“ | Da warf die Prinzessin | erbost das Fenster zu. |

Als aber nun | am darauffolgenden Abend | der Kobold …

2 EXTRA In dem Text befinden sich **zehn** Fehler. Berichtige sie mithilfe der Strategien.

→ **T6** Lern- und Arbeitstechniken Seite 250/251

3 EXTRA Übertrage den Text jetzt korrigiert mit einer der erlernten Diktattechniken in dein Heft.

→ **T3** Umgang mit literarischen Texten Seite 191

4 EXTRA Schreibe den Schluss des Koboldmärchens und beachte dabei die Märchenmerkmale.

5 EXTRA Überprüfe mit den Strategien die Rechtschreibung deines Märchenendes.

2.3 Nachschlagen

1 Schreibe das Alphabet von hinten nach vorn auf: *Z, Y, X, …*

2 Bringe die Wörter in die richtige alphabetische Reihenfolge.

Baum Asche Prinz
Braut Linsen
Tauben Ball Blut

spucken schwarz
Schnee Spiegel sterben
Schloss Stiefmutter

3 Die Stichwörter in Blau und Orange stehen jeweils für ein bestimmtes Märchen. Überlege, um welche es sich handelt.

4 Bringe die folgenden Märchenfiguren in die richtige alphabetische Reihenfolge: *Schneewittchen, Aschenputtel, Rosenrot, Aladin, Rotkäppchen, Rapunzel, Rumpelstilzchen, Pechmarie, Schneeweißchen, Meerjungfrau, Sterntaler, Zwergnase, Fundevogel.*

5 Um konjugierte Verben im Wörterbuch zu finden, muss man zunächst den Infinitiv bilden. Schreibe zu den folgenden Verben den Infinitiv auf und schlage die Wörter dann nach: *sie riefen, wir sprangen, sie sind, er schob, er hat getroffen, wir liefen, ihr hattet, ich wurde.*

6 Schlage die folgenden Wörter im Wörterbuch nach und schreibe sie mit ihren jeweiligen Kopfwörtern auf. Übernimm dazu die Tabelle in dein Heft und trage die Wörter ein.

Kopfwörter stehen in einem Rechtschreibwörterbuch ganz oben auf der Seite. Sie helfen dir, dich schneller zu orientieren.

Kopfwort davor		Kopfwort danach
Pranger	Preis	Preisverzeichnis
...	...	...

Preis – prahlen – Prozent – protzen – Panzer – Probe – privat

Propeller – Praktikum – Pullover – Prüfung – Produkt – Professor

7 Beantworte folgende Fragen mithilfe des Ausschnitts aus dem Wörterbuch.
- Wieviele steigerbare Adjektive findest du?
- Was bedeutet der senkrechte grüne Strich in einem Wort?
- Woran erkennst du die Nomen?
- Was wird hier in den runden Klammern genannt?
- Welche Wörter stehen vor und nach *Starkstrom*?
- Wie lautet die 2. Person Singular von *stapfen*?

Standard 388 **stationär**

A B C D E F G H I J K

stande sein, etwas zu tun, im Stande/imstande sein, etwas zu tun, etwas in Stand/instand setzen, etwas zu Stande/zustande bringen

der **Stan|dard** des Standards, die Stan|dards (Norm)

stan|dar|di|sie|ren du standardisierst (vereinheitlichst), er hat standardisiert, sie standardisierte

das **Stan|dard|werk** des Standardwerk(e)s, die Stan|dard|wer|ke (grundlegendes Buch in einem Fachgebiet)

die **Stan|dar|te** der –, die Stan|dar|ten (Fahne, Banner)

das **Stand|bein** des Standbein(e)s, *ohne Plural* (*im Sport*); *Gegensatz:* Spielbein

das **Stand|bild** des Standbild(e)s, die Stand-bil|der

das **Stand-by** [*engl.;* stäntbai] des Stand-by(s), die Stand-bys (1. *in der Elektrotechnik:* Betriebsart, bei der ein Gerät zwar ausgeschaltet ist, aber auf die Fernbedienung reagiert; 2. Flugreise ohne feste Buchung)

der **Sta|pel|lauf** des Stapellauf(e)s, die Sta|pel|läu|fe

sta|peln du stapelst (schichtest) die Kartons, er hat gestapelt, sie stapelte

stap|fen du stapfst, er ist gestapft, sie stapfte

der **Stap|fen** des Stapfen, die Stap|fen (Fußspur)

der **Star** des Star(e)s, die Sta|re (1. Singvogel; 2. Augenkrankheit)

der **Star** [*engl.;* schtar/star] des Stars, die Stars (berühmte Person)

die **Star|al|lü|ren** der –, *nur Plural* (eitles Benehmen [eines Stars])

stark stär|ker, am stärks|ten; er hat eine starke Erkältung, das ist ein starkes Stück (eine Unverschämtheit), ein stark bevölkertes/starkbevölkertes Land

die **Stär|ke** der –, die Stär|ken

stär|ken du stärkst dich, er hat sich gestärkt, sie stärkte Wäsche

der **Stark|strom** des Starkstrom(e)s, *ohne Plural*

die **Stär|kung** der –, die Stär|kun|gen

1 EXTRA Entwickle zu dem Wörterbuchausschnitt auf Seite 219 Fragen wie auf Seite 135 (Aufgabe 1 und 2 EXTRA) und beantworte sie.

2 EXTRA Beschreibe kurz, wie man auf dem Ausschnitt Wörter findet, in denen nach dem *st* ein *ä* folgt.

3 EXTRA Was erfährst du in dem Wörterbuchausschnitt über folgende Wörter: *stark, die Starallüren, das Stand-by, stapeln*. Schreibe in dein Heft.

4 EXTRA Überlege, wie du die folgenden Wörter im Wörterbuch findest: *er war gesprungen, am höchsten, die Mäuse, besser, sie krochen, die Kräfte, wir fielen*. Ergänze anschließend den nachstehenden Satz.

- ned vitinifnI
- mrofdnurG
- ned vitanimoN
- ned vitisoP

Um Adjektive, Verben und Nomen nachschlagen zu können, muss man ihre ___ bilden. Das bedeutet, dass man bei Verben ___, bei Nomen ___ und bei Adjektiven ___ nachschlägt.

5 EXTRA Nicht nur in einem Rechtschreibwörterbuch kannst du nachschlagen. Überlege, was du in den folgenden Büchern nachsehen kannst.

3 Sprachwandel und Sprachvarianten

Mündliches Erzählen	**Schriftliches Erzählen**
Die Sätze können locker miteinander verknüpft werden und müssen nicht immer vollständig sein.	Die Sätze müssen vollständig und grammatisch korrekt sein und klare Satzverknüpfungen (z. B. *weil, deshalb, dann …*) haben.
Umgangssprache und Jugendsprache können verwendet werden.	Umgangssprachliche Ausdrücke sollten möglichst vermieden werden.
Tempus: überwiegend Perfekt z. B. *„Ich **habe** laut um Hilfe **gerufen**."*	Tempus: Präteritum z. B. *„Ich **rief** laut um Hilfe."*

Unterschiede zwischen mündlichem und schriftlichem Sprachgebrauch

1 Lies dir die Erzählung zu der Bildergeschichte auf Seite 222 durch.

Einmal Pirat sein

Vor ein paar Tagen haben Neven und ich voll den Schock bekommen. Jetzt ist es vorbei, haben wir gedacht, wir müssen sterben.

Da wir megagroße Piratenfans sind, wollten wir Piraten spielen. Wir haben eine Flagge gemalt, unsere Piratenoutfits rausgekramt und angezogen, Ferngläser eingepackt und sind mit einem großen Rucksack voller Proviant zum kleinen Waldsee gerannt. Wir haben uns das alte Boot von Nevens Opa geschnappt und sind auf den See hinausgefahren. Es war ein richtig cooles Gefühl, als wir die Flagge gehisst haben und durch unsere Ferngläser den See beobachtet haben. Wir sind echte Piraten gewesen. Ein tolles Gefühl!

Und dann kam der große Schock. Auf einmal war das ganze Boot voller Wasser. Wie schrecklich! Wir haben geschrien. Schließlich kann ich doch nicht schwimmen …

2 Begründe anhand von Textbeispielen, warum es sich bei dem Text „Einmal Pirat sein“ um eine mündliche Erzählung handelt. Schreibe in dein Heft.

Sieh auch noch einmal in das Schaubild auf Seite 221.

3 Formuliere die mündliche Erzählung in eine schriftliche Erzählung um. Beginne z. B. so: *Vor ein paar Tagen bekamen Neven und ich einen großen Schrecken. ...*

1 EXTRA Schreibe eine Fortsetzung der mündlichen Erzählung „Einmal Pirat sein“ auf Seite 221.

Trainingsstation

Lesen

Es gibt die Redewendung „Wer lesen kann, ist klar im Vorteil". Wenn man dich fragt, ob du lesen kannst, sagst du sicherlich Ja. Aber lesen will gelernt sein: Die einen lesen ein dickes Buch an einem Abend, die anderen ziehen Comics vor und vielen macht lesen gar keinen Spaß. Dabei ist es oft auch eine Sache der Technik. Wie du deine Lesefähigkeiten verbessern kannst, damit beschäftigt sich diese Trainingsstation. Du wirst schnell merken, was du trainieren musst, um ein guter Leser zu werden und auch Spaß dabei zu haben.

T5 Lösungen
e7tm2t

1 Lesegewohnheiten ermitteln

1

2

3

1 „Lesen ist nicht gleich lesen." Erkläre anhand der Bilder, was mit diesem Satz gemeint ist. Übertrage dafür die nachfolgende Tabelle in dein Heft und ergänze sie.

Bild	Wo und wann?	Was?	Warum?	Wie?
1	am Strand, in den Ferien	vermutlich ein Roman	zur Unterhaltung; um keine Langeweile zu bekommen	entspannt, locker, zügig – aber ohne Zeitdruck
2	...	...	...	...

2 Trage das Gedicht „Rätsel Buch" laut vor.

Josef Guggenmos

Rätsel Buch

Ich nahm es, und ich trug es,
ich trug's zum Tisch und schlug es,
ich schlug es auf und las,
was ich herauslas, ließ
ich gerne noch für andre drin,
doch ist's in mir jetzt immerhin.

2 Die Lesegeschwindigkeit steigern

Texte flüssig und in einem angemessenen Tempo lesen zu können, ist eine wichtige Voraussetzung für erfolgreiches Lesen. Muss man sich zu sehr auf das Lesen einzelner Wörter konzentrieren, weiß man am Ende oft nicht, was inhaltlich im Text steht.

1 Lies die folgenden Gedichte von Joachim Ringelnatz betont vor. Übe so lange, bis es dir gelingt, sie fehlerfrei vorzulesen.

Joachim Ringelnatz

Die Ameisen

In Hamburg lebten zwei Ameisen,
Die wollten nach Australien reisen.
Bei Altona auf der Chaussee,
Da taten ihnen die Beine weh,
Und da verzichteten sie weise
Dann auf den letzten Teil der Reise.

Joachim Ringelnatz

Bumerang

War einmal ein Bumerang;
War ein Weniges zu lang.
Bumerang flog ein Stück,
Aber kam nicht mehr zurück.
Publikum – noch stundenlang –
Wartete auf Bumerang.

1 EXTRA Lies das folgende Märchen laut vor und sieh auf die Uhr, wie lange du dafür benötigst.

Brüder Grimm

Die drei Spinnerinnen

Es war ein Mädchen faul und wollte nicht spinnen, und die Mutter mochte sagen, was sie wollte, sie konnte es nicht dazu bringen. Endlich überkam die Mutter einmal Zorn und Ungeduld, dass sie ihm Schläge gab, worüber es laut zu weinen anfing. Nun fuhr gerade die Königin vorbei, und als sie das Weinen hörte, ließ sie anhalten, trat in das Haus und fragte die Mutter, warum sie →

ihre Tochter schlüge, dass man draußen auf der Straße das Schreien hörte. Da schämte sich die Frau, dass sie die Faulheit ihrer Tochter offenbaren sollte, und sprach: „Ich kann sie nicht vom Spinnen abbringen, sie will immer und ewig spinnen, und ich bin arm und kann den Flachs nicht herbeischaffen." Da antwortete die Königin: „Ich höre nichts lieber als spinnen und bin nicht vergnügter, als wenn die Räder schnurren. Gebt mir Eure Tochter mit ins Schloss, ich habe Flachs genug, da soll sie spinnen, soviel sie Lust hat." Die Mutter war's von Herzen gerne zufrieden, und die Königin nahm das Mädchen mit.

Als sie ins Schloss gekommen waren, führte sie es hinauf zu drei Kammern, die lagen von unten bis oben voll vom schönsten Flachs.

„Nun spinn mir diesen Flachs", sprach sie, „und wenn du es fertigbringst, so sollst du meinen ältesten Sohn zum Gemahl haben; bist du gleich arm, so acht ich nicht darauf, dein unverdrossner Fleiß ist Ausstattung genug."

Das Mädchen erschrak innerlich, denn es konnte den Flachs nicht spinnen, und wär's dreihundert Jahre alt geworden und hätte jeden Tag vom Morgen bis Abend dabeigesessen. Als es nun allein war, fing es an zu weinen und saß so drei Tage, ohne die Hand zu rühren. Am dritten Tage kam die Königin, und als sie sah, dass noch nichts gesponnen war, verwunderte sie sich, aber das Mädchen entschuldigte sich damit, dass es vor großer Betrübnis über die Entfernung aus seiner Mutter Haus noch nicht hätte anfangen können. Das ließ sich die Königin gefallen, sagte aber beim Weggehen: „Morgen musst du mir anfangen zu arbeiten."

Als das Mädchen wieder allein war, wusste es sich nicht mehr zu raten und zu helfen und trat in seiner Betrübnis vor das Fenster. Da sah es drei Weiber herkommen, davon hatte die erste einen breiten Plattfuß, die zweite hatte eine so große Unterlippe, dass sie über das Kinn herunterhing, und die dritte hatte einen breiten Daumen. Die blieben vor dem Fenster stehen, schauten hinauf und fragten das Mädchen, was ihm fehlte. Es klagte ihnen seine Not, da trugen sie ihm ihre Hilfe an und sprachen: „Willst du uns zur Hochzeit einladen, dich unser nicht schämen und uns deine Basen[1] heißen, auch an deinen Tisch setzen, so wollen wir dir den Flachs wegspinnen, und das in kurzer Zeit."

„Von Herzen gern", antwortete es, „kommt nur herein und fangt gleich die Arbeit an."

Da ließ es die drei seltsamen Weiber herein und machte in der ersten Kammer eine Lücke, wo sie sich hinsetzten und ihr Spinnen anhuben. Die eine zog den Faden und trat das Rad, die andere netzte den Faden, die dritte drehte ihn und schlug mit dem Finger auf den Tisch, und sooft sie schlug, fiel eine Zahl Garn zur Erde, und das war aufs feinste gesponnen. Vor der Königin verbarg sie die drei Spinnerinnen und zeigte ihr, sooft sie kam, die Menge des gesponnenen Garns, dass diese des Lobes kein Ende fand. Als die erste Kammer leer war, ging's an die zweite, endlich an die dritte, und

1 Cousinen

die war auch bald aufgeräumt. Nun nahmen die drei Weiber Abschied und sagten zum Mädchen: „Vergiss nicht, was du uns versprochen hast, es wird dein Glück sein."
Als das Mädchen der Königin die leeren Kammern und den großen Haufen Garn zeigte, richtete sie die Hochzeit aus, und der Bräutigam freute sich, dass er eine so geschickte und fleißige Frau bekäme, und lobte sie gewaltig.
„Ich habe drei Basen", sprach das Mädchen, „und da sie mir viel Gutes getan haben, so wollte ich sie nicht gern in meinem Glück vergessen. Erlaubt doch, dass ich sie zu der Hochzeit einlade und dass sie mit an dem Tisch sitzen." Die Königin und der Bräutigam sprachen: „Warum sollen wir das nicht erlauben?"
Als nun das Fest anhub[2], traten die drei Jungfern in wunderlicher Tracht herein, und die Braut sprach: „Seid willkommen, liebe Basen."
„Ach", sagte der Bräutigam, „wie kommst du zu der garstigen Freundschaft?" Darauf ging er zu der einen mit dem breiten Plattfuß und fragte: „Wovon habt Ihr einen solchen breiten Fuß?"
„Vom Treten", antwortete sie, „vom Treten." Da ging der Bräutigam zur zweiten und sprach: „Wovon habt Ihr nur die herunterhängende Lippe?"
„Vom Lecken", antwortete sie, „vom Lecken."
Da fragte er die dritte: „Wovon habt Ihr den breiten Daumen?"
„Vom Fadendrehen", antwortete sie, „vom Fadendrehen." Da erschrak der Königssohn und sprach: „So soll mir nun und nimmermehr meine schöne Braut ein Spinnrad anrühren." Damit war sie das böse Flachsspinnen los.

2 anfing

2 EXTRA Hast du länger als fünf Minuten gebraucht? Übe, verteilt über eine Woche so oft, bis du das Märchen in einer Zeit von fünf Minuten vorlesen kannst.

3 Die Lesetechnik verbessern

Augenbewegungen kontrollieren

Die Augen müssen beim Lesen viel leisten. Deshalb ist es gut, sie gelegentlich zu trainieren.

1 Folge mehrmals mit den Augen dem Weg des Vogels ins Nest. Halte den Kopf dabei still.

2 Folge dem Weg des Kunstfliegers. Vollführe seine Kunststücke mit den Augen.

Material
k4i2c2

3 Die folgenden Zeilen unterscheiden sich an mindestens einer Stelle.
Lege eine Folie über die Zeilen und finde die Unterschiede möglichst schnell.

Dellehaufigallmigmannjohngrwundtrallalaballormariefosicklopgtrampolinsaturn
Dellehaufigallmigmannjohnyrwundtrallalaballermariefosicklopgtrampulinsaturn

F12keo0fkJHüäßafldki9847DpoeitölssFldke984&QläÜk2u.;dl0ßpssklä#+^´klGRTsjjk545%&
F12keo0fkJHüößafldki9847DpoeitölssFlbke984&QläÜk2u.;dl0ßpssklä*+^´klGRTsjjk645%&

bddbbbbdddbdbbbbddbdbdbddbdddbbddbddddbbbbdbdbddddbdddbbbdbdbdddbdddbddbdddbbbdbdbd
bddbbbbdddbdbbbbddbdbdbddbdddbbbdbddddbbbbdbdbddddbddddbbdbdbdddbdddbddddddddbbdbdbb

4 Welche der Zeilen konntest du leicht vergleichen, welche fielen dir schwer? Begründe!

5 Lies die Buchstaben in der richtigen alphabetischen Reihenfolge. Stoppe die Zeit, die du benötigst. Steigere das Tempo.

D	I	M	B	K	U	C	O	N	A	P	E	F
S	R	Z	L	X	G	Y	J	H	V	W	T	Q

Als Hilfe kannst du die Kästchen mit dem Ende eines Bleistiftes berühren.

Den Blick öffnen

Oft ist man darauf angewiesen, einen Text schnell mit den Augen zu erfassen. Dazu ist es notwendig, mehr als nur ein Wort wahrzunehmen. Der beste Abstand der Augen zum Text liegt bei ungefähr 30 cm.

1 Führe diese Übung mit einer Karteikarte durch. Decke die Zeilen mit der Karte nacheinander schnell auf und zu. Versuche in dieser Zeit den Text zu erfassen.

Es
war einmal
ein Prinz, weit drüben
im Märchenlande. Weil der
nur ein Träumer war, liebte er es sehr,
auf einer Wiese nahe dem Schlosse zu liegen
und träumend in den blauen Himmel zu starren.

Mit den Augen springen

1 Lies die Fortsetzung des Textes ohne zu stocken vor. Die fehlenden Wörter findest du jeweils am Zeilenende. Dabei musst du mit den Augen sehr schnell hin- und herspringen.

Denn auf dieser Wiese ______ die Blumen größer	blühten
und schöner wie sonstwo. – Und der Prinz ______	träumte
von weißen, weißen Schlössern mit hohen ______	Spiegelfenstern
und leuchtenden Söllern[1].	
Es ______ aber, daß der alte König starb. Nun wurde	geschah
der Prinz sein Nachfolger. Und der ______ König	neue
stand nun oft auf den Söllern von weißen, weißen	
______ mit hohen Spiegelfenstern. Und träumte	Schlössern
von einer ______ Wiese, wo die Blumen größer und	kleinen
schöner blühten, ______ sonstwo.	denn

1 offene Plattform oberer Stockwerke

4 Lesestrategien anwenden

Wenn du einen Text verstehen willst, genügt es nicht, ihn einmal zu lesen. Auf den folgenden Seiten kannst du mit der 5-Schritt-Lesetechnik üben, Texte zu verstehen.

Arbeitstechnik

Die 5-Schritt-Lesetechnik

1. Schritt: Überfliege den Text.

2. Schritt: Stelle Fragen.

3. Schritt: Lies den Text genau.

4. Schritt: Fasse die wichtigsten Informationen zusammen.

5. Schritt: Wiederhole alles mithilfe deiner Notizen.

1. Schritt: Überfliegendes Lesen

1 Überfliege den folgenden Text. Gehe dabei folgendermaßen vor:
- Sieh dir alles an, was dir auf den ersten Blick auffällt, z. B. Überschrift, Bilder, Bildunterschriften oder Fettgedrucktes.
- Gleite mit den Augen zügig über den Text.

Gift in Hühnereiern gefunden

5. Januar 2011

In Hühnerställen in Niedersachsen und Nordrhein-Westfalen haben die Hühner Futter bekommen, das mit Dioxin[1] verseucht ist. Dieses Gift lagert sich im Körper der Tiere an und gelangt auch in die Eier, die sie legen. Deshalb sind in Nordrhein-Westfalen direkt vor Weihnachten 8000 Hennen getötet worden. In Niedersachsen wurden 1000 Bauernhöfe vorübergehend still gelegt. Sie dürfen keine Eier und keine Hühner verkaufen. Die Bauernhöfe bekommen

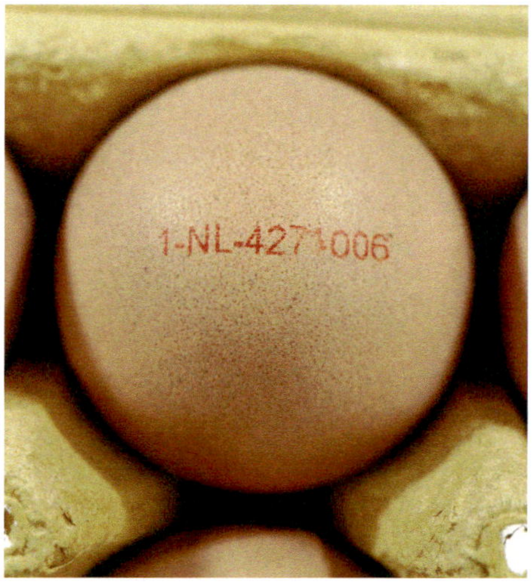

Jedes Ei hat einen Code, an dem man seine Herkunft erkennen kann. Diese kommen aus den Niederlanden.

1 ein Gift

ihr Futter von einer Futtermittelfabrik. Für die Herstellung des Futters hatte der Betrieb Fettsäuren verwendet, die ihm ein Biodiesel-Hersteller liefert. Nun schieben sich beide Firmen die Schuld in die Schuhe. Wo das Dioxin ursprünglich herkommt, weiß bis jetzt niemand. Dem Chef der Futtermittelfabrik war bei einer Kontrolle seines Futters selbst aufgefallen, dass der Dioxingehalt viel zu hoch war. Er verständigte daraufhin die Behörden. Die versuchten herauszufinden, wohin das Futter geliefert worden war. Auf den betreffenden Bauernhöfen war es bereits verfüttert worden. Dioxin in Lebensmitteln ist für Menschen gefährlich, weil es sich im Körper einlagert und ihn langfristig schädigen kann. Skandale wie diesen hat es auch früher schon gegeben. Jedesmal wird danach lange darüber diskutiert, wie man die Hersteller von Futtermitteln und von Lebensmitteln besser kontrollieren kann. Aber auch häufigere Kontrollen scheinen nicht zu wirken. Immer wieder werden in Lebensmitteln Substanzen gefunden, die für den Menschen schädlich sind.

2 Formuliere, worum es wahrscheinlich in dem Text geht. Beginne z. B. so:
„Der Text beschreibt, wie …“

2. Schritt: Fragen stellen ?

1 Überlege, ob du schon etwas über das Thema „Gift in Hühnereiern“ weißt oder ob es neu für dich ist.

2 Schreibe mindestens drei Fragen auf, die du von dem Text gern beantwortet hättest.

3 Überlege, um was für einen Text es sich handelt, z. B. Brief, Zeitungsartikel, Roman, …

3. Schritt: Genaues Lesen

Genaues Lesen funktioniert nur, wenn man den Text mehrmals liest und ihn dabei mit Stiften oder Textmarker bearbeitet. Kopiere dir den Text „Gift in Hühnereiern gefunden“ oder nimm eine Folie und Folienstifte zur Hand. Bearbeite ihn Schritt für Schritt anhand der folgenden Aufgaben.

Material
6pg9ex

Durchgang 1: Den Text verstehen

1 Kopiere den Text und lies ihn langsam durch.
- Unterstreiche Begriffe, die du nicht kennst.
- Unterschlängele Sätze, die du nicht verstehst.
- Kennzeichne beides am rechten Rand mit einem Fragezeichen oder kurzen Kommentar.

Beispiel

Zeile 18–20:	Nun schieben sich beide Firmen die Schuld in die Schuhe.	? Was bedeutet das?
Zeile 42:	Substanzen	?

2 Schlage unbekannte Begriffe in einem Wörterbuch nach oder frage jemanden, wenn du Sätze nicht verstehst.

Durchgang 2: Wichtige Inhalte herausarbeiten

1 Kennzeichne im Text die Abschnitte, in denen ein neuer Gedanke beginnt, z. B. mit folgendem Zeichen ⌊.

Beispiel 1. Abschnitt

[…] vorübergehend still gelegt. Sie dürfen keine Eier und keine Hühner verkaufen. ⌊ Die Bauernhöfe bekommen ihr Futter von einer Futtermittelfabrik.

Wenn du unsicher bist, was Schlüsselbegriffe sind, sieh noch einmal in Kapitel 4, Seite 71 nach.

2 Markiere in den gebildeten Abschnitten die Schlüsselbegriffe.

Beispiel Schlüsselbegriffe im 1. Abschnitt

In Hühnerställen in Niedersachsen und Nordrhein-Westfalen haben die Hühner Futter bekommen, das mit Dioxin verseucht ist. Dieses Gift lagert sich im Körper der Tiere an und gelangt auch in die Eier, die sie legen. Deshalb sind in Nordrhein-Westfalen direkt vor Weihnachten 8000 Hennen getötet worden. In Niedersachsen wurden 1000 Bauernhöfe vorübergehend still gelegt. Sie dürfen keine Eier und keine Hühner verkaufen.

3 Finde für die Abschnitte passende Überschriften.

Beispiel Überschrift für 1. Abschnitt

Gift in Hühnereiern entdeckt

4. Schritt: Wichtige Informationen herausschreiben

1 Stell dir vor, du erzählst deinem besten Freund oder deiner besten Freundin, was du in dem Text gelesen hast. Schreibe auf, was du sagen würdest.

Formulierungshilfe

Ich habe heute einen interessanten Artikel gelesen. Darin geht es um ...
Ende des Jahres 2010 hat man ...
Die Hühnerfarmen erhalten ihr Futter von ...
Es ist aufgefallen, weil ...
Das Problem ist aber nicht neu. Schon ...

5. Schritt: Wiederholen

1 Sieh dir deine Unterstreichungen und Überschriften noch einmal an.

2 Kontrolliere, ob du im 4. Schritt alles Wesentliche richtig dargestellt hast.

3 Wenn du noch unsicher bist, lies den Text ein weiteres Mal.

4 Überprüfe, ob deine Fragen aus dem 2. Schritt beantwortet wurden.

1 EXTRA **Überfliege** den Text „Das bedrohte Paradies" auf Seite 234.
- Beachte die Überschrift, das Bild und die Bildunterschrift.
- Gleite mit den Augen über den Text und formuliere, worum es wahrscheinlich geht.

Boris Breyer

Das bedrohte Paradies

Jedes Jahr zu Beginn der Trockenzeit gibt es für die Krokodile im Fluss Mara einen Festschmaus: Dann durchqueren 1,3 Millionen Gnus, 200 000 Zebras und fast doppelt so viele Gazellen ihr Jagdrevier – direkt am Maul der Krokodile vorbei.

Der Fluss mit den hungrigen Krokodilen ist das letzte und schwierigste Hindernis für die wilden Tiere auf ihrer großen Wanderung durch die weiten Ebenen der Serengeti.

Die Serengeti ist eine baumarme Savanne, etwa so groß wie Belgien. Sie liegt in Afrika in den beiden Ländern Kenia und Tansania. Jedes Jahr macht sich hier so ziemlich alles, was Hufe hat, auf die Reise – es ist eine der größten Tierwanderungen der Erde.

In der Regenzeit ziehen sie in den grasreichen Süden zum Ngorongoro-Schutzgebiet in Tansania. Dort bringen sie auch ihre Jungen zur Welt.

Und zur Trockenzeit wandern die Herden viele hundert Kilometer zur Masai-Mara-Ebene in Kenia. Unterwegs droht überall Gefahr.

Am Mara-Fluss endet für viele Tiere der Weg. Hinter ihnen liegen die abgegraste Savanne und hungrige Löwen, vor ihnen das fruchtbare Schutzgebiet Masai Mara. Dazwischen ist jedoch der Fluss – in dem die Krokodile schon warten.

Das klingt grausam. Aber es ist ein natürlicher Kreislauf. Löwen und Krokodile holen sich die schwächsten und langsamsten Tiere. Die schnellen

Tierwanderung durch den Fluss Mara

überleben und können sich weiter vermehren. Die Welt der Serengeti ist im Gleichgewicht. […]
Die Serengeti zieht auch Touristen an, jedes Jahr mehr als 100 000 Besucher. Sie kommen mit Jeeps und Kameras. Die Natur kann sogar diesen Ansturm verkraften.
Jetzt aber ist dieses Paradies in großer Gefahr: Eine zweispurige Fernstraße soll quer durch den Serengeti-Nationalpark gebaut werden – und das wäre schlimm.
Denn die Straße würde nicht nur mehr Touristen bringen. Vor allem würden dort auch viele Lastwagen fahren. Für die Tiere wäre die Fernstraße so etwas wie eine Grenze. Damit sie den Verkehr nicht stören, müsste ein Zaun längs der Strecke gebaut werden – und dann wäre die große Wanderung in den feuchteren Norden unterbrochen, die Tiere könnten die lebenswichtigen Wasserstellen nicht erreichen. Ohne Wanderung gäbe es deutlich weniger Wasser für die Tiere, weniger Grasland – und damit gäbe es dann bald auch weniger Gnus, Zebras und Gazellen.
Naturschützer, Filmemacher, Wissenschaftler und natürlich Menschen, die am Safari-Tourismus Geld verdienen, setzen sich ein, um den Lebensraum Serengeti zu bewahren.
Der Tierfilmer Reinhard Radke hat für den Film „Serengeti" viele Monate in der Wildnis verbracht und die Herden auf ihrer Reise begleitet. Wer diesen Film sieht, versteht, dass die Natur manchmal grausam ist – vor der Grausamkeit des Menschen aber geschützt werden muss.

2 EXTRA Stelle **Fragen** an den Text.
- Überlege, ob du etwas über das Thema weißt oder ob es neu für dich ist.
- Schreibe mindestens drei Fragen auf, die du von dem Text gern beantwortet hättest.
- Schätze ein, um was für einen Text es sich handelt, z. B. Brief, Zeitungsartikel, Roman, …

3 EXTRA **Lies** den Text **gründlich**.
- Kläre unbekannte Begriffe oder Sätze, die du nicht verstehst.
- Kennzeichne einzelne Abschnitte.
- Unterstreiche Schlüsselbegriffe.
- Formuliere für die einzelnen Abschnitte Überschriften.

Material a6y539

4 EXTRA Fasse **das Wichtigste** zusammen, indem du mithilfe deiner Schlüsselbegriffe und Überschriften einen kurzen Text verfasst. Beginne z. B. so:
Der 1. Abschnitt stellt dar, …

5 EXTRA **Wiederhole** alles. Sieh dir dafür deine Unterstreichungen und Überschriften an und vergleiche sie mit deinem Text.

5 Leselust entwickeln

Lesetipps
35h422

Andreas Steinhöfel

Rico, Oskar und das Herzgebreche

Rico, der diese Geschichte erzählt, ist nach eigenen Angaben „tiefbegabt", sein bester Freund Oskar hingegen hochbegabt. Die beiden erleben in Berlin manche Abenteuer. Im Folgenden kannst du lesen, wie es werden kann, wenn ein Hoch- und ein Tiefbegabter zusammen Eis essen wollen.

[…] „Guten Tag", sagte ich. „Zwei Eis bitte."

„Waffel oder Becher?" Ihre Stimme klang so genervt, wie ich mich fühle, wenn ich mit Frau Dahling den *Musikantenstadl* gucken muss.

„Waffel."

„Wie viele Kugeln?"

„Viele."

Sie verdrehte die Augen, nahm eine von den ganz großen Waffeln, fischte das Eiskugelrauskratzding aus einem kleinen Behälter mit Wasser und ließ es auffordernd klappern.

„Ich hätte gern eine Kugel Schoko", sagte ich. „Und dann noch eine Schoko."

Sie klatschte wortlos zwei Kugeln in die Waffel und sah mich abwartend an.

„Bitte noch eine."

KLATSCH!

„Und noch eine."

Jetzt war nicht nur ihr Blick verkniffen, sondern auch ihr Mund. „Sag doch gleich, dass du viermal Schoko willst!" „Ich will *fünfmal* Schoko."

„Vielleicht ziehst du erst mal die fünf Schrauben in deinem Kopf an, Kleiner!"

Also echt! Ich presste die Lippen aufeinander. So was versaut mir voll den Appetit. Wenn man so schnell bis fünf zählen könnte, wie man hintereinander Lust auf Schoko hat, ohne es vorher zu wissen, würde man das ja wohl tun.

Die fünfte Schokokugel klatschte in die Waffel. „War's das?"

„Danke."

„Danke ja oder danke nein?"

Ich streckte einfach die Hand aus und nahm die Waffel an. So eine unfreundliche Zicke. Jetzt stellte sie sich auf die Zehenspitzen, beugte sich über den Tresen und guckte zu Oskar runter. „Und, können *wir* schon bis fünf zählen?"

„Wir können sogar bis sieben", sagte Oskar liebenswürdig. „Bitte im Becher. Erdbeere, Pistazie, Tiramisu, Vanille, Karamell, Zitrone, Erdbeere."

Die Eisfrau schloss den Mund und machte ein kleines, knirschendes Geräusch mit ihren Zähnen, bevor sie ihn wieder öffnete. „Also zweimal Erdbeere?"

„Ja, aber eine ganz unten und eine ganz oben. Und wenn's geht, die Zitrone nicht an die Pistazie kommen lassen. Und Vanille nur, wenn da auch … sind da künstliche Aromastoffe drin?"

„Jede Menge." Sie lächelte Oskar so böse an, als wollte sie sagen: Genug, um kleine Kinder, die mir auf die Nerven gehen, so richtig schön zu vergiften.

„Gut." Ich konnte es nicht sehen, aber ich wette, Oskar zuckte hinter der großen schwarzen Sonnenbrille nicht mit der Wimper. „Dann bitte lieber zwei Kugeln Vanille und dafür keine Zitrone. Die echte Gewürzvanille ist eine Orchidee, wissen Sie."

„Interessiert mich nicht."

Oskar starrte sie an. Seine kleinen Finger mit den abgekauten Nägeln begannen einen Trommelwirbel auf dem Tresen zu schlagen, *ta-ramm, ta-ramm*. „Die Vanillepflanze", erklärte er unbeirrt weiter, „muss von Arbeiterinnen auf Madagaskar und Réunion mit Kaktus- oder Bambusstacheln künstlich bestäubt werden, um in ausreichenden Mengen auf dem Weltmarkt verkauft werden zu können."

„Tatsächlich."

Das Eiskugelrauskratzding klapperte. Die erste Kugel Erdbeer landete im Becher.

„Das ist keine schöne Arbeit", *ta-ramm, ta-ramm,* „und sie wird schlecht bezahlt."

„So, so."

ZACK, Pistazie, ZACK, Tiramisu …

„Und künstliche Vanille ist völlig unschädlich."

„Was du nicht sagst. Wo war noch mal das Karamell?"

Oskars Finger kamen zur Ruhe. „An fünfter Stelle. Aber zählen konnten wir ja eigentlich bis sieben." Die Eisfrau schnaubte bloß. Oskar wandte sich mir zu. „In deinem Eis ist sie auch drin."

Ich starrte meine Waffel an, als hätte sich ein Tierchen darin versteckt.

„Wer?" „Die künstliche Vanille."

Ich nickte und tippte mit der Zungenspitze vorsichtig gegen die Schokokugeln. Sie schmeckten okay. Hinter mir klapperte das Eiskugelrauskratzding immer schneller. Ich hatte noch nie überlegt, ob irgendwo irgendwer dafür schlecht bezahlt wurde, dass er mit Kaktusstacheln was natürlich Unschädliches zu essen herstellte, das künstlich genauso unschädlich war.

Die Eisfrau reichte Oskar seinen Becher über den Tresen nach unten und ich hielt ihr den Zehneuroschein hin. Als sie mir das Wechselgeld herausgab, tat ich so, als würde ich es schnell nachzählen, bevor ich es in die Hosentasche klimpern ließ.

„Tschüs", sagte ich. „Bis bald mal wieder."

Die Eisfrau hob das Eiskugelrauskratzding wie eine Waffe und murmelte etwas wie: *Nur über meine Leiche.* […]

1 Oskar und Rico erzählen beide zu Hause von ihrem Erlebnis mit der Eisverkäuferin. Schreibe die beiden Gespräche jeweils auf.

2 Erkläre, warum Rico sich als „tiefbegabt" und Oskar als hochbegabt bezeichnet? Verwende dazu Beispiele aus dem Gespräch mit der Eisverkäuferin.

T6

Trainingsstation

Lern- und Arbeitstechniken

T6 Lösungen
5ym3bp

In dieser Trainingsstation findest du Lern- und Arbeitstechniken, die dir helfen, deinen Schulalltag zu Hause und in der Schule zu organisieren. So lernst du zum Beispiel, wie du am besten deine Hausaufgaben machst und dich auf eine Klassenarbeit vorbereitest. Es wird dir noch einmal gezeigt, wie du Texte besser verstehen, überarbeiten und vortragen kannst, effektiv für die Rechtschreibung übst und vieles mehr. Viele der Techniken kannst du übrigens auch in anderen Fächern anwenden.

1 Lernen lernen – Methoden zur Lernorganisation

1.1 Hausaufgaben anfertigen

1 Erkläre mithilfe der Abbildung oben, was du beim Anfertigen der Hausaufgaben berücksichtigen musst.

2 Beschreibe, wie du selbst deine Hausaufgaben anfertigst. Berücksichtige dabei die Punkte in der Abbildung.

Ein Hausaufgabenheft führen

Woche vom 22.11. bis 26.11.

Hausaufgaben, Material, Unterschrift etc.	Fach
Donnerstag 25.11.	
○ Berichtigung der Deutscharbeit, Unterschrift	Deutsch
○ S. 22 Text lesen, Aufg. 1 schriftlich	Biologie
○ Stammbaum meiner Familie zeichnen	Geschichte
○ Vokabeln lernen	Englisch
○ Tischtennisschläger und Ball mitbringen	Sport
○ –	Kunst
○	

Merke

Hausaufgabenheft

Ein Hausaufgabenheft hilft dir, nichts zu vergessen. Dazu sollte man für jeden Tag in der Woche und für jede Unterrichtsstunde die Hausaufgaben eintragen. Notiere darin auch, wenn du besonderes Material mitbringen musst oder eine Unterschrift vorgezeigt werden muss.

1 Beschrifte dein Hausaufgabenheft wie auf Seite 239 gezeigt.

2 Trage gegebene Hausaufgaben nach diesem Muster ein.

3 Vergleiche deine Eintragungen im Hausaufgabenheft mit den Eintragungen deines Banknachbarn/deiner Banknachbarin. Korrigiere deine Einträge, wenn notwendig.

Den Arbeitsplatz herrichten

Merke

Ein **Arbeitsplatz** sollte:
- nur von dir benutzt werden.
- hell und ruhig sein.
- einen Blick auf eine Uhr ermöglichen.
- frei sein von Dingen, die ablenken können, und nur die Arbeitsmittel vorweisen, die benötigt werden (Buch, Schreibzeug, Heft, Hausaufgabenheft etc.).

1 Formuliere Sätze, was der Besitzer dieses Schreibtisches verändern sollte, z. B.: *Das Radio sollte ausgeschaltet werden. Das Aquarium …*

2 Kontrolliere deinen eigenen Arbeitsplatz und räume ihn, wenn notwendig, auf.

Die Reihenfolge der Hausaufgaben planen

Merke

Man sollte seine **Hausaufgaben planen**, indem man:
- vorher überlegt, wie viel Zeit man für jedes Fach und insgesamt benötigt.
- mit etwas Einfachem beginnt.
- leichte und schwere Aufgaben mischt.
- zwischen mündlichen und schriftlichen Hausaufgaben wechselt.
- konzentriert arbeitet und nach der Hälfte eine Pause macht.

1 Plane die Reihenfolge der Hausaufgaben, die sich der Schüler auf Seite 239 in seinem Hausaufgabenheft notiert hat. Beachte dabei die Hinweise im Merke-Kasten auf Seite 240 unten.

2 Erstelle jetzt für deine eigenen Hausaufgaben einen Plan und überprüfe anschließend, ob du ihn einhalten konntest.

1.2 Sich auf eine Klassenarbeit vorbereiten

Klassenarbeitsvorbereitung

Üben
Wie soll ich lernen?

Zeitplan
Wann soll ich üben?

Lerninhalt
Was muss ich lernen?

Um sicher und ohne große Nervosität in eine Klassenarbeit zu gehen, sind eine gute Vorbereitung und ein strukturiertes Vorgehen wichtig.

Den Lerninhalt klären

Auf der „Teste-dich-selbst"-Seite, die du am Ende jedes Kapitels in deinem deutsch.punkt findest, werden die wichtigsten Kapitelinhalte noch einmal abgefragt. Neben den Aufgaben findest du Verweise, wo du in den Trainingsstationen weiterüben kannst. Bearbeite die Aufgaben dort, wenn du etwas noch einmal üben willst, oder mache die EXTRA-Aufgaben, wenn du schon Schwierigeres probieren möchtest.

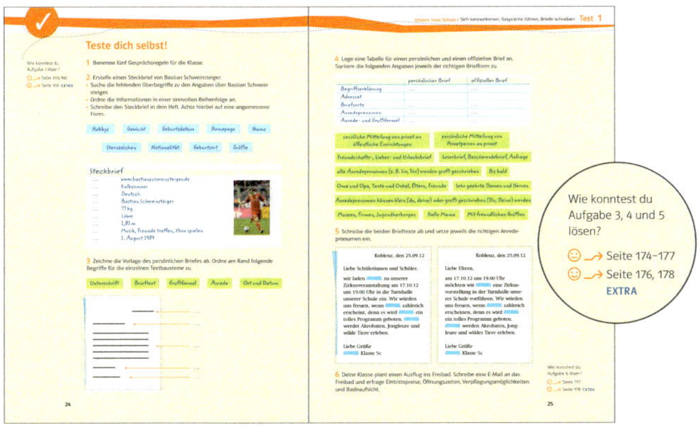

1 Bearbeite die „Teste-dich-selbst"-Seite zu deiner aktuellen Unterrichtsreihe.

3.4 Für die Rechtschreibung üben

Es gibt verschiedene Formen des Diktates, um die Rechtschreibung zu üben:

Arbeitstechnik

Verdecktes Abschreiben

- Der Text wird zunächst aufmerksam gelesen.
- Jetzt wird der erste Satz noch einmal gelesen, ein erster Teil gemerkt, zugehalten und aufgeschrieben.
- Wenn der erste Satz geschrieben wurde, folgt der nächste auf die gleiche Weise, bis der ganze Text geschrieben wurde.
- Zuletzt wird der eigene Text mit der Vorlage verglichen und die Fehler werden verbessert.

1 Suche dir einen kurzen Text oder Textausschnitt aus deinem deutsch.punkt und schreibe ihn mit der Methode des verdeckten Abschreibens ab.

Arbeitstechnik

Partnerdiktat

- Zunächst wird der Diktattext abschnittsweise gemeinsam gelesen.
- Nun diktiert man sich den Text abwechselnd. Dabei sollte man so deutlich sprechen, dass der Partner ohne Probleme mitschreiben kann.
- Wenn der ganze Text diktiert worden ist, kontrolliert jeder seinen Text zunächst selbst und gibt ihn dann dem Partner zur Kontrolle.

Arbeitstechnik

Dosendiktat

- Der Text wird zunächst aufmerksam gelesen und Satz für Satz auf einen eigenen Zettel geschrieben.
- Nun werden die Zettel in die richtige Reihenfolge gebracht.
- Das Diktat beginnt, indem man sich den ersten Zettel einprägt, auswendig aufschreibt und anschließend kontrolliert. Wenn alles richtig geschrieben wurde, kann der Zettel in eine Dose gelegt werden.
- So werden alle Zettel der Reihe nach aufgeschrieben.
- Zum Schluss wird das Diktat mithilfe der Textvorlage kontrolliert.

Arbeitstechnik

Laufdiktat

- Der Diktattext wird sorgfältig gelesen. Dann legt man ihn an einem entfernten Ort, z. B. einer Fensterbank oder einem Tisch, mehrmals aus.
- Nun geht man von seinem Platz leise zu dem Text und prägt sich den ersten Sinnabschnitt ein. Anschließend kehrt man zu seinem Arbeitsplatz zurück und schreibt das Gemerkte auf.
- So läuft man leise mehrmals hin und her, bis der gesamte Text im Heft steht.
- Zum Schluss kontrolliert man den eigenen Text mit der Diktatvorlage.

2 Notiere deine Fehler aus Aufgabe 1 (Seite 250) auf Karteikarten, wie in der Abbildung rechts gezeigt.

Arbeitstechnik

Rechtschreibkartei

Die Rechtschreibkartei hilft, Wörter, die man falsch schreibt, systematisch zu wiederholen. So merkt man sich die richtige Schreibweise.

Eine Rechtschreibkartei wird wie folgt erstellt:

Man benötigt einen Karteikasten und Karteikarten, auf denen die Fehlerwörter aus Diktaten, Klassenarbeiten und Hausaufgaben stehen.

Jedes Fehlerwort wird auf eine eigene Karte geschrieben und die Stelle, die falsch geschrieben wurde, markiert. Dann notiert man die Rechtschreibstrategie, die bei dem Fehlerwort anwendbar ist.

Jede Woche sollte mit der Rechtschreibkartei wie folgt geübt werden:
- Eine Karte wird aus dem Kasten genommen, das Wort angesehen und auswendig aufgeschrieben.
- Nun kontrolliert man, ob das Wort richtig geschrieben wurde.
- Richtig geschriebene Wörter wandern ein Fach nach hinten, falsch geschriebene in das erste Fach, das täglich geübt werden sollte.
- Ist ein Wort am Ende des Kastens angekommen, nimmt man es heraus.
- Man sollte diese Wörter alle drei Monate noch einmal üben.

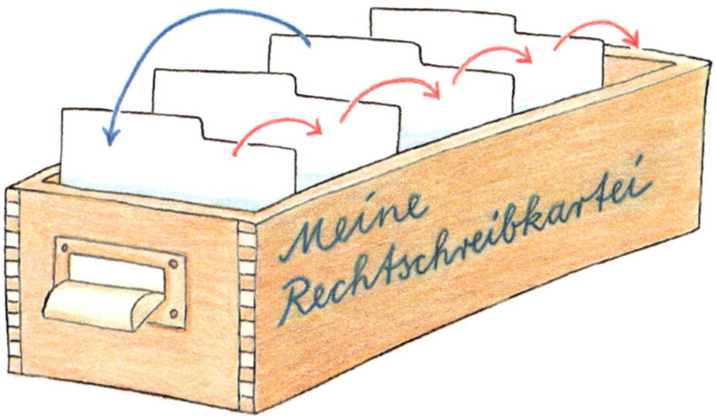

3.5 Mündlich argumentieren

Arbeitstechnik

Positionslinie

Vorbereitung

Man denkt sich eine Linie oder klebt eine mit Klebeband auf den Boden. Die Mitte der Linie wird markiert. Sie steht für „unentschieden“. Das eine Ende der Linie steht für „ja“, das andere für „nein“.

Durchführung

Es wird eine Frage gestellt, zu der man Position beziehen muss. Nun stellt man sich an der Stelle der Linie auf, die der eigenen Meinung am besten entspricht. Ist man eindeutig für „ja“ oder „nein“, platziert man sich an einem Ende der Linie, ist die eigene Meinung nicht so eindeutig, stellt man sich irgendwo dazwischen. Die Entscheidung sollte begründet werden.

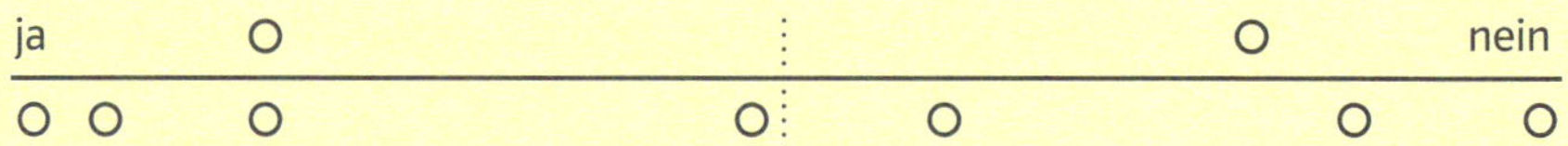

Anhang

Lösungen

Kapitel 1

S. 10

Aufg. 1: Beispiellösung
Bild 1: Schülerinnen/Schüler einer Klasse im Mathematikunterricht
Bild 2: Stundenplan
Bild 3: Lehrer im Gespräch mit Schülerinnen/Schülern
Bild 4: Schülerinnen/Schüler, die miteinander arbeiten
Bild 5: Großes Schulgebäude mit vielen Schülerinnen/Schülern

Aufg. 2: Beispiellösung
Bild 1: Die Schülerinnen/Schüler bekommen neue Unterrichtsfächer.
Bild 2: Die Schülerinnen/Schüler bekommen einen neuen Stundenplan, haben z. B. mehr Stunden.
Bild 3: Die Schülerinnen/Schüler bekommen neue Lehrer.
Bild 4: Die Schülerinnen/Schüler bekommen neue Mitschüler und lernen neue Arbeitsformen im Unterricht kennen.
Bild 5: Die Schülerinnen/Schüler haben ein neues Schulgebäude und einen neuen Schulhof, auf dem sie sich zurecht finden müssen.

Aufg. 3: individuelle Lösungsmöglichkeiten

S. 11

Aufg. 4 und Aufg. 5: individuelle Lösungsmöglichkeiten

S. 24

Aufg. 1: Beispiellösung
1. Wir hören einander zu.
2. Wir lassen die anderen immer ausreden.
3. Keiner redet dazwischen.
4. Wir ärgern niemanden.
5. Wir benutzen keine Schimpfwörter.

Aufg. 2: Beispiellösung
Steckbrief

Name	Bastian Schweinsteiger
Geburtsdatum	1. August 1984
Geburtsort	Kolbermoor
Nationalität	deutsch
Größe	1,81 m
Gewicht	77 kg
Sternzeichen	Löwe
Hobbys	Musik, Freunde treffen, Xbox spielen, Skifahren
Homepage	www.bastianschweinsteiger.de

Bastian Schweinsteiger wurde am 1. August 1984 in der Stadt Kolbermoor geboren und ist damit von Sternzeichen Löwe. Er ist deutscher Nationalität, ca. 1,81 m groß und wiegt 77 kg. Seine Hobbys sind Musik hören, Freunde treffen, Xbox spielen und Skifahren. Im Internet findet man weitere Informationen auf seiner Homepage www.bastianschweinsteiger.de.

Aufg. 3:

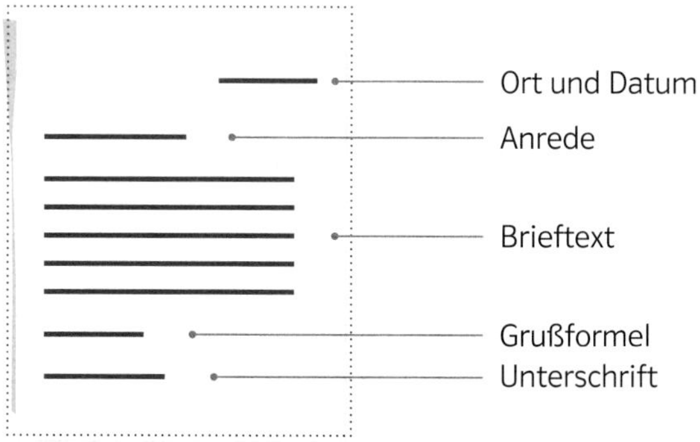

S. 25

Aufg. 4

	persönlicher Brief	offizieller Brief
Begriffserklärung	persönliche Mitteilung von Privatperson an privat	sachliche Mitteilung von privat an öffentliche Einrichtungen
Adressat	Oma und Opa, Tante und Onkel, Eltern, Freunde	Museen, Firmen, Jugendherbergen
Briefsorte	Freundschafts-, Liebes- und Urlaubsbrief	Leserbrief, Beschwerdebrief, Anfrage
Anredepronomen	Anredepronomen können klein- (du, deine) oder groß- (Du, Deine) geschrieben werden	alle Anredepronomen (z. B. Sie, Ihr) werden großgeschrieben
Anrede- und Grußformel	Hallo Mama Bis bald	Sehr geehrte Damen und Herren Mit freundlichen Grüßen

Aufg. 5:
Text 1: euch/Euch, ihr/Ihr, euch/Euch, ihr/Ihr, eure/Eure
Text 2: Ihnen, Sie, Ihnen, Sie, Ihre

***Aufg. 6:** Beispiellösung*
Sehr geehrte Damen und Herren,

am Freitag, den 24. Juni 2012 wollen wir einen Klassenausflug (25 Schüler) in Ihr Freibad machen. Darum möchten wir Sie herzlich um einige Informationen bitten. Könnten Sie uns bitte mitteilen, wie Ihre Öffnungszeiten bei schlechtem Wetter sind? Auch würden wir gern wissen, ob es eine Badeaufsicht und Liegeplätze im Schatten gibt. Ist es bei Ihnen möglich, Getränke und Essen zu kaufen? Auch wäre es für uns sehr wichtig zu wissen, ob Sie eine Badeaufsicht haben.
Vielen Dank im Voraus.

Mit freundlichen Grüßen
Ihre Klasse 5b

Kapitel 2

S. 26

Aufg. 1:
Bild 1: Sprotte, Melanie, Trude, Frieda und Wilma (Titelbild zum Film „Die wilden Hühner")
Bild 2: Harry Potter und Hermine Granger (Szene aus dem Film „Harry Potter")
Bild 3: Die wilden Kerle (Szene aus dem Film „Die wilden Kerle 2")
Bild 4: Zora (Titelbild zum Film „Die rote Zora")
Bild 5: Jack Sparrow (Szene aus dem Film „Fluch der Karibik")
Bild 6: Justus Jonas, Peter Shaw und Bob Andrews (Szene aus dem Film „Die drei Fragezeichen")

Aufg. 2:
Abenteuer, Detektive, Zauberschüler, Hühner, Muggel, Fahrrad, Fernglas, Fragezeichen, Pirat, Mädchenbande

S. 27

***Aufg. 3 und Aufg. 4:** individuelle Lösungsmöglichkeiten*

S. 46

Aufg. 1:
Einleitung, Hauptteil, Schluss

Aufg. 2:
Wer? Was? Wo?

Aufg. 3:
Geschmack, Geruch, Sehen, Hören, Fühlen

Aufg. 4:
a) Geschmack b) Hören c) Sehen d) Fühlen e) Geruch f) Fühlen

Aufg. 5:
Begründung: häufige Wortwiederholung (z. B. Neven)
Beispiellösung:
Neven schaute sich um. Wo war er bloß? Er sah nichts als Bäume. Ihm schossen tausend Gedanken durch den Kopf und er war verzweifelt. Er rief nach Hilfe. Stille. Wieder rief er um Hilfe. Dann sah er in der Ferne Lichter und hörte Stimmen. Er war erleichtert.

***Aufg. 6:** Richtig sind:*
- Mithilfe der wörtlichen Rede können Gedanken und Gefühle von Personen beschrieben werden.
- Die Anführungszeichen der wörtlichen Rede stehen vorn unten und hinten oben.
- Steht der Redebegleitsatz hinter der wörtlichen Rede, wird beim Aussagesatz kein Satzzeichen gesetzt.

S. 47

Aufg. 7:
„Du wirst nicht glauben, was ich gerade beobachtet habe**",** rief Bastian aufgeregt. Sein Freund Neven schaute ihn überrascht an. **„**Was ist denn passiert**?",** fragte er neugierig. Bastian holte tief Luft. **„**Ich wollte mir gerade ein Eis kaufen, als ich eine schwarz gekleidete Person in der Nähe des Juwelierladens sah.**"** Bastian atmete tief durch. **„**Erst dachte ich mir nichts dabei. Doch nach ein paar Minuten hörte ich Schreie. Der Juwelierbesitzer stand auf der Straße und der schwarz gekleidete Mann sprang in ein vorbeifahrendes Auto und flüchtete**",** fuhr Bastian fort. …

***Aufg. 8:** individuelle Lösungsmöglichkeiten*

Kapitel 3

S. 48

***Aufg. 1:** individuelle Lösungsmöglichkeiten*

Aufg. 2:
Der Froschkönig, Rotkäppchen und der Wolf, Tischlein deck dich, Aschenputtel, Die Bremer Stadtmusikanten

Aufg. 3:
1 Frau Holle, 2 Rumpelstilzchen, 3 Der Wolf und die sieben Geißlein, 4 Schneewittchen und die sieben Zwerge, 5 Hänsel und Gretel, 6 Aschenputtel, 7 Dornröschen

S. 49

***Aufg. 4:** individuelle Lösungsmöglichkeiten*

Forschernotizen

S. 51, *Aufg. 8:*
Forschernotiz 1: Märchenanfang und -ende
- Märchen beginnen häufig mit den Worten „Es war einmal …".
- Auch folgende Formulierungen sind typisch für Märchen: „Vor langer Zeit …" oder „In den alten Zeiten, als das Wünschen noch geholfen hat, …" können vorkommen.
- Märchen enden häufig mit „… und sie lebten glücklich bis an ihr Lebensende".
- Am Ende werden die Guten belohnt, die Bösen werden bestraft.

S. 55, *Aufg. 5:*
Forschernotiz 2: Zeit-, Orts- und Personenangaben
- In Märchen sind Orts- und Zeitangaben unbestimmt.
- Märchenfiguren heißen z. B. Rumpelstilzchen oder Schneewittchen.
- Die Namen geben oftmals nur an, welche Eigenschaften eine Figur hat.

S. 55, *Aufg. 6: Beispiellösung*
Forschernotiz 3: Gegensätze
- Märchenfiguren haben häufig ganz bestimmte Eigenschaften: sie sind gut oder böse, schön oder hässlich, arm oder reich.
- Diese Gegensätze treffen aufeinander, wobei meist das Gute und Schöne gewinnt.

S. 55, *Aufg. 8: Beispiellösung*
Forschernotiz 4: Zahlen
Folgende Zahlen tauchen in Märchen besonders häufig auf: 2, 3, 7, 100

S. 55, *Aufg. 10: Beispiellösung*
Forschernotiz 5: Zeitform
Märchen sind immer in der Vergangenheitsform (Präteritum) geschrieben.

S. 63, *Aufg. 4:*
Forschernotiz 6: Sagen
- Sagen sind einfacher aufgebaut als Märchen. Ihre Handlung beruht oft auf einem unheimlichen Erlebnis, einem historischen Ereignis, einem Bauwerk oder einem Namen, dessen Herkunft im Dunkeln liegt.
- Im Unterschied zum Märchen will die Sage glaubwürdig sein; deshalb nennt sie Orte, Namen und manchmal Zeitangaben.
- Im Märchen tritt die magische Welt als helfende Kraft auf. In der Sage ist die übernatürliche Welt unheimlich und bedrohend.
- Man kann die Sage mit einer ungewöhnlichen Begebenheit vergleichen.

S. 64

Aufg. 1:
Märchen
Im Märchen gibt es keinen Unterschied zwischen der realen Welt und der Wunderwelt. Hier können sich Menschen mit Tieren unterhalten, Zaubergestalten können ein Geschehen lenken, nichts ist unmöglich.
Märchen spielen irgendwo und irgendwann und beginnen häufig mit „Es war einmal". Märchenfiguren haben selten normale Namen. Sie müssen oft schwere Aufgaben erfüllen und werden zu Helden.
Im Märchen sind die Figuren entweder gut oder böse, dazwischen gibt es nichts. Das gilt auch für andere Gegensätze wie arm oder reich.
Im Märchen siegt das Gute, das Böse wird bestraft. Oft greifen dafür magische Wesen in das Geschehen ein. Wer gut ist, wird belohnt (zum Beispiel Reichtum, Heirat mit einem Prinzen oder einer Prinzessin). Wer böse ist, wird bestraft (zum Beispiel Tanz in glühenden Pantoffeln, Ertränken im Brunnen).
Ausgangspunkt des Märchens ist meist ein ungerechter Zustand (zum Beispiel eine böse Stiefmutter), aber das gute Ende ist sicher.

S. 65

Aufg. 2:
Das Mädchen hat keinen Namen.
Das Mädchen verschenkt sein Brot.
Das Mädchen ist Waise und hat kein Zuhause.

Aufg. 3: Beispiellösung

vorhandene Märchenmerkmale	fehlende Märchenmerkmale
typischer Anfang „Es war einmal" (Zeile 1)	Zahlen spielen keine Rolle
ungerechte Ausgangssituation der Hauptfigur (Zeilen 1, 2)	kein „böser" Gegner vorhanden
gutes Handeln wird belohnt (Zeilen 8–19)	die Hauptfigur muss keine Aufgabe erfüllen
Hauptfigur mit guten Eigenschaften und ohne Name (Zeile 1, 5)	kein typischer Märchenname
etwas eigentlich Unmögliches geschieht (Zeile 19)	
typischer Schlusssatz (Zeile 22)	
unbestimmter Ort und Zeit	

***Aufg. 4:** individuelle Lösungsmöglichkeiten*

Kapitel 4

S. 66

Aufg. 1:

- Nutztiere (z.B. Bauernhof, Reiterhof, Zirkus)
- Unterstützung bei Krankheit (z.B. Blindenhund, Hunde-/Pferdetherapie)
- Unterstützung bei Notfällen (z.B. Rettungshund)
- Unterstützung z.B. für Polizei (Drogenhund, berittene Polizei)
- Heilige Tiere (z.B. Kühe in Indien)

***Aufg. 2:** individuelle Lösungsmöglichkeiten*

S. 67

Aufg. 3:

- Bild von Kühen auf Bauernhof: Tiere sind zum Essen da.
- Comic und Zeitungsüberschrift: Man kann es mit der Tierliebe auch übertreiben.
- Bild mit Blindenhund: Tiere sind Helfer des Menschen.
- Bild mit Rettungshund: Tiere können Leben retten.

S. 82

Aufg. 1:

Bild 3 → e) Überfliegendes Lesen
Bild 5 → c) Fragen an den Text stellen
Bild 2 → b) Genaues Lesen: Schlüsselbegriffe, Sinnabschnittseinteilung
Bild 1 → a) Informationen herausschreiben, Inhalte zusammenfassen (Tabelle, Mindmap oder ...)
Bild 4 → d) Inhalte wiederholen

***Aufg. 2:** Beispiellösung*

Zahlen
- Millionen von Tieren (Rinder, Schweine, Hühner, Puten) werden nur nur zum Verzehr gezüchtet und geschlachtet (in Deutschland pro Jahr)

Haltung der Tiere
- unwürdige, grausame Bedingungen: zu wenig Platz, zu viel Nahrung auf einmal, keine Frischluft, Medikamente/Hormone, giftige Dämpfe
- verursacht psychische Schäden

Ursachen der Massentierhaltung
- großer Bedarf an Fleisch (Menschen essen mehrmals pro Woche Fleisch)
- das Fleisch soll wenig kosten
- auch in ärmeren Ländern (China, Indien) wird Fleisch billiger und die Leute kaufen mehr

S. 83

Aufg. 3:

für Massentierhaltung	gegen Massentierhaltung
Menschen essen gern Fleisch	grausame Bedingungen (zu wenig Platz, Verletzungen und Schmerzen, giftige Dämpfe etc.)
Fleisch wird günstiger und für jeden Menschen bezahlbar	Tierquälerei
Fleischverbrauch steigt	ungesunde, schnelle Mast/Zucht der Tiere

***Aufg. 4:** Individuelle Lösungsmöglichkeiten*

Aufg. 5:

- Exotische Tiere in der eigenen Wohnung zu halten ist Tierquälerei, weil man den Tieren nicht den richtigen Lebensraum bieten kann.
- Große Hunde kann man auch in der Großstadt halten, denn es gibt auch dort die Möglichkeit, ihnen genügend Auslauf zu verschaffen.
- Zoos sind sinnvolle Einrichtungen, denn durch ihre Zuchtprogramme helfen sie, bedrohte Tierarten zu erhalten.

Kapitel 5

S. 84

Aufg. 1:

Bild 1: Gandalf aus „Herr der Ringe“: Der Zauberer ist eine der Hauptfiguren in den Romanen „Herr der Ringe“ und „Der kleine Hobbit“ und tritt mehrfach auf (Gandalf der Graue, Gandalf der Weiße). Er trägt das legendäre elbische Schwert „Glamdring“ und einen Zauberstab in Form eines Wanderstabes.
Bild 2: Miraculix ist eine Figur aus den Asterix-Comics von R. Goscinny und A. Uderzo. Als Druide des Dorfes verbringt der Weise mit dem langen Bart seine Zeit mit dem Brauen eines Zaubertrankes, der den Dorfbewohnern übermenschliche Kräfte verleiht. So können sie Widerstand gegen die Römer leisten.
Bild 3: Die kleine Hexe ist ein Kinderbuch von Otfried Preußler. Die kleine Hexe lebt mit ihrem sprechenden Raben Abraxas im Wald und wünscht sich nichts mehr, als mit den großen Hexen auf dem Blocksberg herumfliegen zu dürfen. Als sie versucht, sich dazuzuschleichen, wird sie erwischt und als Strafe wird ihr Besen verbrannt. Damit ihr Traum wahr wird, muss sie eine

„gute Hexe" werden, was nicht heißt, z. B. den Menschen zu helfen, sondern „böse" Dinge zu tun.
Bild 4: Der Zaubermeister aus „Krabat", einem Kinderbuch von Otfried Preußler nach einer sorbischen Sage, das auch verfilmt wurde. Der 14-jährige Waisenjunge Krabat wird Müllerlehrling in einer Wassermühle. Der Meister ist ein Zauberer und unterrichtet seine 12 Gesellen in Magie. Nachdem Krabats bester Freund stirbt, übt er sich in Schwarzer Magie, um dessen Tod zu rächen, wobei ihm die Liebe zu einem Mädchen Kraft gibt, aber auch auf die Probe stellt.
Bild 5: Severus Snape und Minerva McGonagall aus „Harry Potter"
In der Zauberschule Hogwarts ist Severus Snape der Hauslehrer des Hauses Slytherin und bis zum fünften Band Lehrer für Zaubertränke. Er interessiert sich für die dunklen Künste und hat seine Gemächer und Unterrichtsräume in den unterirdischen Gewölben, den „Kerkern" von Hogwarts.
Minerva McGonagall ist Lehrerin für das Hauptfach Verwandlung, die Hauslehrerin des Hauses Gryffindor und stellvertretende Schulleiterin. Als *Animagus* ist sie in der Lage, sich in eine Katze zu verwandeln. Sie ist streng, klug und gerecht.

***Aufg. 2:** individuelle Lösungsmöglichkeiten*

***Aufg. 3:** Beispiellösung*
„Sesam öffne dich!" (Ali Baba und die 40 Räuber), „Hex, hex!" (Bibi Blocksberg), Hokuspokus Fidibus, drei Mal schwarzer Kater!, Lirum - larum - Löffelstiel, Zaubern ist ja nur ein Spiel!

S. 85

***Aufg. 4** und **Aufg. 5**: individuelle Lösungsmöglichkeiten*

S. 98

Aufg. 1:
a) Gleichklingende Laute am Ende von Gedichtzeilen nennt man Reim.
b) Absätze im Gedicht unterteilen die Strophen.
c) Die Zeilen im Gedicht heißen Verse.

***Aufg. 2:** Beispiellösung*
Skelett: Tablett, Balett, komplett, Bett, nett, fett, violett
Grauen: hauen, bauen, tauen, klauen, Vertrauen, Frauen
kochen: pochen, lochen, Knochen, Rochen
Wurm: Turm, Sturm
bitter: Gewitter, fitter, Gitter, Ritter, Splitter
Blitz: Witz, Fitz, Sitz
reißen: beißen, schmeißen, schweißen, heißen

Aufg. 3:
a) Kreuzreim: abab
b) Paarreim: aabbcc
c) erst Paarreim, dann umarmender Reim: aabccb
d) umarmender Reim: abba

***Aufg. 4:** Beispiellösung*
Höllisches Rezept

Eine Handvoll Kieselsteine,
einen Löffel Spinnenbeine,
eine Scheibe Rattenspeck,
eine Prise Vogeldreck,
Drachenzähne, Kokosnuss/Spiritus,
Scheuerpulver, Rizinus,
Salz und Pfeffer nicht vergessen:
Sag mir nur, wer soll das essen?
Dieser Fraß ist für ein Pack
mit besonderem Geschmack.
Kennst du nicht die Grausigen,
die Lausigen, die Eisigen/Mausigen
aus dem schönen Spiel:
Hexe, Teufel, Federkiel/Krokodil?

S. 99

***Aufg. 5:** individuelle Lösungsmöglichkeiten für die Lesepartitur*
Die Wurzelfee

Wisper knisper Wurzelfee,
wer mich sucht,
dem tu ich weh:
Beiß' ihn in den großen Zeh,
werf' ihn in den Tümpelsee,
tunke ihn ins Glibbermoor,
kneif ihn in sein Lumpenohr,
drehe ihm die Nase quer.
Wenn du Mut hast, komm nur her!

***Aufg. 6:** individuelle Lösungsmöglichkeiten*

***Aufg. 7:** Beispiellösung*
Schwarz
spitzer Schnabel
Felder voller Nebel
schwarze Punkte am Himmel
Raben

***Aufg. 8:** individuelle Lösungsmöglichkeiten*

Kapitel 6

S. 100/101

***Aufg. 1 – Aufg. 3:** individuelle Lösungsmöglichkeiten*

S. 116

Aufg. 1:
a) Form
b) Gewicht
c) Material
d) besonderes Merkmal
e) Art
f) Größe
g) Farbe

***Aufg. 2:** Beispiellösung*

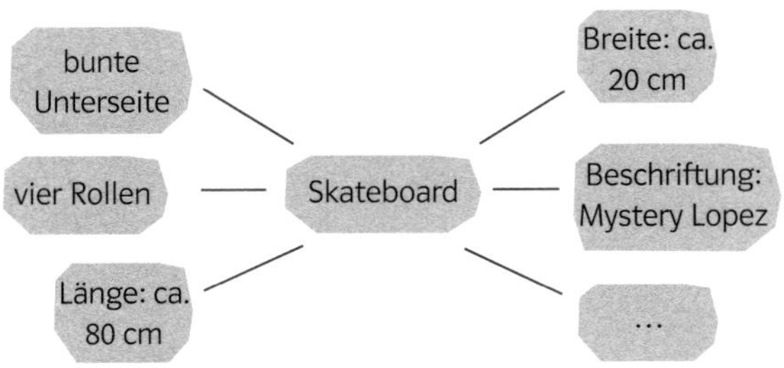

***Aufg. 3:** Beispiellösung*
cool, verrückt, hochwertig

***Aufg. 4:** Beispiellösung*
Das Skateboard besteht aus einem Brett mit abgerundeten Ecken und vier Rollen. Es ist ca. 80 cm lang und ca. 20 cm breit. Auf der Unterseite befinden sich ein Bild, ein Schriftzug und die vier Rollen, die paarweise angebracht sind. Das shwarz-weiße Bild in der Brettmitte zeigt zum Gebet gefaltete Skeletthände auf einem lilafarbenen, gezackten Hintergrund. Eingerahmt wird das Bild von den Schriftzug „Mystery" (oben) und „Lopez" (unten). Unter dem Wort „Lopez" befinden sich zwei kleine grüne Blumen, die ein zerbrochenes rotes Herz umschließen.

S. 117

***Aufg. 5:** Beispiellösung*
- Genauigkeit
- kurz und einfach
- richtige Reihenfolge
- Vollständigkeit
- Straßennamen und besondere Gebäude o. ä. nennen
- abwechslungsreiche Satzanfänge

***Aufg. 6:** Beispiellösung*
Wendet euch am Ausgang der U-Bahn-Station am Olympiastadion nach links und folgt der Rominter Allee bis zum Olympischen Platz. Dort angekommen, haltet euch leicht rechts und folgt der Trakehner Allee. Geht diese Straße weiter, auch wenn sie sich auf Höhe des Holländer Pflanzenzentrums gabelt. An der nächsten Kreuzung befindet sich auf der linken Seite das Restaurant Schultheiss am Olympiastadion, auf der rechten Seite der Coubertinplatz. Folgt der Straße, jetzt Jesse-Owens-Allee genannt, weiter geradeaus. Nachdem ihr das Reiterstadion auf der rechten Seite hinter euch gelassen habt, wendet euch an der nächsten Kreuzung nach rechts und folgt der Passenheimer Straße. Geht am RC Olympiastadion Berlin sowie am Glockenturm Berlin vorbei. Biegt der Straße ganz kurz nach links ab, bevor ihr euch sofort wieder nach rechts in die Friedrich-Friesen-Allee wendet. Hier geht ihr eine du eine Weile am Gelände des Stadions entlang. An der nächsten großen Kreuzung biegt ihr rechts in den Gutsmutsweg ein. Nach ein paar Metern wendet ihr euch links in die Hanns-Braun-Straße. Folgt der Straße bis zu ihrem Ende. Dort trefft ihr wieder auf die Rominter-Allee. Haltet euch rechts. Kurz hinter dem U-Bahn-Museum auf der linken Seite liegt wieder die U-Bahn-Station am Olympiastadion.

***Aufg. 7:** Beispiellösung*
Spielbeschreibung Völkerball
[...]
Regeln/Ablauf: In einem zweigeteilten Spielfeld stehen sich zwei gleich große Parteien gegenüber. Jede Mannschaft wählt einen König, der sich außerhalb des Feldes an die Stirnseite des gegnerischen Feldes stellt. Nun versuchen die Spieler jeder Partei, die Spieler der gegnerischen Partei mit dem Ball abzuwerfen. Getroffene Spieler stellen sich zu ihrem König an die Stirnseite des gegnerischen Feldes. Bekommt einer dieser Spieler den Ball, kann er versuchen, einen Gegner zu treffen. Gelingt ihm das, kann er in sein Feld zurück.
Sind alle Spieler einer Mannschaft abgeworfen worden, muss der König ins Spielfeld. Das Spiel ist erst zu Ende, wenn er dreimal getroffen wurde.

Kapitel 7

S. 118/119

***Aufg.** 1 und **Aufg.** 2: individuelle Lösungsmöglichkeiten*

***Aufg.** 3:*

Seht hinter eure Tafel!

S. 136

***Aufg.** 1:*

S - Silbenbögen zeichnen
V - Verlängern
A - Ableiten
M - Merken
Z - Zerlegen

***Aufg.** 2:*

To ma ten
Gur ken sup pe
Erd beer eis
Va nil le pud ding

***Aufg.** 3:*

verbummeln, schwimmen, Sommer, Himmel, krümelig/krümeln/krümmen

***Aufg.** 4:*

Man schreibt „ck“, wenn man beim Zeichnen der Silbenbögen „kk“ hört und „tz“ wenn man „zz“ hört.
z. B. backen, Locken, putzen, Katze

S. 137

***Aufg.** 5:*

Passstraße, Raddampfer, Sommerferien, fett, er lag, Räuber

***Aufg.** 6:*

Silbenbögen zeichnen: Wohn ni sche, ab bren nen
Verlängern: geht - gehen, Bauwerk - Bauwerke
Ableiten: Gebäude - bauen, Häuser - Haus
Merken: Grütze, wenn
Zerlegen: Möbelstück (Möbel + Stücke), Wohnnische (wohnen + Nische), Bauwerk (Bau + Werk)

***Aufg.** 7:*

Klabautermann, Kobold, Naturgeister, Nixe, Poltergeister, Pumuckl, Schiffskobolde, Waldmännlein, Wichtel, Zwerge

***Aufg.** 8:*

Delfin, Saal, Joghurt

Kapitel 8

S. 138

***Aufg.** 1:*

a) Verben
b) Artikel
c) Nomen
d) Adjektive
e) Pronomen

S. 139

***Aufg.** 2:*

Sommer - heiß - schwitzen,
Herbst - stürmisch - wehen,
Winter - kalt - frieren

***Aufg.** 3:*

Nomen, Adjektiv, Verb

S. 154

***Aufg.** 1: Beispiellösung*

Mit Nomen werden nicht nur Gegenstände, sondern auch Lebewesen, Pflanzen und gedachte Dinge bezeichnet.

***Aufg.** 2:*

a) Akkusativ
b) Genitiv
c) Nominativ
d) Dativ

***Aufg.** 3:*

Nomen lassen sich nach Kasus, Numerus und Genus genauer bestimmen.

***Aufg.** 4: individuelle Lösungsmöglichkeiten*

***Aufg.** 5:*

schlau - die Schlauheit, bekannt - die Bekanntheit, eigen - die Eigenschaft, sauber - die Sauberkeit, bereit - die Bereitschaft, geheim - das Geheimnis, krank - die Krankheit, markieren - die Markierung, freundlich - die Freundlichkeit, neu - die Neuheit/die Neuigkeit, fordern - die Forderung

***Aufg.** 6:*

Pronomen werden als Stellvertreter oder Begleiter bezeichnet.

***Aufg.** 7:*

Bevor Svenja morgens aus dem Haus geht, macht sie sich ihr Frühstück. Danach kontrolliert sie ihren Ranzen. Anschließend geht sie bei Mike, ihrem Freund, vorbei und holt ihn ab. Sein Haus liegt auf ihrem Schulweg.

S. 155

Aufg. 8:
Komparativ, Superlativ

Aufg. 9:
Positiv: gründlich, klein, glatt
Komparativ: schneller, krummer, höher
Superlativ: am klügsten, am langsamsten, am weitesten

Aufg. 10:
c) Infinitiv

Aufg. 11:

	Präsens	Präteritum	Futur
haben	du hast	du hattest	du wirst haben
sein	du bist	du warst	du wirst sein
fahren	du fährst	du fuhrst	du wirst fahren
Sagen	du sagst	du sagtest	du wirst sagen

Aufg. 12:
Ein Sturm zog auf. Zuerst bewegten sich die Blätter, bald schwankten die ersten Äste. Der Wind wurde stärker. Heftige Böen rissen Mülltonnen um. In einigen Teilen der Stadt wurden sogar Gebäude beschädigt. Es gab Schäden an Dächern, die heruntergefallenen Dachziegel zerstörten parkende Autos. Eine Stunde wütete der Sturm, dann herrschte wieder Ruhe. Der Schaden war groß.

Aufg. 13:
a) „Das machst du sofort weg**!**", schrie er sie an.
b) „Warum sollte ich das tun**?**", entgegnete sie wütend.
c) Er antwortete: „Du hast doch den Dreck gemacht**.**"

Aufg. 14:
Herr Peters musste sich beeilen, denn das Gewitter kam immer näher.

Aufg. 15: individuelle Lösungsmöglichkeiten

Aufg. 16:

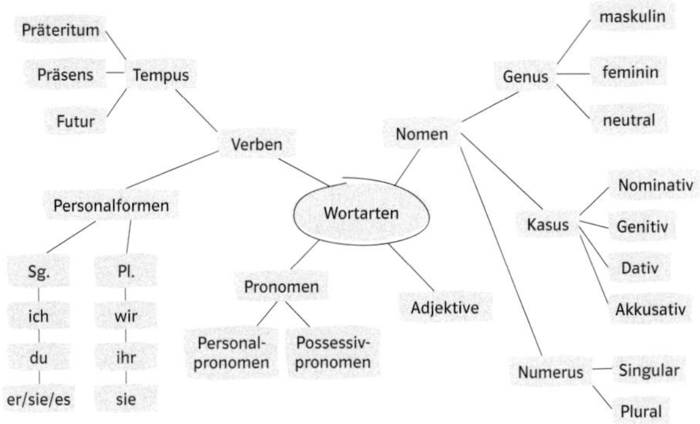

Online-Bereich (Codes)

	Beschreibung	Bezeichnung im Buch	Code
Kapitel 1			
12	Astrid Lindgren: Michel aus Lönneberga	Hörverstehen	x3gw9y
13	Astrid Lindgren: Pippi geht in die Schule	Hörverstehen	r6s3en
16	Elisabeth Zöller: Der Klassen-King	Hörverstehen	a7f657
20	Arbeitsblatt: Anfrage Museum	Material	2cr7s8
20	Deutsche Post – Broschüre zu Briefen	Surftipp	6fw33p
24	Test 1: Unsere neue Schule – Sich kennenlernen, Gespräche führen, Briefe schreiben	Üben interaktiv	sp789u
Kapitel 2			
30	Guus Kuijer: Das Unterseeboot	Hörverstehen	d3d7h9
38	Guillaume Prévost: Das Buch der Zeit. Die steinerne Pforte	Hörverstehen	x647ea
45	Arbeitsblatt: Expertenkarten für die Schreibkonferenz zum Ausschneiden	Material	48m6p9
46	Test 2: Abenteuer, Abenteuer! – Mündlich und schriftlich erzählen	Üben interaktiv	g249nv
Kapitel 3			
51	Arbeitsblatt: alle Forschernotizen zum Ausfüllen	Material	8ud7mx
52/53	Brüder Grimm: Jorinde und Joringel	Hörverstehen	4xj74i
57	Weitere Informationen zu den Brüdern Grimm	Surftipp	467i94
61	Arbeitsblatt: Checkliste zur Überprüfung selbstgeschriebener Märchen	Material	v9en3i
62	Die schöne Melusine und das Schloss Staufenberg	Hörverstehen	t2i3v3
63	Arbeitsblatt: Sage zum Ausdrucken für Markierungen	Material	nd89pa
63	Recherche zu Sagen aus Deutschland	Surftipp	45jk4x
64	Test 3: Als Märchenforscher unterwegs – Märchen untersuchen	Üben interaktiv	7d96tk
Kapitel 4			
73	Arbeitsblatt: Text „Spürnasen im Schnee" zur Bearbeitung mit der 5-Schritt-Lesetechnik	Material	mu27dx
75	Schutzprojekte für Wale	Surftipp	2wg4i6
81	Arbeitsblatt: Text über Zoos zur Bearbeitung mit der 5-Schritt-Lesetechnik	Material	qb5955
82	Test 4: Tiere und Menschen – Sich informieren und Stellung nehmen	Üben interaktiv	2y32iq
Kapitel 5			
87	Astrid Hinkelmann: Waldspuk	Hörverstehen	u2ma5i
88	Britta Gleß: Hexen sind böse, Hexen sind hässlich, …	Hörverstehen	bj52yi
89	Arno Holz: Die Diele knackt!	Hörverstehen	427es6
91	Erich Kästner: Fauler Zauber	Hörverstehen	dz4hk8
92	Joseph Steck: In der Geisterbahn	Hörverstehen	y5g6tz
93	Arbeitsblatt: Joseph Steck: In der Geisterbahn zum Erstellen der Lesepartitur	Material	25a4dh
98	Test 5: Von Hexen und Zauberern – Gedichte untersuchen	Üben interaktiv	s3f7s9
Kapitel 6			
103	Arbeitsblatt: Cluster zum Ausfüllen	Material	8dw8gf
105	Arbeitsblatt: Fahrradzeichnung zum Ausfüllen	Material	ki9pg7
111	Arbeitsblatt: Karten für die Gruppenarbeit: Teamchef, Materialbeschaffer, Lautstärkewächter/Zeitnehmer, Schriftführer	Material	n2fc9p
112	Gespräch zwischen Jana und Ömer zum Spiel „Zombieball"	Hörverstehen	vh5n5g

	Beschreibung	Bezeichnung im Buch	Code
113	Arbeitsblatt: Checkliste zur Überprüfung der Spielbeschreibung	Material	ii3re4
116	Test 6: Sport und Spiel – Gegenstände, Wege und Spiele beschreiben	Üben interaktiv	h59c7c
Kapitel 7			
136	Test 7: Kobolde, Poltergeister & Co. – Rechtschreibung	Üben interaktiv	jt5qk5
Kapitel 8			
140	Arbeitsblatt: Bastelanleitung Barometer	Material	r2384u
144	Arbeitsblatt: Bastelanleitung Regenmesser	Material	s6mh4d
146	Arbeitsblatt: Bastelanleitung Thermometer	Material	k2rz6j
148	Arbeitsblatt: Bastelanleitung Windmesser	Material	yt2e8v
154	Test 8: Dem Wetter auf der Spur – Nachdenken über Sprache	Üben interaktiv	g4x3kv
Trainingsstation 1			
156	Trainingsstation 1 – Lösungen	T1 Lösungen	2p5hm8
159	Schülergespräch zu Klassenmaskottchen	Hörverstehen	7hg9m7
164	Sabine Ludwig: Hilfe, ich habe meine Lehrerin geschrumpft	Hörverstehen	t429rm
166	James Krüss: Der Zauberer Korinthe	Hörverstehen	t994ys
167	Arbeitsblatt: James Krüss: Zauberer Korinthe zum Erstellen der Lesepartitur	Material	qd36fk
Trainingsstation 2			
168	Trainingsstation 2 – Lösungen	T2 Lösungen	5v8kn3
178	Arbeitsblatt: Brief zum Korrigieren	Material	cf56bg
183	Arbeitsblatt: Erzählplan zu Bildergeschichte zur Vervollständigung	Material	53fw98
Trainingsstation 3			
188	Trainingsstation 3 – Lösungen	T3 Lösungen	64ge89
189	Max von der Grün: Vorstadtkrokodile	Hörverstehen	r9bz72
192	Brüder Grimm: Die weiße Taube	Hörverstehen	52gz4x
193	Arbeitsblatt: Tabelle zur Überprüfung der Märchenmerkmale	Material	bm82ui
193/194	Adalbert Kuhn: Die drei Linden	Hörverstehen	n7889i
195	Seiten zur Recherche nach Hospital zum Heiligen Geist in Berlin	Surftipp	fv3ej6
Trainingsstation 4			
201	Trainingsstation 4 – Lösungen	T4 Lösungen	78pe8m
Trainingsstation 5			
223	Trainingsstation 5 – Lösungen	T5 Lösungen	e7tm2t
228	Arbeitsblatt: Übungen für Augenbewegungen	Material	k4i2c2
231	Arbeitsblatt: Text „Gift in Hühnereiern" zur Bearbeitung mit der 5-Schritt-Lesetechnik	Material	6pg9ex
235	Arbeitsblatt: Text „Das bedrohte Paradies" zur Bearbeitung mit der 5-Schritt-Lesetechnik	Material	a6y539
236	Tipps zu aktuellen Kinderbüchern	Lesetipps	35h422
Trainingsstation 6			
238	Trainingsstation 6 – Lösungen	T6 Lösungen	5ym3bp
249	Arbeitsblatt: Ausschnitt „Rico, Oskar und das Herzgebreche" zum Erstellen der Lesepartitur	Material	tp83aj

Liste der unregelmäßigen Verben

Grundform	Präsens	Präteritum	Perfekt
befehlen	du befiehlst	ich befahl	ich habe befohlen
beißen	du beißt	ich biss	ich habe gebissen
biegen	du biegst	ich bog	ich habe gebogen
binden	du bindest	ich band	ich habe gebunden
bitten	du bittest	ich bat	ich habe gebeten
blasen	du bläst	ich blies	ich habe geblasen
bleiben	du bleibst	ich blieb	ich bin geblieben
brechen	du brichst	ich brach	ich habe gebrochen
bringen	du bringst	ich brachte	ich habe gebracht
denken	du denkst	ich dachte	ich habe gedacht
dürfen	du darfst	ich durfte	ich habe gedurft
empfehlen	du empfiehlst	ich empfahl	ich habe empfohlen
essen	du isst	ich aß	ich habe gegessen
fahren	du fährst	ich fuhr	ich bin gefahren
fallen	du fällst	ich fiel	ich bin gefallen
fangen	du fängst	ich fing	ich habe gefangen
finden	du findest	ich fand	ich habe gefunden
fliegen	du fliegst	ich flog	ich bin geflogen
fliehen	du fliehst	ich floh	ich bin geflohen
fließen	es fließt	es floss	es ist geflossen
fressen	es frisst	es fraß	es hat gefressen
frieren	du frierst	ich fror	ich habe gefroren
geben	du gibst	ich gab	ich habe gegeben
gehen	du gehst	ich ging	ich bin gegangen
geschehen	es geschieht	es geschah	es ist geschehen
gewinnen	du gewinnst	ich gewann	ich habe gewonnen
gießen	du gießt	ich goss	ich habe gegossen
graben	du gräbst	ich grub	ich habe gegraben
greifen	du greifst	ich griff	ich habe gegriffen
haben	du hast	ich hatte	ich habe gehabt
halten	du hältst	ich hielt	ich habe gehalten
hauen	du haust	ich haute	ich habe gehauen
heißen	du heißt	ich hieß	ich habe geheißen
helfen	du hilfst	ich half	ich habe geholfen
kennen	du kennst	ich kannte	ich habe gekannt
klingen	es klingt	es klang	es hat geklungen
kommen	du kommst	ich kam	ich bin gekommen
können	du kannst	ich konnte	ich habe gekonnt
kriechen	du kriechst	ich kroch	ich bin gekrochen
lassen	du lässt	ich ließ	ich habe gelassen
laufen	du läufst	ich lief	ich bin gelaufen
lesen	du liest	ich las	ich habe gelesen
liegen	du liegst	ich lag	ich habe gelegen
lügen	du lügst	ich log	ich habe gelogen
messen	du misst	ich maß	ich habe gemessen
mögen	du magst	ich mochte	ich habe gemocht
müssen	du musst	ich musste	ich habe gemusst
nehmen	du nimmst	ich nahm	ich habe genommen

Grundform	Präsens	Präteritum	Perfekt
pfeifen	du pfeifst	ich pfiff	ich habe gepfiffen
raten	du rätst	ich riet	ich habe geraten
reißen	du reißt	ich riss	ich habe gerissen
reiten	du reitest	ich ritt	ich bin geritten
rennen	du rennst	ich rannte	ich bin gerannt
riechen	du riechst	ich roch	ich habe gerochen
rufen	du rufst	ich rief	ich habe gerufen
schieben	du schiebst	ich schob	ich habe geschoben
schießen	du schießt	ich schoss	ich habe geschossen
schlafen	du schläfst	ich schlief	ich habe geschlafen
schlagen	du schlägst	ich schlug	ich habe geschlagen
schleichen	du schleichst	ich schlich	ich bin geschlichen
schließen	du schließt	ich schloss	ich habe geschlossen
schneiden	du schneidest	ich schnitt	ich habe geschnitten
schreiben	du schreibst	ich schrieb	ich habe geschrieben
schreien	du schreist	ich schrie	ich habe geschrien
schweigen	du schweigst	ich schwieg	ich habe geschwiegen
schwimmen	du schwimmst	ich schwamm	ich bin geschwommen
sehen	du siehst	ich sah	ich habe gesehen
sein	du bist	ich war	ich bin gewesen
singen	du singst	ich sang	ich habe gesungen
sinken	du sinkst	ich sank	ich bin gesunken
sitzen	du sitzt	ich saß	ich habe gesessen
sprechen	du sprichst	ich sprach	ich habe gesprochen
springen	du springst	ich sprang	ich bin gesprungen
stechen	du stichst	ich stach	ich habe gestochen
stehen	du stehst	ich stand	ich habe gestanden
stehlen	du stiehlst	ich stahl	ich habe gestohlen
steigen	du steigst	ich stieg	ich bin gestiegen
sterben	er stirbt	er starb	er ist gestorben
stinken	es stinkt	es stank	es hat gestunken
stoßen	du stößt	ich stieß	ich habe gestoßen
streichen	du streichst	ich strich	ich habe gestrichen
streiten	du streitest	ich stritt	ich habe gestritten
tragen	du trägst	ich trug	ich habe getragen
treffen	du triffst	ich traf	ich habe getroffen
trinken	du trinkst	ich trank	ich habe getrunken
tun	du tust	ich tat	ich habe getan
vergessen	du vergisst	ich vergaß	ich habe vergessen
verlieren	du verlierst	ich verlor	ich habe verloren
verzeihen	du verzeihst	ich verzieh	ich habe verziehen
wachsen	du wächst	ich wuchs	ich bin gewachsen
waschen	du wäschst	ich wusch	ich habe gewaschen
werden	du wirst	ich wurde	ich bin geworden
werfen	du wirfst	ich warf	ich habe geworfen
wissen	du weißt	ich wusste	ich habe gewusst
ziehen	du ziehst	ich zog	ich habe gezogen
zwingen	du zwingst	ich zwang	ich habe gezwungen

Grammatische Grundbegriffe

Begriff	Erklärung	Beispiel
Adjektiv, das	Eigenschaftswort, Wiewort	klein, groß, dick
Akkusativ, der	Kasus (Fall); Wen-Fall, 4. Fall	der Nachbar – ***den Nachbarn*** die Nachbarn – ***die Nachbarn***
Anredepronomen, das	Anredefürwort	du, ihr, Sie, Ihnen
Artikel, bestimmter	Begleiter des Nomens, Geschlechtswort	***die*** Frau, ***der*** Tisch, ***das*** Haus
Artikel, unbestimmter	Begleiter des Nomens, Geschlechtswort	***ein*** Haus, ***ein*** Stuhl, ***eine*** Frau
Aufforderungssatz, der	Satz, der verwendet wird, wenn man um etwas bittet oder wenn man jemanden zu etwas auffordert; steht mit Ausrufezeichen oder Punkt am Ende	Gib den Ball ab! Lies den Text.
Aussagesatz, der	Satz, der verwendet wird, um etwas mitzuteilen	Sarah geht ins Kino.
Dativ, der	Kasus (Fall); Wem-Fall, 3. Fall	der Nachbar – ***dem Nachbarn*** die Nachbarn – ***den Nachbarn***
Deklination, die	Beugung eines Nomens	der Hund (Nominativ), des Hund***es*** (Genitiv), den Hund***en*** (Dativ Plural)
direkte Rede, die	wörtliche Rede	Ferhat sagt: ***„Ich fahre mit dem Rad zur Schule.“***
feminin	weiblich	die Vase, die Frau
Fragesatz, der	Satz, der verwendet wird, wenn man etwas wissen will, vgl. W-Frage	Kommst du aus Frankreich? Wie komme ich bitte zum Bahnhof?
Futur, das	Zeitform des Verbs zum Ausdrücken der Zukunft	ich ***werde gehen***
Genitiv, der	Kasus (Fall); Wessen-Fall, 2. Fall	das Buch – ***des Buches*** die Bücher – ***der Bücher***
Genus, das	grammatisches Geschlecht	der Baum, die Mütze, das Haus
Hauptsatz, der	selbstständiger Satz, kann für sich allein stehen	Das Haus dort drüben ist rot.
Infinitiv, der	Grundform des Verbs, ungebeugte Form des Verbs	gehen, schwimmen, spielen
Kasus, der	Fall	das Haus, des Hauses, dem Haus, das Haus
Konjugation, die	Beugung des Verbs, vgl. konjugieren	
konjugieren	beugen	ich ***gehe***, du ***gehst***, …, ich ***ging***, du ***gingst***, …
Konjunktion, die	Verbindungswort, verbindet Satzteile oder Teilsätze	und, oder, aber, sondern, denn, als, bis, weil, wenn, obwohl, dass
Komparativ, der	Höherstufe des Adjektivs	schöner

Begriff	Erklärung	Beispiel
maskulin	männlich	der Hund, der Kuchen
neutral	sächlich	das Kind, das Haus
Nomen, das	Substantiv, Namenwort, Dingwort, Hauptwort	Lisa, Ankunft, Tisch
Nominativ, der	Kasus (Fall); Wer-Fall, 1. Fall	der Mann – die Männer
Numerus, der	Anzahl (Singular oder Plural)	das Kind, die Kinder
Perfekt, das	Zeitform des Verbs zum Ausdrücken der Vergangenheit (mündlich)	Gestern ***bin*** ich ins Schwimmbad ***gegangen***.
Personalform des Verbs, die	gebeugtes Verb	Ich ***ging***. Du ***schwimmst***.
Personalpronomen, das	persönliches Fürwort	ich, du, er, sie, es, wir, ihr, sie
Plural, der	Mehrzahl	das schöne Haus – ***die schönen Häuser***
Positiv, der	Grundform des Adjektivs	schön
Possessivpronomen, das	besitzanzeigendes Fürwort	mein, deine, sein, euer, unser, ihr
Präsens, das	Zeitform des Verbs zum Ausdrücken der Gegenwart	Ich ***sehe*** dich. Du liest ein Buch.
Präteritum, das	Zeitform des Verbs zum Ausdrücken der Vergangenheit	Ich ***sang***. Du ***kamst***.
Pronomen, das	Fürwort, vgl. Personalpronomen, Possessivpronomen	ich , du , er, sie, …; mein, dein, sein …
Singular, der	Einzahl	das schöne Haus
Superlativ, der	Höchststufe des Adjektivs	am schönsten
Tempus, das	Zeitform des Verbs	ich laufe, ich lief, ich werde laufen
Verb, das	Tätigkeitswort, Zeitwort, Tunwort	gehen, singen, spielen, …
W-Frage, die	Fragesatz mit einem Fragefürwort (Wer? Was? Wessen? Wem? Wen? Welcher?)	*Woher* kommst du? An ***wen*** denkst du?

Autorenverzeichnis

Textsortenverzeichnis

Sachverzeichnis

Textquellen

S. 12: aus: Astrid Lindgren: Michel aus Lönneberga. Übers. v. Senta Kapoun. Friedrich Oetinger Verlag, Hamburg 1990, S. 121/122; **S. 13:** aus: Astrid Lindgren: Pippi Langstrumpf. Übers. v. Cäcilie Heinig. Friedrich Oetinger Verlag, Hamburg 1986, S. 62–66; **S. 16:** aus: Elisabeth Zöller: Der Klassen-King. OMNIBUS/ C. Bertelsmann Jugendbuch Verlag, München 2002, S. 40–42. © Thienemann 1999 (Originalbuchausgabe); **S. 30:** Das Unterseeboot. Aus: Guus Kuijer: Ich stell mich auf ein Rahmbonbon. Illustrationen von Mance Post. Übers. v. Hans Georg Lenzen. Friedrich Oetinger Verlag, Hamburg 1977, S. 41 ff.; **S. 32/33:** aus: Evelyne Stein-Fischer: Angsthase und Co., Geschichten vom Muthaben. Ueberreuter, Wien 2001, S. 116–124; **S. 38:** aus: Guillaume Prévost: Das Buch der Zeit. Die Steinerne Pforte. Übers. v. Anke Knefel. Arena Verlag GmbH, Würzburg 2007, S. 79 f.; **S. 50/51:** Märchenanfang und -ende: Brüder Grimm: König Drosselbart. Unter: http://gutenberg.spiegel.de/buch/754/212 [02.02.2012]; Märchenanfang und -ende: Brüder Grimm: Rumpelstilzchen. Unter: http://gutenberg.spiegel.de/buch/754/142 [02.02.2012]; Märchenanfang und -ende: Brüder Grimm: Schneeweißchen und Rosenrot. Unter: http://gutenberg.spiegel.de/buch/754/168 [02.02.2012]; Märchenanfang und -ende: Brüder Grimm: Hänsel und Gretel. Unter: http://gutenberg.spiegel.de/buch/754/254 [02.02.2012]; **S. 52/53/55:** Brüder Grimm: Jorinde und Joringel. Unter: http://gutenberg.spiegel.de/buch/754/88 [02.02.2012]; **S. 58:** Aus der Türkei: Der goldene Schuh. Aus: Märchenreise durch Europa. Zusammengestellt von Barbara Stamer. Ernst Klett Verlag GmbH u. Co. KG, Stuttgart 1983, S. 18; Aus Frankreich: Charles Perrault: Aschenputtel oder Das gläserne Pantöffelchen. Unter: http://gutenberg.spiegel.de/buch/5446/12 [02.02.2012] (Originalbuchausgabe: Charles Perrault: Märchen. Nacherz. v. Moritz Hartmann. Der Kinderbuchverlag Berlin 1987); **S. 59:** Aus England: Das Binsenkittelchen. Aus: Märchen von Dornröschen und dem Rosenbey. Hrsg. von Barbara Stamer. Fischer Taschenbuchverlag GmbH, Frankfurt/Main 1985, S. 99; Aus Deutschland: Brüder Grimm: Aschenputtel. Unter: http://gutenberg.spiegel.de/buch/754/309 [02.02.2012]; **S. 62:** Die schöne Melusine und das Schloss Staufenberg. Unter: http://www.hekaya.de/txt.hx/die-schoene-melusine-und-das-schloss-stauffenberg--sage--sagen_heimat_20 [02.02.2012]; **S. 64/65:** Brüder Grimm: Die Sterntaler. Unter: http://gutenberg.spiegel.de/buch/754/162 [02.02.2012]; **S. 72/73:** Stefanie Wilhelm: Spürnasen im Schnee. Unter: http://www.geo.de/GEOlino/natur/tiere/52109.html [02.02.2012]; **S. 76/77:** Chatbeiträge zur Haltung exotischer Tiere. Unter: http://www.gutefrage.net/frage/ist-es-tierquaelerei-bei-uns-exotische-tiere-zu-halten [02.02.2012]; **S. 82/83:** Die Massentierhaltung. Aus: Dein Spiegel. Nr. 10/2010, S. 13; **S. 86:** Volksgut. Aus: Das große Buch der Kinderlieder. Hrsg. von Roswitha Weixelbaumer. Deutscher Bücherbund, Stuttgart u. a. 1983, S. 9; Georg Friesenbichler: Der Zaubermeister. Aus: Gerald Jatzek (Hrsg.): Wenn ich zaubern könnte … Illustrationen von Maria Blazejovsky. Neuer Breitschopf Verlag, Wien 1993, S. 94; **S. 87:** Astrid Hinkelmann: Waldspuk. Unter: http://www.zauberwort.de/html/astrid-waldspuk.html [02.02.2012]; **S. 88:** Britta Gleß: Hexen sind böse, Hexen sind hässlich, … Unter: http://www.zauberwort.de/ [02.02.2012]; **S. 89:** Arno Holz: Die Diele knackt! Aus: Arno Holz: Phantasus. Stuttgart: Philipp Reclam jun. 1978, S. 107/108; **S. 91:** Erich Kästner: Fauler Zauber. Aus: Erich Kästner: Das Schwein beim Frisör. Atrium, Zürich 1962, S. 172; **S. 92:** Josef Steck: In der Geisterbahn. Aus: Mücke. Heft 8. Universum Verlagsanstalt, Wiesbaden 1976; **S. 95:** Max Kruse: Zauberspruch. Aus: Ins Land der Fantasie. Gedichte für Kinder. Ursula Remmers/ Ursula Warmbold (Hrsg.) Reclam, Stuttgart 2003, S. 21; **S. 96:** Wolfgang Menzel: Der Zungenbrecher von den Brockenhexen. Aus: G. Rademache; H. Wacker (Hrsg.): Blätter für meinen Kalender. Schroedel, Hannover 1979, S. 34; **S. 97:** Lewis Carroll: Der Zipferlake. Aus: Lewis Carroll: Alice hinter den Spiegeln. Übers. v. Christian Enzensberger. Insel- Verlag, Frankfurt/Main 1981, S. 27 f.; Lewis Carroll: Alice hinter den Spiegeln. Aus: Burckhard Garbe: Experimentelle Texte im Sprachunterricht. Pädagogischer Verlag Schwann, Düsseldorf 1976, S. 95. (Originalbuchausgabe: Lewis Carroll: Alice hinter den Spiegeln. Übers. v. Christian Enzensberger, Insel- Verlag Frankfurt/Main 1981); **S. 98, a:** Strophe aus: Robert Reinick: Vom schlafenden Apfel. Aus: Wenn die weißen Riesenhasen abends übern Rasen rasen. Kindergedichte aus vier Jahrhunderten. Zsgest. von Ursula Zakis. Sanssouci Verlag AG, Zürich 1998, S. 14; **b:** Strophe aus: Gustav Falke: Ausfahrt. Aus: Wenn die weißen Riesenhasen abends übern Rasen rasen. Kindergedichte aus vier Jahrhunderten. Zsgest. von Ursula Zakis. Sanssouci Verlag AG, Zürich 1998, S. 27; **c:** Strophe aus: Christian Felix Weiße: Der Aufschub. Aus: Wenn die weißen Riesenhasen abends übern Rasen rasen. Kindergedichte aus vier Jahrhunderten. Zsgest. von Ursula Zakis. Sanssouci Verlag AG, Zürich 1998, S. 91; **d:** Strophe aus: Ludwig Tieck: Miesekätzchen. Aus: Wenn die weißen Riesenhasen abends übern Rasen rasen. Kindergedichte aus vier Jahrhunderten. Zsgest. von Ursula Zakis. Sanssouci Verlag AG, Zürich 1998, S. 145; Christa Wißkirchen: Höllisches Rezept: Aus: Krista Tormund (Hrsg.): Spuk & Spaß. Geschichten zum Vor- und Selberlesen. Mit Bildern von Uli Waas. Coppenrath Verlag, Münster 1999, S. 42; **S. 99:** Max Kruse: Die Wurzelfee. Aus: Ins Land der Fantasie. Gedichte für Kinder. Ursula Remmers/ Ursula Warmbold (Hrsg.) Reclam: Stuttgart 2003, S. 49; Zungenbrecher a: Unter: http://www.spielwiki.de/Klapperschlangen [02.02.2012]; Zungenbrecher b: Unter: http://www.spielwiki.de/Postkutscher [02.02.2012]; Zungenbrecher c: Unter: http://www.spielwiki.de/Flugplatzspatz [02.02.2012]; Zungenbrecher d: Unter: http://www.spielwiki.de/Pferde [02.02.2012]; **S. 134:** aus: Ulrich Haaf/Dr. Hans-Heinrich Plickat: Fidibus. Wörterbuch Deutsch. © Ernst Klett Schulbuchverlag Leipzig GmbH, Leipzig 2005, S. 219; **S. 140:** Bastelanleitung Barometer unter: http://www.geo.de/GEOlino/kreativ/zeitvertreib/543.html?p=1 [02.02.2012] (Originalveröffentlichung: Gunnar Steudel: Wie unser Gleichgewicht funktioniert, in: GEOlino Nr. 05/01); **S. 144:** Bastelanleitung Regenmesser unter: http://kinder.wetter.com/wetter_tipps.php?&kid=42&nid=711 [02.02.2012]; **S. 146:** Bastelanleitung Thermometer unter: http://www.geo.de/GEOlino/kreativ/zeitvertreib/543.html?p=2 [02.02.2012] (Originalveröffentlichung: GEOlino: Wetterstation: Heiße Sachen für coole Klimaforscher, in: GEOlino Nr. 05/01); **S. 148:** Bastelanleitung Windmesser unter: http://www.labbe.de/zzzebra/index.asp?themaid=424 [02.02.2012]; **S. 164/165:** Aus: Sabine Ludwig: Hilfe, ich hab meine Lehrerin geschrumpft. Cecilie Dressler Verlag GmbH & Co. KG, Hamburg 2006, S. 20, 24–27 (Überschrift verändert); **S. 166:** James Krüss: Der Zauberer Korinthe. Aus: James Krüss: Der Zauberer Korinthe und andere Gedichte. Verlag Friedrich Oetinger, Hamburg 1982, S. 26/27; **S. 181:** Aus: Jenny Nimmo: Charlie Bone und das Geheimnis der sprechenden Bilder. Übers. v. Cornelia Holfelder- von der Tann © 2003 Ravensburger Buchverlag Otto Maier GmbH, S. 13; **S. 187:** Brüder Grimm: Der alte Großvater und sein Enkel. Unter: http://gutenberg.spiegel.de/buch/754/209 [02.02.2012]; **S. 189/190:** Aus: Max von der Grün: Vorstadtkrokodile. Eine Geschichte vom Aufpassen. © 1976 C. Bertelsmann Jugendbuch Verlag GmbH, München in der Verlagsgruppe Random House GmbH, S. 11–18; **S. 192:** Brüder Grimm: Die weiße Taube. Aus: Brüder Grimm. Kinder- und Haus-Märchen Band 1, Große Ausgabe. In der Realschulbuchhandlung Berlin 1812, S. 294–308. (Unter: http://de.wikisource.org/wiki/Von_dem_Dummling, 02.02.2012); **S. 193/194:** Adalbert Kuhn: Die drei Linden. Aus: Adalbert Kuhn: Märkische Sagen und Märchen nebst einem Anhange von Gebräuchen und Aberglauben. Berlin 1843, S. 120–122; **S. 195:** Hans Manz: Katharina. Aus: H. G. Rötzer (Hrsg.): Literarische Texte verstehen und interpretieren. Bd. 2, Manz, München 1992, S. 18. (Originalveröffentlichung: Hanz Manz: Katharina. In: Hans-Joachim Gelberg: Die Stadt der Kinder, dtv 1987); **S. 196:** August Heinrich Hoffmann von Fallersleben: Vom Schlaraffenland. Aus: B. Bartos-Höppner (Hrsg.): Das große Reimebuch für Kinder. Betz, Wien, München 1990, S. 70; **S. 197:** Christian Morgenstern: Die zwei Wurzeln. Aus: Christian Morgenstern. Ausgewählte Werke. Hrsg. von Klaus Schuhmann. Mit Anm. von Renate Beyer. Insel-Verlag, Leipzig 1975, S. 278–279; **S. 199:** Apis mellifera. Aus: Oli's Wilde Welt. Das Grüne Buch. Tierlexikon. Stichwort „Biene". Unter: http://www.kindernetz.de/oli/tierlexikon/-/id=75006/nid=75006/did=80626/n1pniv/ [02.02.2012]; **S. 200:** Wissenslexikon. Bienen – Das Honigvolk. Aus dem Wissens-Lexikon von BR-online, Stichwort „Bienen – Das Honigvolk". Unter: http://www.br-online.de/kinder/fragen-verstehen/wissen/2003/00278/ [02.02.2012] Autoren: Anne Buchholz/Kristina Dumas/Mischa Drautz; **S. 204:** Beerentanz. Aus: Hans Jürgen Press: Spiel das Wissen schafft. Ravensburger Buchverlag 1995, S. 65; **S. 205:** Die küssenden Apfel – ein Versuch. Unter: http://www.kidsweb.de/apfel_spezial/die_kuessenden_aepfel.html [02.02.2012] Autorin: Claudia Buchczik; **S. 207:** Gefangener Ball. Aus: Hans Jürgen Press: Spiel das Wissen schafft. Ravensburger Buchverlag 1995, S. 45; **S. 219:** aus: Ulrich Haaf/Dr. Hans-Heinrich Plickat: Fidibus. Wörterbuch Deutsch. © Ernst Klett Schulbuchverlag Leipzig GmbH, Leipzig 2005, S. 388;

S. 224: Josef Guggenmos: Rätsel Buch. Aus: Josef Guggenmos: Oh, Verzeihung, sagte die Ameise. Beltz 2008, S. 167; **S. 225:** Joachim Ringelnatz: Die Ameisen. Aus: Joachim Ringelnatz: Es zwitschert eine Lerche im Kamin. Gedichte. 1973 Karl H. Henssel Verlag, Berlin, 19. Auflage 1981, S. 24; Joachim Ringelnatz: Bumerang. Aus: Joachim Ringelnatz: Es zwitschert eine Lerche im Kamin. Gedichte. 1973 Karl H. Henssel Verlag, Berlin, 19. Auflage 1981, S. 36; **S. 225–227:** Brüder Grimm: Die drei Spinnerinnen. Unter: http://gutenberg.spiegel.de/buch/754/215 [02.02.2012]; **S. 229:** Bertolt Brecht: Märchen. Aus: Bertolt Brecht. Geschichten I. Frankfurt: Suhrkamp. 1965, S. 12; **S. 230/231/232:** Gift in Hühnereiern gefunden. Unter: http://sowieso.de/portal/d-land/gift-huehnereiern-gefunden [02.02.2012]; **S. 234/235:** Boris Breyer: Das bedrohte Paradies. Aus: Dein Spiegel Nr. 2/2011, S. 36 ff.; **S. 236/237:** Aus: Andreas Steinhöfel: Rico, Oskar und das Herzgebreche. 2009 by Carlsen Verlag, Hamburg, S. 37–40

Bildquellen

Cover E Alamy Images (Gari Wyn Williams), Abingdon, Oxon; **Cover E (2.)** f1 online digitale Bildagentur, Frankfurt; **Cover F** Alamy Images (LeighSmithImages), Abingdon, Oxon; **Cover Mädchen** Getty Images RF (Cappi Thompson), München; **Cover D Rücken** © Sandved.com, Washington DC 20016; **Cover P Rücken** © Sandved.com, Washington DC 20016; **10.links** Masterfile Deutschland GmbH, Düsseldorf; **10.rechts** Klett-Archiv, Stuttgart; **11.Mitte** Picture-Alliance (dpa/Catherina Hess), Frankfurt; **11.oben links** laif (Norbert Enker), Köln; **11.oben rechts** Picture-Alliance (dpa/Uwe Anspach), Frankfurt; **12.links** Imago, Berlin; **12.rechts** Imago, Berlin; **16** Getty Images (Radius Images), München; **19** Klett-Archiv, Stuttgart; **23.links** Römisch-Germanisches Museum (Axel Thünker DGPh), Köln; **23.Mitte** Aqualand Freizeitbad am Fühlinger See GmbH & Co KG (Thomas Schachner/dasmedienbüro, Nürnberg), Köln; **23.rechts** Imago, Berlin; **24** Picture-Alliance (Matzke), Frankfurt; **26.links** Interfoto (NG Collection), München; **26.Mitte** Interfoto (NG Collection), München; **26.rechts** Interfoto (NG Collection), München; **27.links** Cinetext GmbH (Universal Pict.Int.Ger.), Frankfurt; **27.Mitte rechts** Picture-Alliance (kpa), Frankfurt; **27.oben rechts** Picture-Alliance (Walt Disney Pictures/ZPress), Frankfurt; **28** Klett-Archiv (Grit Kleindienst), Stuttgart; **56** akg-images, Berlin; **58.links** Bilgi Publishing Inc., Ankara; **58.Mitte** Éditions Lito, Champigny-sur-Marne; **58.rechts** Book Cover, copyright © 1974 by Random House Children's Books, from CINDERELLA. Used by permission of Random House Childrens's Books, a division of Random House Inc. For on-line information about other Random House, Inc. books and authors, see the Internet web site at http://www.randomhouse.com.; **66.links** Imago, Berlin; **66.Mitte** Imago, Berlin; **66.rechts** Gebhard, Wilfried, Maulbronn; **67.links** Picture-Alliance (dpa/Marius Becker), Frankfurt; **67.rechts** iStockphoto (naphtalina), Calgary, Alberta; **68** shutterstock (Adrian T Jones), New York, NY; **70** PantherMedia GmbH (Wilfried Martin), München; **72** Fotolia LLC (Brian Finestone), New York; **74.links** Thinkstock (Hemera), München; **74.rechts** Alamy Images (Jeremy Sutton-Hibbert), Abingdon, Oxon; **79** iStockphoto (paul prescott), Calgary, Alberta; **80.links** iStockphoto (Ross Niblock), Calgary, Alberta; **80.rechts** Thinkstock (iStockphoto), München; **84.links** Ullstein Bild GmbH (united archives), Berlin; **84.Mitte rechts** Asterix in Amerika (BRD 1994, Regie: Gerhard Hahn) © Cinetext GmbH (JFV), Frankfurt; **84.unten rechts** Otfried Preußler, Die kleine Hexe, mit Illustrationen von Winnie Gebhardt-Gayler © 1957 by Thienemann Verlag (Thienemann Verlag GmbH), Stuttgart/Wien; **85.links** Cinetext GmbH (20th Century Fox), Frankfurt; **85.rechts** Interfoto (NG Collection), München; **90.oben** Fotolia LLC (spuno), New York; **97** Ullstein Bild GmbH (Photo12/Pierre Pitrou), Berlin; **100.Basketballkorb** Thinkstock (iStockphoto), München; **100.Eishockeyhelm** shutterstock (Flashon Studio), New York, NY; **100.Federballset** Thinkstock (Digital Vision/Thomas Northcut), München; **100.Reitsattel** shutterstock (Groomee), New York, NY; **100.Schnorchelausrüstung** shutterstock (Dario Sabljak), New York, NY; **100.Stoppuhr** Klett-Archiv (Zuckerfabrik digital), Stuttgart; **100.Trampolin** Fotolia LLC (Dron), New York; **101.Fallschirm** shutterstock (Solo), New York, NY; **101.Mountainbike** iStockphoto (Julián Rovagnati), Calgary, Alberta; **101.Turnhalle** Klett-Archiv (Weccard), Stuttgart; **102** Klett-Archiv, Stuttgart; **104** shutterstock (Coprid), New York, NY; **106.Federballset** Thinkstock (Digital Vision/Thomas Northcut), München; **106.Megafon** Thinkstock (iStockphoto), München; **106.Sprossenwand** Thinkstock (iStockphoto), München; **106.Turnkasten** Imago, Berlin; **106.unten** iStockphoto (Kirsty Pargeter), Calgary, Alberta; **106.Volleyball** MEV Verlag GmbH, Augsburg; **107.Fächer** Thinkstock (iStockphoto), München; **107.Glocke** Thinkstock (Hemera), München; **107.Muschel** Thinkstock (Brand X Pictures), München; **107.oben** Bergau, Manfred, Bohmte; **107.Trichter** Thinkstock (Hemera Technologies), München; **107.Welle** shutterstock (Irabel8), New York, NY; **110.oben** Philos GmbH & Co. KG, Paderborn; **110.unten** Fotolia LLC (Karin Schnirch), New York; **116** shutterstock (JD), New York, NY; **117** Google Inc., Mountain View, CA 94043; **134** Klett-Archiv, Stuttgart; **138.links** Mauritius Images (Bridge), Mittenwald; **138.Mitte rechts** Thinkstock (Hemera), München; **138.unten rechts** Mauritius Images, Mittenwald; **139** Mauritius Images (Wolfgang Filser), Mittenwald; **140** Münk, Siegmar, Hamburg; **142** Fotolia LLC (Onidji), New York; **143** Alamy Images (Andy Buchanan), Abingdon, Oxon; **144** Münk, Siegmar, Hamburg; **146** Münk, Siegmar, Hamburg; **148.links** Aus: www.zzzebra.de, Copyright © Labbé Verlag; **148.rechts** Aus: www.zzzebra.de, Copyright © Labbé Verlag; **150** Picture-Alliance (dpa/Rhona Wise), Frankfurt; **152** shutterstock (Linda Armstrong), New York, NY; **158.1** plainpicture GmbH & Co. KG (Johner), Hamburg; **158.2** Image 100, Berlin; **158.3** Mauritius Images, Mittenwald; **158.4** ddp images GmbH (Jochen Luebke), Hamburg; **158.5** plainpicture GmbH & Co. KG (fStop), Hamburg; **161** Fotolia LLC (olly k), New York; **162** Corbis (Westend61), Düsseldorf; **173** Thinkstock (Stockbyte), München; **178** Metzner, Michael, Erlangen; **179** Thinkstock (Jerry Yulsman), München; **182** Alexander Schuch www.comic-creations.com/www.learning-and-doing.ch; **183** Aus: e.o. plauen "Vater und Sohn" in Gesamtausgabe Erich Ohser © Südverlag GmbH, Konstanz, 2000; **184** The Simpsons Movie R: David Silverman P: USA J: 2007 © Imago, Berlin; **185** Thinkstock (iStockphoto), München; **186.1** Klett-Archiv (KD Busch Fotostudio GmbH), Stuttgart; **186.2** Klett-Archiv (KD Busch Fotostudio GmbH), Stuttgart; **186.3** Klett-Archiv (KD Busch Fotostudio GmbH), Stuttgart; **186.4** Klett-Archiv (KD Busch Fotostudio GmbH), Stuttgart; **186.5** Klett-Archiv (KD Busch Fotostudio GmbH), Stuttgart; **186.6** Klett-Archiv (KD Busch Fotostudio GmbH), Stuttgart; **190** aus dem Film: Vorstadtkrokodile, BRD 2009, Regie: Christian Ditter © Interfoto (NG Collection), München; **198.A** Leipziger Volkszeitung, Leipzig; **198.D** Klett-Archiv, Stuttgart; **199.oben** Picture-Alliance (Eibner-Presse), Frankfurt; **199.unten** Ullstein Bild GmbH (Schellhorn), Berlin; **204** Fotex GmbH (westend61), Hamburg; **205** www.kidsweb.de, Berlin; **207** Ditzinger, Thomas, Reichartshausen; **209.rechts** Fotolia LLC (Regisser.com), New York; **219** Klett-Archiv, Stuttgart; **220.links** Klett-Archiv, Stuttgart; **220.Mitte** PONS GmbH, Stuttgart; **220.rechts** Klett Lerntraining GmbH, Stuttgart; **224.1** iStockphoto (Martti Salmela), Calgary, Alberta; **224.2** Okapia (Wolfgang Weinhäupl), Frankfurt; **224.3** Picture-Alliance (ZB), Frankfurt; **230** Mauritius Images, Mittenwald; **234** Thinkstock (Keith Levit Photography), München; **236** Andreas Steinhöfel, Rico, Oskar und das Herzgebreche. Mit Illustrationen von Peter Schössow (C) Carlsen Verlag GmbH, Hamburg 2009; **248** Moers, Jürgen, Dorsten;

Sollte es in einem Einzelfall nicht gelungen sein, den korrekten Rechteinhaber ausfindig zu machen, so werden berechtigte Ansprüche selbstverständlich im Rahmen der üblichen Regelungen abgegolten.

Übersicht der Lerninhalte

Hier finden sich die Kompetenzen des Kernlehrplans in deutsch.punkt 1.

Die Inhalte des Kompetenzbereiches **Reflexion über Sprache** werden in Kapitel 7 (Der Klassenkobold – Rechtschreibung) und Kapitel 8 (Dem Wetter auf der Spur – Grammatik) erarbeitet und geübt. Die Teilkompetenzen können dem Inhaltsverzeichnis entnommen werden.

Alle in den Kapiteln erarbeiteten Inhalte werden in den sachsystematischen Trainingsstationen noch einmal wiederholt und geübt.

Kapitel	3. 1 Sprechen und Zuhören	3.2 Schreiben	3.3 Lesen – Umgang mit Texten und Medien
1 Unsere neue Schule – Sich kennenlernen, Gespräche führen und Briefe schreiben			
→ mündlicher Aufgabentyp 1a) **Erlebnisse und Erfahrungen anschaulich vortragen** → mündlicher Aufgabentyp 3 **in Gruppengesprächen vereinbarte Gesprächsregeln einhalten** → schriftlicher Aufgabentyp 5 **Einen Text nach vorgegebenen Kriterien überarbeiten: Brief überarbeiten**	3.1.2 eigene Erlebnisse anschaulich erzählen: S. 12/13 3.1.5 Wünsche/Forderungen vortragen: S. 14/15, 20–23 3.1.6 eigene Meinung formulieren: S. 16/17 3.1.7 Gesprächsregeln vereinbaren und einhalten: S. 16/17 3.1.8 Störungen im Gesprächsablauf erkennen: S. 16/17 3.1.9 aufmerksam zuhören: S. 12–15	3.2.5 einfache appellative Texte formulieren (Brief, Einladung, Anfrage): S. 20–23 3.2.9 persönliche Briefe formulieren: S. 18/19	
2 Abenteuer, Abenteuer! – Mündlich und schriftlich erzählen			
→ mündlicher Aufgabentyp 1a) **Erlebnisse und Erfahrungen anschaulich vortragen** → schriftlicher Aufgabentyp 1a) **Erlebtes, Erfahrenes, Erdachtes erzählen** → schriftlicher Aufgabentyp 1b) **Auf der Basis von Materialien oder Mustern erzählen: Bildergeschichte**	3.1.2 eigene Erlebnisse erzählen: S. 28/29	3.2.1 Schreiben als Prozess kennenlernen und anwenden: S. 34–37, 44/45 3.2.2 Erlebnisse und Begebenheiten anschaulich und lebendig erzählen (Bildergeschichte): S. 36–43 3.2.6 Inhalt kürzerer Texte wiedergeben: S. 30–33 3.2.7 Fragen zu Texten entwickeln und beantworten: S. 37/38	